LAODONG GUANXI GUANLI ANLI JIAOCHENG
劳动关系管理案例教程

主　编　庄红蕾
副主编　段云鹏　颜　静

河南大学出版社
HENAN UNIVERSITY PRESS
·郑州·

图书在版编目（CIP）数据

劳动关系管理案例教程/庄红蕾主编.—郑州：河南大学出版社，2019.9

ISBN 978-7-5649-3769-0

Ⅰ.①劳…Ⅱ.①庄…Ⅲ.①劳动关系－管理－案例－高等职业教育－教材Ⅳ.①F246

中国版本图书馆CIP数据核字(2019)第106651号

责任编辑	张雪彩
责任校对	聂会佳
封面设计	翟淼淼

出版发行 河南大学出版社

　　　　　地址：郑州市郑东新区商务外环中华大厦2401号

　　　　　邮编：450046

　　　　　电话：0371-86059750（高等教育与职业教育出版分社）

　　　　　　　　0371-86059701（营销部）

　　　　　网址：www.hupress.com

排　版	河南大学出版社设计排版部
印　刷	北京虎彩文化传播有限公司
版　次	2019年12月第1版
开　本	787 mm×1092 mm　1/16
字　数	350千字

印　次	2019年12月第1次印刷
印　张	14.75
定　价	39.00元

（本书如有印装质量问题，请与河南大学出版社联系调换）

前 言

协调用人单位与劳动者的利益是劳动关系管理的目的。和谐的劳动关系是社会稳定与发展的助推器。

本书以《中华人民共和国劳动法》(简称《劳动法》)、《中华人民共和国劳动合同法》(简称《劳动合同法》)、《中华人民共和国社会保险法》(简称《社会保险法》)、《中华人民共和国劳动争议调解仲裁法》(简称《劳动争议调解仲裁法》)为依据,结合薪酬沟通、离职管理等人力资源管理理论,具体阐述劳动关系管理知识,以案例解读的方式简明扼要地讲解劳动关系管理工作实务,突出职业能力训练。

为了激发学习兴趣、增强应用能力,本书从劳动关系当事人的视角选取案例。并且,案例多,涉及的知识点全面;案例精,直击劳动关系管理工作中经常出现的典型问题;案例新,传递最新资讯,提供新的分析及解决问题方案;案例实,贴近学习者的理解能力,充分考虑用人单位与劳动者的权益需求。

本书的编写体例力求符合认知规律,为实施项目教学服务,以建立劳动关系、履行劳动合同、解除劳动合同以及处理劳动争议为主线,把劳动关系管理内容整合为八个工作项目,十八个工作任务。对于每一项工作任务,都设置"学习目标"、"案例解读"(或"案例分析")、"能力测验"等环节,并在全书最后给出答案提示。

本书由庄红蕾担任主编,段云鹏、颜静担任副主编。庄红蕾编写"工作项目一、工作项目二、工作项目三的工作任务一、工作项目五、工作项目七、工作项目八",段云鹏编写"工作项目三的工作任务二、工作项目六",颜静编写"工作项目四"。全书由庄红蕾制定编写大纲,完成统稿和定稿工作。

本书在编写过程中得到了河南大学出版社的大力支持和指导,在此深表谢意。另外,本书在编写过程中研读了大量的案例,吸收了一些资料,在此衷心感谢原作者为我们编写工作提供的案例素材。

由于编者水平有限,尽管我们几易书稿,书中难免会有不足之处,敬请读者提出宝贵建议。

庄红蕾
2019年5月

目　录

工作项目一　界定劳动关系 ... 001
　　工作任务　区分劳动关系与劳务关系 ... 001

工作项目二　订立劳动合同 ... 009
　　工作任务一　遵守劳动标准 ... 009
　　工作任务二　依法招聘 ... 023
　　工作任务三　订立劳动合同与集体协商 ... 030

工作项目三　履行劳动合同 ... 049
　　工作任务一　劳动合同的履行与变更 ... 049
　　工作任务二　薪酬沟通 ... 067

工作项目四　社会保险待遇 ... 085
　　工作任务一　城镇企业职工养老保险 ... 085
　　工作任务二　基本医疗保险与生育保险待遇 ... 095
　　工作任务三　工伤保险待遇 ... 109
　　工作任务四　失业保险待遇 ... 122

工作项目五　解除劳动合同 ... 132
　　工作任务一　依法解除劳动合同 ... 132
　　工作任务二　经济补偿、赔偿及违约金 ... 143

工作项目六　离职管理 ... 153
　　工作任务一　识别离职前兆与分析离职原因 ... 153
　　工作任务二　员工离职手续办理 ... 166
　　工作任务三　开展离职面谈 ... 174

工作项目七　特殊用工管理 ... 186
　　工作任务　劳务派遣与非全日制用工管理 ... 186

工作项目八 劳动争议处理 195

 工作任务一 劳动争议的处理方式 195

 工作任务二 劳动争议的处理决定 203

参考答案 211

 工作项目一 界定劳动关系 211

 工作项目二 订立劳动合同 212

 工作项目三 履行劳动合同 214

 工作项目四 社会保险待遇 216

 工作项目五 解除劳动合同 220

 工作项目六 离职管理 222

 工作项目七 特殊用工管理 225

 工作项目八 劳动争议处理 226

工作项目一　界定劳动关系

工作任务　区分劳动关系与劳务关系

【学习目标】

探究知识：用人单位的主体资格、劳动者的法定年龄。

获得能力：能够区分劳动关系与劳务关系，明确《劳动法》、《劳动合同法》的适用范围。

劳动关系是最基本、最重要的社会关系之一。劳动关系是否和谐，事关广大劳动者和用人单位的切身利益，事关经济发展与社会和谐。

一、如何认定劳动关系

2005年5月25日劳动和社会保障部（2008年3月与人事部合并为人力资源和社会保障部）颁发的《关于确立劳动关系有关事项的通知》规定，不论当事人是否签订书面合同，只要具备以下几个条件，劳动关系即成立：

（1）用人单位和劳动者符合法律法规规定的主体资格；

（2）用人单位依法制定的各项劳动规章制度适用于劳动者，劳动者受用人单位的劳动管理，从事用人单位安排的有报酬的劳动；

（3）劳动者提供的劳动是用人单位业务的组成部分。

《关于确立劳动关系有关事项的通知》还规定，用人单位未与劳动者签订劳动合同，认定双方存在劳动关系时可参照下列凭证：工资支付凭证或记录（职工工资发放花名册）、缴纳各项社会保险费的记录；用人单位向劳动者发放的"工作证""服务证"等能够证明身份的证件；劳动者填写的用人单位招工招聘"登记表""报名表"等招用记录；考勤记录；其他劳动者的证言等。

用人单位自用工之日起即与劳动者建立劳动关系。

用人单位应当建立职工名册备查。职工名册，应当包括劳动者姓名、性别、公民身份号码、户籍地址及现住址、联系方式、用工形式、用工起始时间、劳动合同期限等内容。

案例解读

案情概述：甲购物中心与乙品牌供应商签订供应商进场经营合同书，约定乙品牌供应商租赁该购物中心三楼专柜经营乙品牌商品，由甲购物中心代其招聘促销员，工资、相关福利和各项社会保险均由乙品牌供应商承担。乙品牌供应商要向甲购物中心交付商场经营场地租金。甲购物中心按照与入驻商家的合同约定对该入驻品牌的促销员进行管理，统一上下班时间、制服等。丁某于2011年至甲购物中心人事部应聘后被安排在乙品牌柜台任促销员，劳动报酬由乙品牌供应商发放。甲购物中心未与其签订书面劳动合同，也未为其缴纳社保。2015年6月25日，甲购物中心被法院宣告破产。丁某为工资、相关福利和社保提起诉讼，请求确认其与甲购物中心存在劳动关系，对甲购物中心享有职工债权。

处理结果：法院经审理后认定双方之间不存在劳动关系。

解读意见：基于经营合同约定和行业惯例，甲购物中心对乙品牌的促销员的管理，并非用人单位按规章制度对劳动者的工作内容、工作成果指标等进行管理。甲购物中心的利润来源于场地租金等，而非促销员的劳动成果。乙品牌促销员的劳动成果归乙品牌供应商所有，劳动报酬由乙品牌供应商发放，乙品牌促销员与甲购物中心之间不存在从属性。

（资料来源：泰州法院网）

二、劳动关系的主体资格

1. 用人单位的主体资格

根据《劳动法》和《劳动合同法》，中华人民共和国境内的企业、个体经济组织、民办非企业单位等组织、国家机关、事业单位、社会团体都可以与劳动者建立劳动关系。

根据《中华人民共和国劳动合同法实施条例》（简称《劳动合同法实施条例》），依法成立的会计师事务所、律师事务所等合伙组织和基金会，属于《劳动合同法》规定的用人单位。用人单位设立的分支机构，依法取得营业执照或者登记证书的，可以作为用人单位与劳动者订立劳动合同；未依法取得营业执照或者登记证书的，受用人单位委托可以与劳动者订立劳动合同。

村民委员会、居民委员会、业主委员会等群众性自治组织，不属于用人单位，其与聘用人员之间不构成劳动关系。在司法实践中，部分地区的审判指导意见已明确该观点。如浙江省高级人民法院民事审判第一庭、浙江省劳动人事争议仲裁院《关于审理劳动争议案件若干问题的解答（三）》（浙高法民一〔2015〕9号）明确规定："一、村民委员会、居民委员会、业主委员会等群众性自治组织聘用人员，双方是否构成劳动关系？答：村民委员会、居民委员会、业主委员会等群众性自治组织，不属于《劳动合同法》第二条及《劳动合同法实施条例》第三条规定的用人单位，其与聘用人员之间不构成劳动关系。"

案例解读

案情概述：2015年3月2日至2015年11月16日，苏某至纪某安排的工作地点从事数控车床工作。2015年6月26日，纪某作为法定代表人的某舞台科技公司登记成立，但一直未与苏某签订书面劳动合同。2015年12月21日，纪某通过银行转账形式支付给苏某14 200元。后双方发生纠纷，苏某申请仲裁，要求该公司支付2015年3月2日至2015年11月16日期间未签订劳动合同的二倍工资41 850元。仲裁机构裁决该公司支付苏某未订立劳动合同二倍工资17 439元。该公司不服裁决诉至法院。

处理结果：该公司应当向苏某支付2015年7月26日至2015年11月16日期间未签订劳动合同的二倍工资差额。

解读意见：建立劳动关系的前提是用人单位具备用工主体资格。不具备用工主体的资格，不具备签订劳动合同的条件。企业设立阶段招用的劳动者，主张未签订书面劳动合同的二倍工资时，支付期限应自该企业具备用工主体资格即设立之日起满一个月的次日起算，至补签之日止，最长不超过11个月。

（资料来源：泰州法院网）

2. 禁止使用童工

《劳动法》第十五条规定："禁止用人单位招用未满十六周岁的未成年人。文艺、体育和特种工艺单位招用未满十六周岁的未成年人，必须依照国家有关规定，履行审批手续，并保障其接受义务教育的权利。"

《禁止使用童工规定》第二条规定："童工是指未满十六周岁，与单位或者个人发生劳动关系从事有经济收入的劳动或者从事个体劳动的少年、儿童。未满十六周岁的少年、儿童，参加家庭劳动、学校组织的勤工俭学和省、自治区、直辖市人民政府允许从事的无损于身心健康的、力所能及的辅助性劳动，不属于童工范畴。"第四条规定："禁止国家机关、社会团体、企业事业单位（以下统称为单位）和个体工商户、农户、城镇居民（以下统称为个人）使用童工。"

案例解读

案情概述：2017年9月，易某驾驶电动车在经过小区门口时与芦某驾驶的小车发生碰撞，造成易某受伤的交通事故。经交警认定，被告芦某负事故全部责任。事故发生后，易某即被送往医院治疗。易某出院后就赔偿事宜未与芦某达成一致意见，遂将芦某及其车辆承保公司诉至法院，请求法院判令两被告赔偿易某因交通事故造成的医疗费、护理费、误工费等各项损失。审理过程中，易某提供了工作证明及工资发放证明。保险公司提出事故发生时易某未满18周岁，不应计算误工费的抗辩意见。

处理结果：江西省萍乡市安源区人民法院判决被告保险公司赔偿原告易某医疗费、护理费、误工费21万元。

解读意见：应当计算误工费。劳动者的法定最低就业年龄为16周岁。易某虽未年满18周岁，但其已年满16周岁且提供了工作证明及工资发放证明。

（资料来源：中国法院网）

3. 退休年龄

劳动和社会保障部1999年3月9日发布了《关于制止和纠正违反国家规定办理企业职工提前退休有关问题的通知》（劳社部发〔1999〕8号），通知指出：国家法定的企业职工退休年龄是男年满60周岁，女工人年满50周岁，女干部年满55周岁。从事井下、高温、高空、特别繁重体力劳动或其他有害身体健康工作的，退休年龄男年满55周岁，女年满45周岁；因病或非因工致残，由医院证明并经劳动鉴定委员会确认完全丧失劳动能力的，退休年龄为男年满50周岁，女年满45周岁。

《劳动和社会保障部办公厅关于企业职工"法定退休年龄"涵义的复函》（劳社厅函〔2001〕125号）中说明：国家法定的企业职工退休年龄，是指国家法律规定的正常退休年龄，即男年满60周岁，女工人年满50周岁，女干部年满55周岁。

4. 提前退休

《关于制止和纠正违反国家规定办理企业职工提前退休有关问题的通知》规定，按特殊工种退休条件办理退休的职工，从事高空和特别繁重体力劳动的必须在该工种岗位上工作累计满10年，从事井下和高温工作的必须在该工种岗位上工作累计满9年，从事其他有害身体健康工作的必须在该工种岗位上工作累计满8年。该通知还规定，原劳动部和有关行业主管部门批准的特殊工种，随着科技进步和劳动条件的改善，需要进行清理和调整。新的特殊工种名录由劳动和社会保障部会同有关部门清理审定后予以公布，公布之前暂按原特殊工种名录执行。

5. 学生

如果学生仍以在校学习为主，利用业余时间勤工助学的，或者按照学校教学方案学生与接收单位双方明确约定工作性质是实习的，劳动关系不成立。

案例解读

案情概述：小刘于2009年7月从北京农学院正式毕业。2008年12月，北京恒紫金投资顾问有限责任公司（简称恒紫金公司）到北京农学院进行招聘。小刘于2009年1月8日被招聘进入该公司工作，职务为投资顾问，负责开发行业市场，吸纳客户入金。双方约定试用期为一个月，试用期底薪800元，提成另计，第二个月转正，底薪提高到1500元。2009年2月10日恒紫金公司以工资条形式发放小刘工资539元，3月11日因为恒紫金公司拖欠工资，小刘离开了该公司。由于恒紫金公司一直拖欠小刘的工资，小刘向劳动争议仲裁委员会提起了仲裁申请。仲裁委员会经审理认为，小刘属于未取得毕业证的在校生，未完成学业并取得学历证明，在校期间到恒紫金公司从事工作，仅作为参与社会实践的活动，不属于《劳动合同法》中规定的劳动者，不是与用人单位订立劳动合同并建立劳动关系的适格主体，因此裁决驳回了他的仲裁申请。小刘遂诉至北京市宣武区人民法院，要求恒紫金公司支付工资并向他赔礼道歉。在庭审中，恒紫金公司承认小刘于2009年1月8日至3月11日在该公司工作，但辩称小刘尚未毕业，进入公司只能是实习，而非就业，因此无权索要工资。

处理结果：北京市宣武区人民法院认定双方存在事实的劳动关系，于2009年10月13日判决北京恒紫金投资顾问有限责任公司支付小刘自2009年2月1日至3月11日的工资共计1847元。

解读意见：小刘在进入恒紫金公司工作时已年满16周岁，符合《劳动法》规定的就业年龄。在校大学生的身份也非《劳动法》规定排除适用的对象，法律并没有禁止临毕业大学生就业的规定。被告明知小刘尚未毕业，向小刘明确了在单位的具体岗位、职责和工资待遇，并向小刘发放了1月份的工资。以上事实充分表明，小刘在该公司并非实习，而应属于就业，属于《劳动合同法》管辖的范围。

（资料来源：法制网）

6. 台港澳居民、外国人

2018年8月3日《国务院关于取消一批行政许可等事项的决定》，其中包括取消台港澳居民在内地就业许可事项。

在中国境内就业的外国人和聘用外国人的用人单位应遵守《外国人在中国就业管理规定》，申办就业许可手续。

三、区分劳务关系与劳动关系

1. 劳务关系与劳动关系的区别

劳务提供方可以是自然人，也可以是法人或者其他组织。劳务关系的双方不存在隶属关系。

劳动者要符合法律法规规定的主体资格。劳动关系的双方具有隶属关系，劳动关系具有人身专属性，劳动者必须亲自提供劳动而不能由他人代替。劳动关系一旦建立，即在用人单位和劳动者之间形成了一种以管理与被管理为特征的人身依附关系。劳动者须接受用人单位的管理，遵守用人单位的规章制度，用人单位对于违反劳动纪律或规章制度的劳动者可以采取如降级、撤职和解除劳动关系等处分，这是劳务关系与劳动关系最重要的区别。

2. 区分劳务关系与劳动关系的意义

区分劳务关系与劳动关系的意义在于二者所适用的法律不同。

劳务关系由《中华人民共和国民法总则》（简称《民法》），《中华人民共和国合同法》（简称《合同法》）调整。劳务关系中，通常只有劳务报酬能够获得支持。具体劳务报酬多少，如何支付，也是遵照双方之间的约定，按月、按天、按小时都可以。而如果主张要加班费、带薪年假、未签劳动合同双倍工资、解除劳动关系经济补偿金、相关社会保险等福利待遇都没有法律依据，除非双方之间另有约定。因劳务关系发生纠纷的解决方式适用民事争议的处理方式,当事人可以直接向人民法院提起民事诉讼。

劳动关系由《劳动法》《劳动合同法》《劳动争议调解仲裁法》调整。劳动关系的双方当事人发生劳动争议的,一般先按照劳动争议调解与仲裁制度处理。

案例分析

2018年6月,甲应聘A公司业务员岗位,双方签订了劳务协议,协议约定:期限1年,其中试用期1个月,公司每月10日支付甲上月劳务报酬4500元,甲须遵守公司员工守则等。2018年10月,由于甲没有完成当月销售业绩,公司拒绝向甲支付当月劳务报酬,并以效益不好为由将甲辞退,未支付任何补偿。甲遂提起仲裁,认为双方应为劳动关系,公司应支付当月工资及违法解除劳动关系的赔偿金。仲裁庭经审理后支持了甲的请求。

简要分析:甲与公司签订的劳务协议实际上是劳动合同。协议中约定了甲的工作时间、工作岗位,并且甲入职后受公司员工守则的约束,公司按月定期支付工资,双方存在管理与被管理的情形,这些都符合劳动关系的特点,具备劳动关系成立的条件。公司拒绝向甲支付工资及解除劳动关系的行为违反了《劳动法》相关规定。

四、最高人民法院有关劳动关系的司法解释

1.《最高人民法院关于审理劳动争议案件适用法律若干问题的解释(三)》第七条

用人单位与其招用的已经依法享受养老保险待遇或领取退休金的人员发生用工争议,向人民法院提起诉讼的,人民法院应当按劳务关系处理。

已达法定退休年龄,未依法享受养老保险待遇或领取退休金的人员,是否与用人单位形成劳动关系,法律法规对此无明文规定,即法律法规并未禁止劳动关系的形成。

案例解读

案情概述:原告贺青于1999年开始在被告某中学工作,主要从事园林护理工作。2012年3月13日,贺青年满70周岁,该中学见原告年事已高,故通知其离开学校,但是贺青要求该中学予以一定的经济补偿,被该中学拒绝。故贺青向县仲裁委员会申请仲裁,仲裁委员会作出了不予受理的决定书,贺青不服,将该中学起诉到法院。庭审中,原、被告争议的主要焦点是双方是劳动关系还是劳务关系。

处理结果:江西省安福县法院判决确认原、被告之间的劳动关系成立。

解读意见:原告自1999年开始在被告处上班,自此双方就建立了劳动关系。原告年满60周岁时,被告并未参照退休的规定为其办理退休手续,而是让其继续工作,说明双方的劳动关系仍在延续。

(资料来源:中国法院网)

2.《最高人民法院关于审理劳动争议案件适用法律若干问题的解释（三）》第八条

企业停薪留职人员、未达到法定退休年龄的内退人员、下岗待岗人员以及企业经营性停产放长假人员，因与新的用人单位发生用工争议，依法向人民法院提起诉讼的，人民法院应当按劳动关系而不是劳务关系进行处理。

【能力测验】

一、单选题

1.《劳动合同法》由第十届全国人大常委会第二十八次会议于（　　）通过,（　　）起施行。
  A. 2007年6月29日，2008年1月1日　　B. 2007年6月29日，2007年6月29日
  C. 2007年6月28日，2007年10月1日　　D. 2007年6月28日，2008年1月1日

2.《劳动合同法》的立法宗旨是：完善劳动合同制度，明确劳动合同双方当事人的权利和义务，保护（　　）的合法权益，构建和发展和谐稳定的劳动关系。
  A. 企业　　　　　　　　　　　B. 用人单位
  C. 劳动者　　　　　　　　　　D. 用人单位和劳动者

3. 甲、乙、丙都是某高校教师，同时分别是宏发股份公司的股东、董事、业务经理，丁是公司监事，请问下列选项中属于劳动关系的判断正确的是（　　）。
  A. 甲和公司之间的关系是劳动关系　　B. 乙和公司之间的关系是劳动关系
  C. 丙和公司之间的关系是劳动关系　　D. 丁和公司之间的关系是劳动关系

4. 我国《劳动法》适用于一定范围的劳动者，以下适用于《劳动法》的是（　　）。
  A. 国家机关公务员　　　　　　B. 宾馆大堂经理
  C. 现役军人　　　　　　　　　D. 家庭保姆

5.《劳动合同法》调整的劳动关系是一种（　　）。
  A. 人身关系　　　　　　　　　B. 财产关系
  C. 人身关系和财产关系相结合的社会关系　D. 经济关系

6. （　　），向人民法院提起诉讼的，人民法院应当按劳务关系处理。
  A. 用人单位与其招用的已经领取退休金的人员发生用工争议
  B. 企业停薪留职人员与新的用人单位发生用工争议
  C. 下岗待岗人员与新的用人单位发生用工争议
  D. 企业经营性停产放长假人员与新的用人单位发生用工争议

二、案例分析

1. 4个月前，小李与一家公司签订了一份为期两年的劳动合同。因与原用人单位解除劳动合同后，与同事之间尚有一些个人私事没有处理，小李提出半个月后再去公司上班，公司表示许可。不料，小李次日驾车前往原用人单位途中，遭遇交通事故，不仅花去3万余元医疗费用，还落下十级伤残。经交警部门认定，对方司机负事故的全部责任。基于原用人单位和现有公司均未为小李办理工伤保险，小李曾分别要求其各自给予工伤

赔偿。但原用人单位以已解除劳动合同,彼此不存在劳动关系为由拒绝。现有公司认为小李尚未实际上班,不愿承担任何责任。问:小李的伤残能否按工伤待遇处理?

2. 钱某(女)于2012年4月50周岁时进入某服装厂从事拷边工作,双方未签订劳动合同。2018年5月,钱某在厂内摔伤被送医治疗。2018年9月,钱某要求确认与该服装厂存在劳动关系。该服装厂认为钱某已经超过法定退休年龄,双方是劳务关系而不是劳动关系。双方之间是否存在劳动关系?

3. 2016年4月,王某在其户籍地某自然村建造私房需要安装模子板,将该工程包给无相关资质的李某,双方口头约定按65元/㎡计算。李某承接工程后雇请张某及刘某安装、拆卸模子板,双方约定工钱为170元/天。

2017年1月4日,张某及刘某将摆放在王某老房屋三层楼楼顶的模子板及钩子铁从三楼丢下来运走。张某在丢模子板时不慎从三层楼楼顶坠落至地面受伤,事故发生时王某的房屋屋顶无任何安全防护设施。张某受伤后即被送往医院住院治疗,用去医疗费775 700元,经司法鉴定,构成伤残二级,且出院后需大部分护理依赖。

王某在模子板工程完工后与李某进行结算。2017年12月18日,王某向李某支付工程款26 500元。问:

(1) 本案是否存在劳动关系?
(2) 谁应当对伤者承担赔偿责任?

工作项目二　订立劳动合同

工作任务一　遵守劳动标准

【学习目标】

探究知识：标准工时制、缩短工时制、不定时工作制、综合计算工时工作制、休息休假制度、最低工资制度、劳动安全卫生制度、女职工和未成年工特殊劳动保护制度。

获得能力：能够理解劳动标准，懂得用人单位应依法合理地安排劳动条件，劳动者应自觉遵守劳动安全纪律。

劳动标准包括工作时间制度、休息休假制度、最低工资制度、劳动安全卫生制度、女职工和未成年工特殊劳动保护制度。

劳动合同和集体合同中约定的工资和劳动条件不得低于法定劳动标准。

一、工作时间

1995年5月1日施行的《国务院关于职工工作时间的规定》，把职工工作时间划分为标准工时制、缩短工时制、不定时工作制、综合计算工时制以及延长工作时间。

1. **标准工时制**

标准工时制是指工作日不超过8小时，工作周不超过40小时。它是一般职工在正常情况下普遍适用的工时制度。

实行计件工作的，应按标准工作日（周）的工时长度合理确定劳动定额和计件报酬标准。

劳动行政部门要加强劳动定额定员标准化工作，推动劳动定额定员国家标准、行业标准的制定修订，指导企业制定实施科学合理的劳动定额定员标准，保障职工的休息权利。

2. **缩短工时制**

缩短工时制是指依法规定的，对在特殊条件下从事劳动和有特殊情况的劳动者，适当缩短工作时间，即少于标准工时的制度。

缩短工时制适用于：从事矿山井下、高山、有毒有害、特别繁重或过度紧张等作业的劳动者；从事夜班工作的劳动者；哺乳期内的女职工；未成年工。

3. 不定时工作制

不定时工作制是指工作日的起点、终点及连续性不作固定的工时制度。

根据《关于企业实行不定时工作制和综合计算工时工作制的审批办法》（劳部发〔1994〕503号）第四条规定，企业对符合下列条件之一的职工，可以实行不定时工作制：

（1）企业中的高级管理人员、外勤人员、推销人员、部分值班人员和其他因工作无法按标准工作时间衡量的职工；

（2）企业中的长途运输人员，如出租汽车司机和铁路、港口、仓库的部分装卸人员，以及因工作性质特殊需机动作业的职工；

（3）其他因生产特点、工作特殊需要或职责范围的关系，适合实行不定时工作制的职工。

4. 综合计算工时工作制

综合计算工时工作制是针对因工作性质特殊，需连续作业或受季节及自然条件限制的企业的部分职工，采用的以周、月、季、年等为周期综合计算工作时间的一种工时制度，但其平均日工作时间和平均周工作时间应与法定标准工作时间基本相同。超过法定标准工作时间的部分，应视为延长工作时间，并应按规定支付劳动者延长工作时间的工资。

综合计算工时工作制主要适用于：

（1）交通、铁路、邮电、水运、航空、渔业等行业中因工作性质特殊，需连续作业的职工；

（2）地质及资源勘探、建筑、制盐、制糖、旅游等受季节和自然条件限制的行业的部分职工；

（3）因受季节条件限制，淡旺季节明显的瓜果、蔬菜等食品加工单位和服装生产，及宾馆的餐厅和娱乐场所的服务员等；

（4）市场竞争中由于外界影响，生产任务不均衡的企业的部分职工；

（5）其他适合实行综合计算工时工作制的职工。

5. 实行不定时或综合计算工时工作制须向劳动行政部门请示

经劳动行政部门批准，企业因生产特点可以实行不定时工作制或综合计算工时工作制等其他工作和休息办法。地方企业实行不定时工作制和综合计算工时工作制等其他工作和休息办法的审批办法，由各省、自治区、直辖市人民政府劳动行政部门制定，报国务院劳动行政部门备案。

在用人单位与劳动者没有对工时制度进行约定的情况下，要根据劳动者实际从事的工作判断适用何种工时制度，以切实保护劳动者的合法权益。

案例分析

某制造企业生产季节性较强，经当地劳动行政部门批准，该企业实行以季为周期的综合工时制,核定员工每季度总工作时间为 500 小时。企业根据综合工时制的批复,要求员工在第二季度的 4 月和 5 月连续生产,6 月份整月休息。然而,2018 年上半年因订单比以往多,该企业员工连续 4 个月没有休息。该企业员工王某 2018 年已工作时间总数为 1160 小时,其于 7 月提出集中休息一周,结果该企业劳资部门的答复是,公司订单较多,在生产任务没有完成前,任何员工不得休息,因为公司实行的是综合工时制。该企业劳资部门的说法对吗?

简要分析:本案中该企业劳资部门的说法是错误的。该企业经劳动行政部门批准以季为周期综合计算工时,每季度总工作时间为 500 小时。该企业因生产任务需要,要求劳动者在 4 月和 5 月连续生产,6 月份整月休息,符合以季为周期的综合工时制的要求,超过核定的总工时数应当视为延长工作时间。但是,后来实际上该企业员工连续 4 个月没有休息,违反了以季为周期的综合工时制的要求,也不利于劳动者的身体健康。

二、休息休假

为了切实保障职工休息休假的权利,国家不断完善并落实国家关于职工工作时间、全国年节及纪念日假期、带薪年休假等规定,规范企业实行特殊工时制度的审批管理,督促企业依法安排职工休息休假。

自 1995 年 5 月 1 日开始,我国实行每周 40 小时工作制度。国家机关、事业单位实行统一的工作时间,星期六和星期日为周休息日。企业如因工作性质或生产特点而不能在每周星期六和星期日休息的,按照国家有关规定,可以实行其他工作和休息办法,但应当保证劳动者每周至少休息 1 天。

1. 法定节假日与月计薪天数

《全国年节及纪念日放假办法》规定,全体公民放假的节日是:新年,放假 1 天(1 月 1 日);春节,放假 3 天(农历正月初一、初二、初三);清明节,放假 1 天(农历清明当日);劳动节,放假 1 天(5 月 1 日);端午节,放假 1 天(农历端午当日);中秋节,放假 1 天(农历中秋当日);国庆节,放假 3 天(10 月 1 日、2 日、3 日)。

部分公民放假的节日是:妇女节(3 月 8 日),妇女放假半天;青年节(5 月 4 日),14 周岁以上的青年放假半天;儿童节(6 月 1 日),不满 14 周岁的少年儿童放假 1 天。

少数民族习惯的节日,由各少数民族聚居地区的地方人民政府,按照各该民族习惯,规定放假日期。

全体公民放假的假日,如果适逢星期六、星期日,应当在工作日补假。部分公民放假的假日,如果适逢星期六、星期日,则不补假。

用人单位应该按照上述规定安排劳动者放假。

按照《劳动法》第五十一条的规定,法定节假日用人单位应当依法支付工资,即折算日工资、小时工资时不剔除国家规定的 11 天法定节假日。年休息日有 104 天,据此,月计薪天数、日工资、小时工资的折算为:

月计薪天数 =(365 天 - 104 天)÷12 月 =21.75 天;

可以不安排职工休年休假。对职工应休未休的年休假天数，单位应当按照该职工日工资收入的300%支付年休假工资报酬。

3. 探亲假

1981年3月14日施行的《国务院关于职工探亲待遇的规定》，是为了适当地解决职工同亲属长期远居两地的探亲问题而制定的。享受探亲待遇的前提条件是在国家机关、人民团体和全民所有制企业、事业单位工作满一年的固定职工。

4. 丧假

《劳动法》虽然规定了员工享有丧假，但没有明确具体的天数和操作标准。目前通行的做法是参照原国家劳动总局、财政部《关于国营企业职工请婚丧假和路程假问题的通知》之规定：

（1）职工本人结婚或职工的直系亲属死亡时，可以根据具体情况，由本单位行政领导批准，酌情给予一至三天的婚丧假。

（2）职工结婚时双方不在一地工作的，职工在外地的直系亲属死亡时需要职工本人去外地料理丧事的，都可以根据路程远近，另给予路程假。

另外，《关于职工的岳父母或公婆死亡后可给予请丧假问题的通知》规定，职工的岳父母或公婆死亡后，需要职工料理丧事的，由本单位行政领导批准，可酌情给予一至三天的丧假。

在批准的丧假和路程假期间，职工的工资照发。途中的车船费等全部由职工本人自理。

5. 婚假

关于婚假的国家政策规定是：

（1）按法定结婚年龄（女20周岁，男22周岁）结婚的，可享受3天婚假。

（2）符合晚婚年龄（女23周岁，男25周岁）的，不再享受晚婚假奖励。

（3）结婚时男女双方不在一地工作的，可视路程远近，另给予路程假。

（4）在探亲假（探父母）期间结婚的，不另给假期。

（5）婚假包括公休假和法定假。

（6）再婚的可享受法定婚假。

2016年1月1日，《中华人民共和国人口与计划生育法》（简称《人口与计划生育法》）修改实施以来，一方面取消了晚婚假，另一方面多地修订计生条例延长了婚假。如，山西省婚假达30天，青海省婚假为15天，北京市婚假为10天。

在批准的婚假和路程假内，职工的工资照发。途中的车船费等全部由职工本人自理。

案例分析

赵某系某单位职工，2017年离婚了。2019年初，赵某与王女士相识相恋，准备再婚。他向单位提出休婚假的申请，单位却以他已经休过一次婚假为由拒绝了。该单位的做法对吗？

简要分析：劳动和社会保障部办公厅《关于对再婚职工婚假问题的复函》（劳社部函〔2000〕84号）规定，根据《中华人民共和国婚姻法》（简称《婚姻法》）和国家有关职工婚丧假的规定精神，再婚者与初婚者的法律地位相同，用人单位对再婚职工应当参照国家有关规定，给予同初婚职工一样的婚假待遇。故该单位的做法是不对的。

劳动者依法享受年休假、探亲假、婚假、丧假期间，用人单位应按劳动合同规定的劳动者本人所在岗位（职位）相对应的标准支付劳动者工资。

6. 产假

产假是生育保险最基本的待遇。产假的主要作用是使女职工在生育期间得到适当的休息，逐步恢复体力和健康，并照顾和哺育婴儿。

《女职工劳动保护特别规定》第七条规定：女职工生育享受98天产假，其中产前可以休假15天；难产的，增加产假15天；生育多胞胎的，每多生育1个婴儿，增加产假15天。女职工怀孕未满4个月流产的，享受15天产假；怀孕满4个月流产的，享受42天产假。

《人口与计划生育法》修改实施后，全面二孩政策正式落地。截至目前，全国31个省（自治区、直辖市）已经延长了职工的产假。例如，《关于调整西藏自治区干部职工两孩生育待遇的通知》提出："凡西藏自治区户籍，各社会组织、企事业单位、行政机关在职干部职工，符合法律法规生育子女的，女方每胎享受一年产假（含法定产假），因工作原因未能休满产假的，用人单位应当给予适当的补贴；配偶享受三十天护理假（不包括在年度休假内）。期间夫妇双方工资待遇不变。女方产假期满当年，不再享受休假。参加生育保险的，按照生育保险相关规定享受生育津贴。"目前，北京、天津、上海、重庆、江苏、浙江、湖北的产假为128天；安徽、江西的产假有158天；山西省奖励延长产假60日，男方享受护理假15日；河南和海南两省均在新计生条例中明确，除国家规定98天假期外，产假再增加3个月；黑龙江、甘肃两省则明确了产假总天数为180天；广东省女职工产假最多可休208天；广西和宁夏男方的护理假延长到25天。

产假是保证产妇恢复身体健康的一段固定期间，产假按自然天数计算，休息日和法定节假日均包含在内。

三、最低工资保障

1. 最低工资

最低工资，是指劳动者在法定工作时间或依法签订的劳动合同约定的工作时间内提供了正常劳动的前提下，用人单位依法应支付的最低劳动报酬。最低工资标准一般采取月最低工资标准和小时最低工资标准两种形式，月最低工资标准适用于全日制就业劳动者，小时最低工资标准适用于非全日制就业劳动者。企业支付给顶岗实习学生的实习报酬和勤工助学学生的劳动报酬按照小时计算，不得低于当地非全日制用工小时最低工资标准。

依据《劳动合同法》第八十五条，劳动报酬低于当地最低工资标准的，应当支付其差额部分；逾期不支付的，责令用人单位按应付金额百分之五十以上百分之一百以下的标准向劳动者加付赔偿金。

实行计件工资或提成工资等工资形式的用人单位，在科学合理的劳动定额基础上，其支付劳动者的工资不得低于相应的最低工资标准。

省、自治区、直辖市劳动行政部门将本地区最低工资标准方案报省、自治区、直辖市人民政府批准。最低工资标准每两年至少调整一次。

根据《最低工资规定》，县以上地方人民政府劳动行政部门负责对本行政区域内用人单位执行本规定情况进行监督检查。

2. 正常劳动

正常劳动，是指劳动者按依法签订的劳动合同约定，在法定工作时间或劳动合同约定的工作时间内从事的劳动。劳动者依法享有的法定节假日以及年休假、探亲假、婚丧假、节育手术假、女职工孕期产前检查、产假、哺乳期内的哺乳时间、男方护理假、工伤职工停工留薪期等期间，以及法定工作时间内依法参加社会活动，用人单位应当视同劳动者提供正常劳动并支付其工资。

如果没有提供正常劳动，比如说劳动者缺勤，如请病事假、旷工，或者发生迟到、早退等现象，到手工资就有可能低于最低工资标准。

3. 有五类人群的收入与最低工资标准关系最密切

领取最低工资的劳动者、试用期员工、停工停产单位员工、病假员工、失业人员的失业保险金与最低工资标准关系最密切。

《劳动合同法》第二十条规定：劳动者在试用期的工资不得低于本单位相同岗位最低档工资或者劳动合同约定工资的百分之八十，并不得低于用人单位所在地的最低工资标准。

根据《工资支付暂行规定》，非劳动者原因造成单位停工、停产在一个工资支付周期内的，用人单位应按劳动合同规定的标准支付劳动者工资；超过一个工资支付周期的，若劳动者提供了正常劳动，则支付给劳动者的劳动报酬不得低于当地的最低工资标准。

多地对病假工资、失业保险金也做了具体规定。例如，《江苏省工资支付条例》规定，职工患病或非因工负伤治疗期间，病假工资或疾病救济费不能低于最低工资标准的80％。根据《江苏省失业保险规定》，失业保险金最高不得超过当地最低工资标准，最低不得低于当地城市居民最低生活保障标准的1.3倍。最低工资上调后，失业员工领取的失业保险金也会相应增长，例如，山东省人力资源和社会保障厅2019年1月发布了《关于建立失业保险金标准与最低工资标准挂钩联动机制的通知》。

4. 最低工资标准不包括下列各项

最低工资标准属于应发工资。最低工资标准不包括加班加点的工资，中班、夜班、高温、低温、井下、有毒有害等特殊工作环境、条件下的津贴，法律法规和国家规定的劳动者福利待遇，国家和地方规定不计入最低工资标准的其他收入。例如，上海市最低工资标准中除剔除上述费用外，还剔除了伙食补贴、上下班交通费补贴、住房补贴。

用人单位支付给劳动者的工资必须以法定货币形式支付。对劳动者包吃包住，属于用人单位给予职工的福利，用人单位不能将此计算在工资内，更不能因此使支付的货币工资低于最低工资标准。

5. 最低工资标准是否包含职工应承担的社会保险费和住房公积金

（1）最低工资标准包含个人应承担的社会保险费和住房公积金。

这是全国绝大多数地区的做法，比如广东省、山东省、浙江省等地。

（2）最低工资标准不包含个人应承担的社会保险费和住房公积金。

例如，《关于调整北京市2017年最低工资标准的通知》（京人社劳发〔2017〕149号）规定，劳动者个人应缴纳的各项社会保险费和住房公积金不作为最低工资标准的组成部分，用人单位应按规定另行支付。

上海市《关于调整本市最低工资标准的通知》（沪人社规〔2018〕6号）规定，个人依法缴纳的社会保险费和住房公积金不作为月最低工资的组成部分，由用人单位另行支付。

（3）最低工资标准包含个人应承担的社会保险费，但不包含住房公积金的个人缴纳部分。

例如，《江苏省人力资源和社会保障厅关于调整全省最低工资标准的通知》（苏人社发〔2017〕204号）规定，劳动者按下限缴存的住房公积金不作为最低工资的组成部分，用人单位应按规定另行支付。

（4）双重标准，既规定了包括个人承担的社会保险费和住房公积金在内的最低工资标准，又规定了扣除个人承担的社会保险费和住房公积金后的最低工资标准。

例如，新疆《关于调整自治区最低工资标准的通知》（新政发〔2018〕19号）规定，全日制就业劳动者月最低工资标准分为两种形式：一是含劳动者个人缴纳的养老、失业、医疗保险费和住房公积金等费用（以下简称"三险一金"）的月最低工资标准，分四个档次，即1820元、1620元、1540元、1460元；二是不含"三险一金"的月最低工资标准，也分为四个档次，即1441元、1241元、1161元、1081元。

6. 劳动者给用人单位造成经济损失的，扣除工资后的工资余额能否低于最低工资标准

案例分析

在一家浴场的休息大厅里，技师小李一边为客人修脚，一边和别人交流股市信息。忽然，客人"哇哇"大叫起来，原来小李只顾忙着委托旁边的一位同事买股票，在用刀时一不小心把客人的脚趾扎得鲜血直流。领班闻讯赶来，对客人连连道歉，并对其消费的240元予以免单。事后，浴场以违反劳动纪律为由决定对小李罚款800元。小李不服，说他一个月到手的工资也才1800元，尽管自己有错，但不能仅仅因为工作时出了一次错，就让他几乎半个月的活白干了。

简要分析：《工资支付暂行规定》第十六条规定，因劳动者本人原因给用人单位造成经济损失的，用人单位可按照劳动合同的约定要求其赔偿经济损失。经济损失的赔偿，可从劳动者本人的工资中扣除，但每月扣除的部分不得超过劳动者当月工资的20%，若扣除后的剩余工资部分低于当地月最低工资标准，则按最低工资标准支付。

7. 异地用工如何执行最低工资规定

《劳动合同法实施条例》第十四条规定："劳动合同履行地与用人单位注册地不一致的，有关劳动者的最低工资标准、劳动保护、劳动条件、职业危害防护和本地区上年度职工月平均工资标准等事项，按照劳动合同履行地的有关规定执行；用人单位注册地的有关标准高于劳动合同履行地的有关标准，且用人单位与劳动者约定按照用人单位注册地的有关规定执行的，从其约定。"

四、劳动保护制度

1. 劳动保护法律依据

劳动保护法律依据包括《劳动法》《中华人民共和国职业病防治法》《中华人民共和国安全生产法》《中华人民共和国尘肺病防治条例》《企业职工伤亡事故报告和处理规定》《企业职工劳动安全卫生教育管理规定》《劳动防护用品管理规定》《禁止使用童工规定》《女职工劳动保护特别规定》《未成年工特殊保护规定》《防暑降温暂行办法》《工业企业设计卫生标准》《工业企业噪声卫生标准》等。

2. 劳动保护目的与要求

劳动保护包括劳动安全保护、劳动卫生保护、未成年工（年满16周岁不满18周岁的劳动者）劳动保护和女职工劳动保护。

劳动保护的目的是为劳动者创造安全、卫生的劳动工作条件，预防和消除劳动生产过程中可能发生的伤亡、职业病和急性职业中毒，保障劳动者以健康的劳动力参加社会生产，促进劳动生产率的提高。

用人单位必须建立、健全劳动安全卫生制度，严格执行国家劳动安全卫生规程和标准，对劳动者进行劳动安全卫生教育，防止劳动过程中的事故，减少职业危害。

劳动安全卫生设施必须符合国家规定的标准。新建、改建、扩建工程的劳动安全卫生设施必须与主体工程同时设计、同时施工、同时投入生产和使用。

用人单位必须为劳动者提供符合国家规定的劳动安全卫生条件和必要的劳动防护用品，对从事有职业危害作业的劳动者应当定期进行健康检查。

从事特种作业的劳动者必须经过专门培训并取得特种作业资格。

劳动者在劳动过程中必须严格遵守安全操作规程。劳动者对用人单位管理人员违章指挥、强令冒险作业，有权拒绝执行；对危害生命安全和身体健康的行为，有权提出批评、检举和控告。

国家建立有伤亡事故和职业病统计报告和处理制度。县级以上各级人民政府劳动行政部门、有关部门和用人单位应当依法对劳动者在劳动过程中发生的伤亡事故和劳动者的职业病状况进行统计、报告和处理。

案例分析

日前，小李到一家金属制品公司当电焊工，与这家公司签订了为期2年的劳动合同，试用期为2个月。小李上班时发现，其他老员工均有由公司免费发放的工作服、防护眼镜、手套等劳动保护用品，便要求公司也为他配备。但公司却说小李只有在试用期满后，才能与其他职工一样享受公司的劳动保护待遇，理由是小李还在试用期，日后是否能够成为公司的正式职工尚不确定，如果现在给小李配备劳动保护用品，假如小李试用期满后不能继续留用，将导致公司不必要的损失。这种说法对吗？

简要分析：用人单位应当对试用期职工提供相应的劳动保护用品。《劳动合同法》第十九条第四款规定："试用期包含在劳动合同期限内。……"即试用期内的职工同样是劳动者，享有劳动者的权利。

《劳动法》第五十四条规定："用人单位必须为劳动者提供符合国家规定的劳动安全卫生条件和必要的劳动防护用品。"《劳动法》第九十二条规定："用人单位的劳动安全设施和劳动卫生条件不符合国家规定或者未向劳动者提供必要的劳动防护用品和劳动保护设施的，由劳动行政部门或者有关部门责令改正，可以处以罚款；情节严重的，提请县级以上人民政府决定责令停产整顿；对事故隐患不采取措施，致使发生重大事故，造成劳动者生命和财产损失的，对责任人员比照刑法第一百八十七条的规定追究刑事责任。"

案例解读

案情概述：2017年12月9日，连云港聚鑫生物科技有限公司间二氯苯装置发生爆炸事故，造成10人死亡、1人轻伤，直接经济损失4875万元。经计算，本次事故释放的爆炸总能量为14.15吨TNT当量。

处理结果：国务院安全生产委员会办公室挂牌督办的江苏连云港聚鑫生物科技有限公司"12·9"重大爆炸事故，其调查报告经国务院安全生产委员会办公室审核同意，由江苏省人民政府批复并公布。调查认定，连云港聚鑫生物科技有限公司（简称"聚鑫公司"）"12·9"重大爆炸事故是一起生产安全责任事故。事故企业聚鑫公司受到500万元罚款、吊销安全生产许可证的行政处罚，45名相关责任人分别被追究刑责、受到党纪和行政处分、被给予行政处罚。调查报告建议，有关部门对山东齐阳石化工程有限公司、江苏吉安安全科技有限责任公司、江苏亨亚达工业设备安装工程有限公司、灌南县建筑设计有限公司、南京同辉安全评价咨询有限公司等企业分别作出降低资质等级、吊销资质、暂停资质、责令停业整顿和给予规定上限罚款的行政处罚。

事故原因：聚鑫公司未落实安全生产主体责任，是事故发生的主要原因。事故发生还存在三个方面的重要原因：一是设计、监理、评价、设备安装等技术服务单位未依法履行职责，违法违规进行设计、安全评价、设备安装、竣工验收；二是灌南县委县政府和化工园区管委会安全生产红线意识不强,对安全生产工作重视不够,属地监管责任不落实;三是负有安全生产监管和建设项目管理的有关部门未认真履行职责,审批把关不严,监督检查不到位。

(资料来源:人民网)

案例分析

张某与某化工厂签订了为期 3 年的劳动合同,在车间从事生产工作。由于工作中需要经常接触有毒、有害物质,化工厂为所有职工购买、发放过防毒口罩、防毒工作服、防毒手套等防护用品。不久前,张某因工作不顺心提出辞职,要求解除还有 1 年到期的劳动合同。化工厂虽然同意她的辞职要求,但却以一套防护用品的正常使用期为 3 年,而她只干了 2 年,该防护用品不得不被浪费为由,要她承担 1/3 的折旧费。职工辞职应否承担防护用品折旧费?

简要分析:因为张某这样的劳动者在工作中需要经常接触有毒、有害物质,会对身体造成伤害,所以化工厂必须无条件地主动为她提供防护用品,所需费用从化工厂"专项经费"中开支,这笔费用显然不属于"损失",因此化工厂不得以任何形式、任何理由转嫁于劳动者。

3. 女职工劳动保护

女职工劳动保护是指针对女职工在孕期、产期、哺乳期等的生理特点,在工作任务分配和工作时间等方面所进行的特殊保护。国务院制定的《女职工劳动保护特别规定》明确了用人单位的主体责任。

(1)用人单位应当遵守女职工禁忌从事的劳动范围的规定。用人单位应当将本单位属于女职工禁忌从事的劳动范围的岗位书面告知女职工。

女职工在孕期不能适应原劳动的,用人单位应当根据医疗机构的证明,予以减轻劳动量或者安排其他能够适应的劳动。

(2)对怀孕 7 个月以上的女职工,用人单位不得延长劳动时间或者安排夜班劳动,并应当在劳动时间内安排一定的休息时间。

怀孕女职工在劳动时间内进行产前检查,所需时间计入劳动时间。

对哺乳未满 1 周岁婴儿的女职工,用人单位不得延长劳动时间或者安排夜班劳动。用人单位应当在每天的劳动时间内为哺乳期女职工安排 1 小时哺乳时间;女职工生育多胞胎的,每多哺乳 1 个婴儿每天增加 1 小时哺乳时间。

(3)女职工生育享受产假。

(4)生育津贴。

女职工产假期间的生育津贴对已经参加生育保险的,按照用人单位上年度职工月平均工资的标准由生育保险基金支付;对未参加生育保险的,按照女职工产假前工资的标准由用人单位支付。

产假期间女职工不能同时得到用人单位发放的工资和社保部门发放的生育津贴。

4. 未成年工劳动保护

《未成年工特殊保护规定》所指的未成年工，是年满16周岁未满18周岁的劳动者。

用人单位应当遵守规定的未成年工禁止从事的劳动范围标准。在安排工作岗位之前，工作满1年或者年满18周岁，距离上次体检已超过半年，按照劳动行政部门制作的《未成年工健康检查表》进行健康检查。

用人单位招用未成年工，须向所在地县级以上人力资源和社会保障部门办理未成年工登记。人力资源和社会保障部门按照规定审核体检情况和拟安排的劳动范围。未成年工须持由人力资源和社会保障部门核发的《未成年工登记证》上岗。

劳动行政部门应当加强劳动安全卫生执法监督，督促企业健全并落实劳动安全卫生责任制，严格执行国家劳动安全卫生保护标准，加大安全生产投入，强化安全生产和职业卫生教育培训，提供符合国家规定的劳动安全卫生条件和劳动保护用品，对从事有职业危害作业的职工按照国家规定进行上岗前、在岗期间和离岗时的职业健康检查，加强女职工和未成年工特殊劳动保护，最大限度地减少生产安全事故和职业病危害，切实保障职工获得劳动安全卫生保护的权利。

【能力测验】

一、单选题

1. 根据《企业职工带薪年休假实施办法》规定，用人单位经职工同意不安排年休假或者安排职工休假天数少于应休年休假天数的，应当在本年度内对职工应休未休年休假天数，按照其日工资收入的（　　）支付未休年休假工资报酬，其中包含用人单位支付职工正常工作期间的工资收入。

A. 100%　　　　B. 200%　　　　C. 300%　　　　D. 400%

2. 根据《企业职工带薪年休假实施办法》规定，职工连续工作满（　　）个月以上的，享受带薪年休假。

A. 6　　　　B. 12　　　　C. 18　　　　D. 24

3. 根据《女职工劳动保护特别规定》，用人单位应当遵守女职工禁忌从事的劳动范围的规定。用人单位应当将本单位属于女职工禁忌从事的劳动范围的岗位（　　）告知女职工。

A. 书面　　　　B. 口头　　　　C. 正式　　　　D. 当面

4. 根据《女职工劳动保护特别规定》，怀孕女职工在劳动时间内进行产前检查，所需时间计入（　　）时间。

A. 病假　　　　B. 事假　　　　C. 年休假　　　　D. 劳动

5. 根据《劳动法》的规定，国家实行最低工资保障制度。最低工资的具体标准由（　　）规定，报国务院备案。

A. 县人民政府　　　　　　　　　B. 市人民政府
C. 省、自治区、直辖市人民政府　　D. 国务院劳动保障行政部门

6. 根据《劳动法》的规定,用人单位支付劳动者的工资不得低于当地（　　）标准。
A. 在岗职工平均工资　　　　B. 最低工资
C. 最低生活保障　　　　　　D. 就业人员平均工资

7. 根据《最低工资规定》,（　　）以上地方人民政府劳动行政部门负责对本行政区域内用人单位执行本规定情况进行监督检查。
A. 乡镇　　　B. 县级　　　C. 市级　　　D. 省级

8. 根据《劳动合同法》,劳动者在试用期的工资不得低于本单位相同岗位最低档工资或者劳动合同约定工资的百分之（　　）,并不得低于用人单位所在地的最低工资标准。
A. 五十　　　B. 六十　　　C. 七十　　　D. 八十

9. 根据《职工带薪年休假条例》,对职工应休未休的年休假天数,单位应当按照该职工日工资收入的（　　）支付年休假工资报酬。
A. 50%　　　B. 150%　　　C. 200%　　　D. 300%

10. 企业中从事以下工作,可实行不定时工作制的是（　　）。
A. 推销
B. 从事矿山井下、高山、有毒有害作业的劳动者
C. 从事特别繁重或过度紧张作业的劳动者
D. 人力资源管理

11. 下列关于我国最低工资制度的表述,正确的是（　　）。
A. 我国实行全国统一的最低工资标准,由国务院作出统一的具体规定
B. 用人单位通过贴补伙食支付给劳动者的非货币性收入属于最低工资组成部分
C. 延长工作时间的工资可作为最低工资的组成部分
D. 如果劳动者没有提供正常劳动,到手工资就有可能低于最低工资标准

12. 按照我国有关法律规定,国际劳动节放假时间长度为（　　）。
A. 2天　　　B. 3天　　　C. 7天　　　D. 1天

13. 根据《中华人民共和国劳动合同法实施条例》,用人单位依照《劳动合同法》第四十条规定,选择额外支付劳动者一个月工资解除劳动合同的,其额外支付的工资应当按照该劳动者（　　）的工资标准确定。
A. 当月　　　B. 上一个月　　　C. 上一季度　　　D. 上一年度

14. 根据《职工带薪年休假条例》,职工累计工作已满20年的,年休假（　　）天。
A. 5　　　B. 10　　　C. 15　　　D. 20

二、案例分析

1. 2010年1月,王某进入某生物科技有限公司工作,与公司签订了为期3年的劳动合同。王某入职时已在其他用人单位连续工作满14年,根据国家相关法规的规定,每年可以享受10天的带薪年休假。2013年2月,王某与朋友出境旅游,向公司申请休了10天的年休假。6月,王某向公司提出辞职,公司在与王某进行离职交接时,发现王某已经休完了今年全部的年休假,而王某仅工作了半年,按理只享受5天的年休假,故

在最后结算工资时,将其多休的 5 天年休假工资扣回。王某认为这是公司无故克扣工资的行为,要求公司补足。职工离职时多休的年休假,公司可以扣回吗?

2. 小张是在一家设备公司工作三年多的员工,2018 年休过产假后,6 月 1 日开始上班。12 月中旬,小张向公司申请休 5 天年休假,但领导说她已经休了产假就不能再休带薪年休假了,而且也不会支付未休年休假工资。问:公司不让小张休年假合法吗?

3. 在公司工作两年多的小王反映,最近,父母在老家给他找了对象,希望他能够回家相亲。他便向部门主管提出休年休假的申请。部门主管没有给予明确的回复,只说了句:"能不能批准要看经理心情,好多员工都没有享受过年休假,但如果业绩好,经理也许会批准几个的。"一天,小王见经理心情不错,便向经理提出休年休假的申请。谁料,经理听完,立刻严肃地说:"我们企业实行的是综合计算工时制,目前不执行年休假制度。你个人的困难只能先克服一下。"经理的说法对吗?

4. 王女士于 2015 年 7 月入职某公司,担任出纳一职,双方签订了 3 年期固定期限劳动合同,合同中约定王女士的月基本工资为 1900 元,加上岗位工资每月共计 6000 元。王女士在职期间公司未为其缴纳生育保险。2016 年 10 月王女士怀孕,之后一直坚持工作,只是有时按照医院的要求进行产前检查,但公司每次都将产检算作事假,并扣发王女士相应的事假工资。2017 年 7 月 5 日,王女士生育一女,产假期间公司一直按照王女士基本工资 1900 元的标准每月向其支付工资。王女士于 2018 年 7 月 3 日提起仲裁,请求公司支付产检和产假期间工资差额。王女士的请求能得到支持吗?

工作任务二　依法招聘

【学习目标】

探究知识:就业歧视、如实告知。

获得能力:理解订立劳动合同的基本原则,能够依法明确设定录用条件,避免承担缔约过失责任。

一、订立劳动合同的基本原则

《劳动合同法》规定:"订立劳动合同,应当遵循合法、公平、平等自愿、协商一致、诚实信用的原则。"

(1)合法原则,这是劳动合同有效的基本前提。该原则要求劳动合同的订立过程和劳动合同的形式、内容都必须符合法律法规的规定。

(2)公平原则,要求劳动合同内容公平合理,用人单位与劳动者双方的权利义务对等。用人单位不得免除自己的法定责任，排除劳动者的权利。

（3）平等自愿原则。劳动者和用人单位在订立劳动合同时法律地位平等，但是，劳动合同订立时的平等并不排除劳动关系履行过程中用人单位和劳动者之间的管理与被管理关系，用人单位与劳动者之间法律地位的平等性和劳动者对用人单位具有的从属性是并存的，这也正是由劳动关系的特殊性所决定的。在合法的前提下，和谁订立劳动合同、订立什么样的劳动合同完全出于自愿，是劳动者和用人单位双方的真实意思表示。

（4）协商一致原则。劳动合同应该是双方经过沟通达成的协议，任何一方不得把自己的意志强加给另一方。

（5）诚实信用原则，不仅是订立劳动合同，也是履行劳动合同及处理劳动合同纠纷的基本准则。

二、招聘

招聘是订立劳动合同的前期工作步骤。为了订立有效的劳动合同，招聘单位与求职者双方应该遵循合法、公平、平等自愿、协商一致、诚实信用的原则。

1. 不得实施就业歧视

《中华人民共和国就业促进法》为了保障劳动者依法享有平等就业和自主择业的权利，作出以下具体规定：

（1）劳动者就业，不因民族、种族、性别、宗教信仰等不同而受歧视。

（2）国家保障妇女享有与男子平等的劳动权利。用人单位招用人员，除国家规定的不适合妇女的工种或者岗位外，不得以性别为由拒绝录用妇女或者提高对妇女的录用标准。用人单位录用女职工，不得在劳动合同中规定限制女职工结婚、生育的内容。

案例解读

案情概述：2014年7月，女大学生郭晶应聘杭州市东方烹饪职业技能培训学校文案岗位，她认为自己的学历以及实习经验符合学校的要求，便在网上提交了简历。等待多天后没有得到任何回复，郭晶又浏览了相关的页面，才发现招聘页面上写着"限男性"的要求。郭晶表示不解，多次向对方咨询，并到学校当面了解，对方坚持只要男性，表示这个岗位不适合女生。郭晶向法院提起了诉讼。

处理结果：2014年11月12日，这起"浙江就业性别歧视第一案"在杭州市西湖区人民法院宣判，杭州市西湖区人民法院判定，被告东方烹饪职业技能培训学校侵犯了女生郭晶的平等就业权，赔偿其2000元精神损害抚慰金。

解读意见：被告不对原告是否符合其招聘条件进行审查，而直接以原告为女性、只招男性为由拒绝原告应聘，其行为侵犯了原告平等就业的权利，对原告实施了就业歧视。

（3）各民族劳动者享有平等的劳动权利。用人单位招用人员，应当依法对少数民族劳动者给予适当照顾。

（4）国家保障残疾人的劳动权利。各级人民政府应当对残疾人就业统筹规划，为残疾人创造就业条件。

用人单位应当依法与残疾人职工签订劳动合同或者服务协议，并为残疾人职工提供适合其身体状况的劳动条件、劳动保护和符合其实际情况的职业培训，不得在晋职、晋级、报酬、社会保险等方面歧视残疾人职工。

（5）用人单位招用人员应当对从业人员进行健康管理。

根据《传染病防治法》，传染病病人、病原携带者和疑似传染病病人，在治愈前或者在排除传染病嫌疑前，不得从事法律、行政法规和国务院卫生行政部门规定禁止从事的易使该传染病扩散的工作。

例如，《食品安全法》规定，食品生产经营者应当建立并执行从业人员健康管理制度。患有国务院卫生行政部门规定的有碍食品安全疾病的人员，不得从事接触直接入口食品的工作。国家卫生计生委印发的《有碍食品安全的疾病目录》明确划定有六种传染病的确可能通过食物传播，分别是：霍乱、细菌性和阿米巴性痢疾、伤寒和副伤寒、病毒性肝炎（甲型、戊型）、活动性肺结核、化脓性或者渗出性皮肤病。有这些疾病的人不能从事食品生产和加工。

《公共场所卫生管理条例实施细则》规定，公共场所经营者应当组织从业人员每年进行健康检查，从业人员在取得有效健康合格证明后方可上岗。患有痢疾、伤寒、甲型病毒性肝炎、戊型病毒性肝炎等消化道传染病的人员，以及患有活动性肺结核、化脓性或者渗出性皮肤病等疾病的人员，治愈前不得从事直接为顾客服务的工作。

案例解读

案情概述：王某通过网上投简历应聘某大型包装公司吹膜机长职位，经过严格的考核和多次的面试，终于进入了体检环节。感觉应聘有望的王某果断辞去了原来的工作，但让他没有想到的是，公司拿到体检结果后以王某患有乙肝大三阳为由拒绝录用。王某承受了极大的心理压力和精神痛苦，难以忍受包装公司的就业歧视，经多次交涉无果后，将该公司诉至法院。

处理结果：2014年6月19日，江苏省昆山市人民法院审结了该案，依法判处被告判决生效十日内向原告公开赔礼道歉并赔偿原告4000元。

简要分析：被告拒绝录用原告侵犯了原告平等就业的权利，客观上对原告实施了就业歧视，被告未提供证据证明原告的身体状况系不得从事法律、行政法规和国务院卫生行政部门规定禁止从事的易使传染病扩散的工作。被告违法拒绝录用原告，原告还需另寻工作，产生损失应属必然，结合实际情况，法院酌情确认被告赔偿原告4000元。

（资料来源：中国法院网）

2. 明确设定录用条件

"不符合录用条件"是用人单位在试用期辞退员工的一个常用理由。要想以"不符合录用条件"解除劳动合同，前提是必须明确设定录用条件。用人单位要有证据证明员工知道录用条件。

（1）录用条件要具体、可对照、可操作，忌空泛笼统。

(2)可以在招聘简章、录用通知书中明示录用条件。

(3)明确区分应聘条件与录用条件。

应聘条件不同于录用条件。通常,应聘条件低于录用条件。招聘单位明确区分应聘条件与录用条件,可以防止因条件混淆而造成的法律风险。

(4)明确考核标准。

只有明确考核标准,才能有凭据界定是否符合录用条件。

3. 如实告知

(1)用人单位招用劳动者时,应当主动如实告知劳动者工作内容、工作条件、工作地点、职业危害、安全生产状况、劳动报酬,以及劳动者要求了解的其他情况。

有些企业在招聘宣讲、招聘通知或面试中,夸大或虚假宣传,如"本公司将在一年内上市,所有员工配发原始股""工作轻松,月入万元不是梦"等。应聘者可以通过合法的信息渠道查看企业的工商信息、投资者信息、资信和用工情况。

(2)用人单位有权了解劳动者与劳动合同直接相关的基本情况,劳动者应当如实说明。一般说来,劳动者的健康状况、知识技能、学历、职业资格、工作经历等,会被认为是与劳动合同直接相关的基本情况。另外,这些基本情况根据行业的性质不同也会有所区别,比如,在一般行业乙肝大小三阳不属用人单位知情权的范围,但在餐饮业中求职者对有无乙肝大小三阳就负有如实说明义务。

(3)欺诈的法律后果。

《劳动合同法》第二十六条规定,以欺诈、胁迫的手段或者乘人之危,使对方在违背真实意思的情况下订立或者变更劳动合同的,劳动合同无效或者部分无效。

对劳动合同的无效或者部分无效有争议的,由劳动争议仲裁机构或者人民法院确认。

劳动合同无效后,主要表现为以下三方面的后果:一是劳动者可要求用人单位支付劳动报酬,劳动报酬的数额,参照本单位相同或者相近岗位的劳动报酬确定;二是用人单位可单方解除劳动合同,且劳动者无权主张用人单位支付经济补偿金、经济赔偿金、未签订书面劳动合同双倍工资差额等基于合法劳动关系所产生的权利;三是用人单位可要求劳动者承担相应赔偿责任。

一方当事人故意告知对方虚假情况,或者故意隐瞒真实情况,诱使对方当事人作出错误意思表示的,可以认定为欺诈行为。

用人单位要有证据证明已主动"如实告知"。

对于劳动者提供的个人资料,用人单位要做好证据固定工作。

案例解读

案情概述: 2008年初,浙江宁波市一企业因生产需要向社会招聘焊接工程师,严某向企业发送了自己的简历。严某在简历中填写的职称是"焊接技师""焊接工程师"。简历发出后,企业要求严某面试。面试时,严某又向企业提供了他自己的二级焊接技师资格证书和浙江省特种设备生产单位颁发的工程师培训合格证书。双方随后签订了劳动合同,合同约定严某担任该企业焊接工程师,合同期限一年,月工资5000元,年收入原则上不低于84 000元，此外，每月还有社保补贴400元。其中规定月工资根据季度考核指标来兑现，年收入根据年度考核指标完成情况来兑现。

一年后，劳动合同到期，企业未按合同支付足额工资，这引起了严某的不满，于是严某向宁波市鄞州区劳动争议仲裁委员会申请仲裁，要求企业依劳动合同支付其差额工资。

企业称：在双方劳动合同履行期间企业曾向有关方面申领"特种设备制造许可证"，后来发现严某提交的焊接工程师培训合格证不是特种设备制造管理部门发放的正规的焊接工程师资格证，严某事实上并不具备焊接工程师的资格。由于工厂对焊接工程师资格证的样式缺乏专业认识，误以为其持有的工程师培训合格证就是焊接工程师证，因此才录用了严某，并与其签订了劳动用工合同。企业认为，严某在应聘时弄虚作假，冒充焊接工程师的身份与工厂签订劳动合同，明显存在欺诈行为，故认为其与严某签订的劳动合同应视为无效合同。企业同时称严某的工作能力与技术水平也没有达到焊接工程师的标准，工作期间经常不能完成工作指标。

处理结果：2009年6月，宁波市鄞州区劳动争议仲裁委员会作出仲裁裁决，企业应向严某支付工资差额24 670元。当事人不服裁决，向宁波市鄞州区法院提起诉讼。该案经历一审二审，法院均认定双方签订的劳动合同合法有效，企业应向严某支付差额工资24 670元。

解读意见：严某并未采取欺诈手段与用人单位签订劳动合同，到用人单位应聘时提供的资格证书是真实有效的。用人单位有义务对应聘人员提供的资格证书进行认真审查。劳动合同订立后，严某按照合同约定履行了焊接工程师的职责，用人单位也无证据证明严某在职期间的工作业绩不符合考核标准。

（资料来源：新华网）

案例解读

案情概述：某公司于2016年2月20日、21日对外招聘工作人员，其中发布机械工程师岗位要求为"本科及以上学历，机械类专业，有5年以上工作经验，熟悉机械制图各类常用软件及机械加工各工种的工艺要求，能编制各种加工工艺"。曹某填写招聘登记表时写明最高学历为大专，所学专业为机械设计与制造，现职称为工程师，工作经验一栏写明1986年9月至2012年在皖南机械厂任工程师，2013年至2015年在温州海鸥公司任工程师等，并上交该公司存档。2016年2月24日，曹某到该公司工作，试用期满后双方于2016年6月28日签订劳动合同书，曹某从事工程师岗位工作。该公司于2016年12月16日向工会发出《解除劳动合同通知工会函》，工会于2016年12月19日复函同意该公司解除与曹某的劳动合同。2017年1月18日，曹某填写"员工离职工作交接表"。该公司认为曹某提供的学历证书、职称证书均系伪造，且曹某填写的招聘登记表中的相关工作经历为虚假经历，故于2017年3月29日向乐清市劳动争议仲裁委员会申请确认双方签订的劳动合同书无效。仲裁委逾期未受理，公司提起诉讼，请求依法确认双方于2016年6月28日签订的劳动合同书无效。

处理结果：浙江省乐清市人民法院判决确认某公司与曹某于2016年6月28日签订的劳动合同书无效。曹某不服，提起上诉。浙江省温州市中级人民法院判决驳回上诉，维持原判。

解读意见：经法院审理查明曹某提供的学历证书、职称证书确系伪造，且曹某在招聘登记表中填写了虚假的工作经历。根据《劳动合同法》第二十六条规定可知，一方以欺诈手段，使对方在违背真实意思的情况下订立劳动合同的，劳动合同无效。

（资料来源：中国普法网）

4. 缔约过失责任

在磋商劳动合同的过程中一方当事人违反诚实信用原则导致劳动合同不能成立，或者合同无效，损害对方当事人基于合理信赖而产生的利益损失，失信方应承担相应的损失赔偿责任。

案例分析

2018年11月份，小张在网上见到广州一家网络公司招聘文案策划人员，于是投去简历，并在经过一次笔试、两次面试，提供体检报告后，该公司于2015年12月给小张寄来了录用通知书。录用通知书详细罗列了入职时间、考核期、薪酬与福利情况以及要求小张提供与原单位解除合同的证明材料，而且在条款中还特别注明"在您确认同意后，此通知将成为您和公司的聘用约定"。为此，小张很快办理了与原单位的离职手续。然而让小张没想到的是，该公司又给小张发来信息称，因公司业务调整，需要小张负责的那个项目被搁置，不准备聘用小张了。对此，小张既气愤又无奈。

简要分析：招聘单位应当对小张承担缔约过失责任。小张有理由认为招聘单位将录用他，才与原单位办理了离职手续。双方未能建立劳动关系、未能签订劳动合同完全是招聘单位的失信行为造成的。招聘单位理应慎重发出录用通知。招聘单位可以在录用通知中设定通知书生效的条件或解除条件。

从我国目前的司法实践来看，法院一般会结合求职者的工作岗位职级、找工作的难度等因素，判决招聘单位向求职者赔偿1到3个月的工资。

案例解读

案情概述：2018年1月，员工刘某参与了太仓某公司组织的面试，后面试通过，刘某签署了公司出具的聘用确认信，聘用确认信明确生效条件之一为通过公司安排的入职体检，同时，还约定了试用期为6个月，基本工资与住房津贴为税前每月6900元等其他事项。经体检，刘某显示电测听未果，经复检，仍未通过。刘某将体检未通过的情况如实告知了公司人事处，人事处通过微信回复体检没有问题，可于2018年1月25日报到。但在2018年1月23日，公司又以刘某体检未过为由，告知其未被录用。刘某诉至太仓法院，要求法院判令公司赔偿交通费1000元，因立案、开庭请假造成的误工费损失800元，因未聘用造成的工资损失78 000元，上述合计79 800元。

处理结果：判决该公司赔偿刘某工资损失的金额为13 800元，赔偿因面试、体检产生的交通费用300元。

解读意见：公司有违诚实信用原则，侵害了原告的信赖利益，给原告造成了损失，应当承担相应的赔偿责任。关于工资损失，法院参照聘用确认信中确定的 6900 元/月的工资标准，综合考虑耗费的时间成本以及对后续找工作产生的时间影响等因素，酌定赔偿工资损失的金额为 13 800 元。关于交通费损失，刘某认为包括面试、体检、开庭在内，共计损失 1000 元。公司对于面试、体检产生的交通费用，按照 100 元/次的标准，愿意支付 300 元，对于因开庭产生的交通费，不予赔付。法院认为公司对于刘某面试、体检产生的交通费用予以认可，且标准合理，予以确认，对于因立案、开庭请假造成的误工费损失 800 元，于法无据，不予支持。

（资料来源：江苏法院网）

5. 连带赔偿责任

《劳动合同法》第九十一条规定，用人单位招用与其他用人单位尚未解除或者终止劳动合同的劳动者，给其他用人单位造成损失的，应当承担连带赔偿责任。

【能力测验】

一、单选题

1. 订立劳动合同应当遵循合法、（   ）、平等自愿、协商一致、诚实信用原则。
   A. 公道　　　　　B. 公认　　　　　C. 公开　　　　　D. 公平
2. 以下说法错误的是（   ）。
   A. 用人单位录用女职工，不得在劳动合同中规定限制女职工结婚、生育的内容
   B. 用人单位招用人员，应当依法对少数民族劳动者给予适当照顾
   C. 各级人民政府应当对残疾人就业统筹规划，为残疾人创造就业条件
   D. 用人单位录用女职工，可以在劳动合同中规定限制女职工离婚的内容

二、案例分析

2018 年 8 月，小李被一家科技有限公司聘为市场开拓员，并签订了劳动合同。她本来已经结婚，因担心已婚事实影响求职，所以在应聘和入职阶段登记个人基本信息时，都填写的是未婚。2019 年 3 月公司知道小李已经结婚，遂以欺诈为由解除了劳动合同。问：该公司的做法对吗？

工作任务三　订立劳动合同与集体协商

【学习目标】

探究知识：订立劳动合同的时间与形式，劳动合同的必备条款及补充条款，集体协商订立集体合同的程序。

获得能力：能够依法订立劳动合同，明确当事人不签劳动合同的法律责任；掌握集体协商订立集体合同的程序规则。

一、劳动合同的类型

按照期限分类，劳动合同分为固定期限劳动合同、无固定期限劳动合同和以完成一定工作任务为期限的劳动合同。

固定期限劳动合同，是指用人单位与劳动者约定合同终止时间的劳动合同。

无固定期限劳动合同，是指用人单位与劳动者约定无确定终止时间的劳动合同。

以完成一定工作任务为期限的劳动合同，是指用人单位与劳动者约定以某项工作的完成为合同期限的劳动合同。

二、订立劳动合同的时间与形式

1. 自用工之日起一个月内订立书面劳动合同

已建立劳动关系，未同时订立书面劳动合同的，应当自用工之日起一个月内订立书面劳动合同。

用人单位与劳动者在用工前订立劳动合同的，劳动关系自用工之日起建立。

非全日制用工的，可以订立口头协议。

用人单位可以采用劳动行政部门制定的劳动合同范本。

案例分析

2016年10月，李某到某置业公司担任房地产项目经理。同年10月20日，公司通过企业邮箱，向他发送劳动合同电子文本，并约定合同期限、工作内容与地点、劳动报酬及社保待遇。当天晚上，李某利用邮件回复公司，质疑部分合同内容。次日中午，公司再次通过企业邮箱，解答李某提出的疑问。下午，李某邮件回复没有疑问了。2018年5月，李某辞职，随后向当地劳动争议仲裁委员会申请仲裁，认为公司未与自己签订书面劳动合同，要求公司支付双倍工资12万余元。问：双方是否已签订书面劳动合同？

简要分析：《劳动合同法》中没有规定劳动合同的书面形式仅限于纸质合同文本，电邮文本也是书面劳动合同。

2. 签字或者盖章

劳动合同由用人单位与劳动者协商一致，并经用人单位与劳动者在劳动合同文本上签字或者盖章生效。

劳动合同文本由用人单位和劳动者各执一份。

案例分析

2018年9月初，小王被一家公司招聘为员工，入职第二天单位就与小王签订了一年期限劳动合同。小王在合同上签完名字后，公司人事助理说盖完公章就给他一份合同文本，但此后总以各种理由不给小王。后来，小王找到单位领导，要求给他一份劳动合同文本，单位还是不给。11月初，小王的两个月试用期结束，单位以小王在试用期内被证明不符合录用条件为由解除了劳动关系。问：小王现在能以单位未给劳动合同文本为由，要求试用期间按双倍工资支付吗？

简要分析：用人单位应当将劳动合同文本给小王一份。《劳动合同法》第十六条规定，劳动合同由用人单位与劳动者协商一致，并经用人单位与劳动者在劳动合同文本上签字或者盖章生效。劳动合同文本由用人单位和劳动者各执一份。依据《劳动合同法》第八十一条，用人单位提供的劳动合同文本未载明劳动合同必备条款或者用人单位未将劳动合同文本交付劳动者的，由劳动行政部门责令改正；给劳动者造成损害的，应当承担赔偿责任。

由此来看，单位未给小王劳动合同文本，小王由此主张双倍工资是没有法律依据的。

3. 用人单位不签劳动合同的法律责任

（1）支付两倍的工资与补订书面劳动合同。

1995年1月1日起施行的《劳动法》第十六条规定，建立劳动关系应当订立劳动合同。但该法却未对不签订劳动合同的行为规定相应的惩罚措施。因此，不签订劳动合同的现象大量存在，对依法维护劳动者的合法权益不利。为了保护处于弱势地位的劳动者的合法权益，明确劳动关系主体的权利与义务，2008年1月1日起实施的《劳动合同法》第八十二条规定，用人单位自用工之日起超过一个月不满一年未与劳动者订立书面劳动合同的，应当向劳动者每月支付两倍的工资。

根据《劳动合同法实施条例》第六条，用人单位自用工之日起超过一个月不满一年未与劳动者订立书面劳动合同的，除了应当依照《劳动合同法》第八十二条的规定向劳动者每月支付两倍的工资，还应当与劳动者补订书面劳动合同。用人单位向劳动者每月支付两倍工资的起算时间为用工之日起满一个月的次日，截止时间为补订书面劳动合同的前一日。

（2）支付两倍的工资与补订无固定期限劳动合同。

根据《劳动合同法实施条例》第七条，用人单位自用工之日起满一年未与劳动者订立书面劳动合同的，自用工之日起满一个月的次日至满一年的前一日应当依照《劳动合同法》第八十二条的规定向劳动者每月支付两倍的工资，并视为自用工之日起满一年的当日已经与劳动者订立无固定期限劳动合同，应当立即与劳动者补订书面劳动合同。

案例解读

案情概述：周某于2014年10月8日到某科技公司担任销售总监。2014年10月8日至2015年10月6日期间，该科技公司未与周某签订书面劳动合同。2015年10月7日，双方补签了书面劳动合同，约定周某的劳动合同期限自2014年10月8日起至2016年10月7日止。2016年期间，周某离职并申请仲裁，要求该科技公司支付未签订书面劳动合同的二倍工资差额12万元。仲裁机构裁决驳回周某的仲裁申请，周某不服遂向法院提起诉讼。

处理结果：法院判决驳回周某的诉讼请求。

解读意见：某科技公司虽然未在法定期限内与周某签订书面劳动合同，但双方于2015年10月7日补签劳动合同时，将劳动合同期限约定为2014年10月8日至2016年10月7日，该期间包含了已经履行的劳动关系期间，应视为双方自始签订了劳动合同。周某的劳动权利已经通过补签劳动合同的方式获得保障，在周某未举证证明补签劳动合同并非其真实意思表示的情况下，周某再主张未签劳动合同的二倍工资差额，有违诚信原则，不应得到支持。

（资料来源：重庆市高院网）

案例分析

2018年3月，王女士年满50周岁，某实业总公司为其办理了退休手续，王女士开始每月领取退休金。2019年1月，该公司想返聘王女士，打算与王女士订立书面退休返聘协议。王女士则认为自己在该公司已工作10年以上，要求与公司订立劳动合同至55周岁。因王女士拒绝订立退休返聘协议，该公司书面通知王女士于4月30日终止工作关系。王女士遂向当地劳动争议仲裁委员会提起仲裁，要求单位与其签订书面劳动合同，并要求单位支付其2019年1月至仲裁裁决生效之日未订立劳动合同的双倍工资。

简要分析：返聘人员未签劳动合同不能要求双倍工资。

《最高人民法院关于审理劳动争议案件适用法律若干问题的解释（三）》第七条规定："用人单位与其招用的已经依法享受养老保险待遇或领取退休金的人员发生用工争议，向人民法院提起诉讼的，人民法院应当按劳务关系处理。"王女士已达到法定退休年龄，并且办理了退休手续，显然属于已经达到退休年龄或开始享受基本养老保险待遇的人员。某实业总公司与王女士建立的不是劳动关系，不用签订劳动合同，不适用未签订劳动合同双倍工资的有关规定。

4. 劳动者不签劳动合同的法律后果

（1）自用工之日起一个月内，经用人单位书面通知后，劳动者不与用人单位订立书面劳动合同的，用人单位应当书面通知劳动者终止劳动关系，无须向劳动者支付经济补偿，但是应当依法向劳动者支付其实际工作时间的劳动报酬。

（2）自用工之日起超过一个月不满一年，劳动者不与用人单位订立书面劳动合同的，用人单位应当书面通知劳动者终止劳动关系，并依照《劳动合同法》第四十七条的规定支付经济补偿。

案例分析

2017年10月8日，李某被一家印染公司聘为技术员，与李某一起被聘用的共有6人。上班的当日，公司就有言在先：劳动合同定于2018年1月9日正式签订，此前这3个月属于临时工性质，不算工龄，如果不同意，公司将不予聘用。并且公司拿出写有此项内容的意向书，让李某等人签字。想到找工作不容易，李某他们均同意并签字。最近，李某因与主管几次发生矛盾，决定辞职，并对未签订劳动合同的3个月时间，要求公司按双倍工资给予补偿。公司不同意，理由是当初有约在先。问：李某可否主张两倍工资补偿？

简要分析：用人单位应当支付两个月的两倍工资差额。因为建立劳动关系、订立书面劳动合同是《劳动合同法》的强制性规定，即使当事人双方对此有约定，该约定也因违反法律强制性规定而无效。用人单位向劳动者每月支付两倍工资的起算时间为用工之日起满一个月的次日，截止时间为补订书面劳动合同的前一日。

案例解读

案情概述：陈某于2012年9月1日入职甲公司担任人事经理一职，全面负责劳动合同签订等人事管理工作，月薪12 000元。2013年5月21日，陈某以个人发展原因，提出与甲公司解除劳动关系，甲公司挽留无效后批准了陈某的辞职申请，为其结清了工资并办理了离职手续。但陈某离职后不久即通过诉讼程序，要求甲公司支付未签订书面劳动合同的二倍工资差额90 000元。

甲公司向法院提交了陈某在入职时签收的岗位职责确认书（载明其工作职责包括签订劳动合同）、陈某在2012年年底的工作总结（显示陈某自述其已排查确认公司与所有高管及员工均签订了书面劳动合同）以及陈某多次领取劳动合同空白文本及公章的签收记录。陈某认可上述证据材料的真实性，也认可其工作职责包括劳动合同的签订事宜，但坚称是甲公司不与其签订书面劳动合同，并且未能举证证明其曾向甲公司提出签订劳动合同而公司予以拒绝。

处理结果：法院判决驳回了陈某的全部诉讼请求。

解读意见：作为用人单位的人事主管，签订和保管劳动合同属于其工作职责。因此如果出现人事主管未签订劳动合同的情况，无论是故意还是过失，这种不签订劳动合同的不利后果均不应该由用人单位来承担。但与此同时，用人单位亦应以此为戒，完善劳动合同的管理制度，避免类似纠纷的产生。

（资料来源：北京市高级人民法院网）

劳动行政部门应当加强对用人单位实行劳动合同制度的监督、指导和服务，在用工季节性强、职工流动性大的行业推广简易劳动合同示范文本，依法规范劳动合同订立、变更等行为，提高劳动合同的签订率。

三、劳动合同的内容

1. 必备条款

劳动合同应当具备以下条款：
（1）用人单位的名称、住所和法定代表人或者主要负责人；
（2）劳动者的姓名、住址和居民身份证或者其他有效身份证件号码；
（3）劳动合同期限；
（4）工作内容和工作地点；
（5）工作时间和休息休假；
（6）劳动报酬；
（7）社会保险；
（8）劳动保护、劳动条件和职业危害防护；
（9）法律法规规定应当纳入劳动合同的其他事项。

劳动合同对劳动报酬和劳动条件等标准约定不明确，引发争议的，用人单位与劳动者可以重新协商；协商不成的，适用集体合同规定；没有集体合同或者集体合同未规定劳动报酬的，实行同工同酬；没有集体合同或者集体合同未规定劳动条件等标准的，适用国家有关规定。

案例解读

案情概述：李某2015年11月3日到某装饰公司担任市场总监，月工资7000元。2015年12月5日，李某领取工资6883元。2016年1月10日，李某领取工资6300元。2016年1月22日，该装饰公司将李某辞退。该装饰公司未支付李某2016年1月1日至2016年1月22日期间工资。之后，李某向成都一区劳动仲裁委员会申请仲裁，要求该装饰公司支付2015年11月至2016年1月期间未签订劳动合同二倍工资差额4.2万元。

该案中用人单位提交了入职申请表，该入职申请表的内容为李某的个人信息以及对李某薪资意愿的了解，无工作内容、工作时间、社会保险的记载。李某在期望薪资一栏填写内容为"10 000元"，而装饰公司填写的则是"另行商议"。

处理结果：仲裁委裁决装饰公司支付李某未签订劳动合同的二倍工资差额为15 895.8元。装饰公司对上述裁决不服，向成都中院提起诉讼，申请撤销仲裁裁决。成都中院裁定驳回装饰公司的申请。

解读意见：装饰公司与李某未签订劳动合同，装饰公司举证的入职申请书不具备劳动合同的构成要件。

案例分析

"前不久，我所在的总公司在某市成立分公司，任命我为分公司经理，但分公司没有办理营业执照。经总公司同意，我招聘了9名业务员，提出以分公司名义与他们签订劳动合同，但他们要求与总公司签订劳动合同。"请问：分公司招员工，能否以分公司名义与所招员工签订劳动合同？

简要分析：可以。《劳动合同法实施条例》第四条规定：《劳动合同法》规定的用人单位设立的分支机构，依法取得营业执照或者登记证书的，可以作为用人单位与劳动者订立劳动合同；未依法取得营业执照或者登记证书的，受用人单位委托可以与劳动者订立劳动合同。

案例分析

2013年10月，王某在某人才市场举办的一次招聘会上谋到了一份不错的工作，到某设备销售公司做仓库管理员。去公司报到的第一天，行政部门领导拿出了一份情况说明，示意王某签字。该份说明上写着："不要求公司为自己缴纳社会保险费，自愿放弃该权利。"公司的解释是缴纳保险费太麻烦，公司把这笔钱以"补助"形式发放给员工，这样比较省事。王某没多想就签字了。公司这样做对吗？

简要分析：诱骗劳动者承诺放弃社保的行为违法，社会保险是《劳动合同法》规定的必备条款。

2. 补充条款

用人单位与劳动者可以约定试用期、培训、保守秘密、补充保险和福利待遇等其他事项。

（1）关于试用期的法律规定。

劳动合同期限为三个月以上不满一年的，试用期不得超过一个月；劳动合同期限为一年以上不满三年的，试用期不得超过二个月；三年以上固定期限和无固定期限的劳动合同，试用期不得超过六个月。

同一用人单位与同一劳动者只能约定一次试用期。

以完成一定工作任务为期限的劳动合同或者劳动合同期限不满三个月的，不得约定试用期。

试用期包含在劳动合同期限内。劳动合同仅约定试用期的，试用期不成立，该期限为劳动合同期限。

用人单位违法与劳动者约定试用期的，由劳动行政部门责令改正；违法约定的试用期已经履行的，由用人单位以劳动者试用期满月工资为标准，按已经履行的超过法定试用期的期间向劳动者支付赔偿金。

案例分析

王某与某通信公司签订了为期3年的劳动合同，合同约定试用期4个月。王某在公司试用期间表现尚可，但试用期后的考试成绩却不佳，公司决定延长王某试用期半年，延长试用期间仍按原试用期工资待遇执行。问：试用期满后可以延长吗？

简要分析：试用期满后不可以延长。《劳动合同法》规定，试用期包含在劳动合同期限内。同一用人单位与同一劳动者只能约定一次试用期。用人单位对于在试用期间被证明不符合录用标准的劳动者可以解除劳动合同。

（2）关于服务期的法律规定。

用人单位为劳动者提供专项培训费用，对其进行专业技术培训的，可以与该劳动者订立协议，约定服务期。劳动合同期满，但是用人单位与劳动者依法约定的服务期尚未到期的，劳动合同应当续延至服务期满；双方另有约定的，从其约定。

劳动者违反服务期约定的，应当按照约定向用人单位支付违约金。违约金的数额不得超过用人单位提供的培训费用。用人单位要求劳动者支付的违约金不得超过服务期尚未履行部分所应分摊的培训费用。培训费用，包括用人单位为了对劳动者进行专业技术培训而支付的有凭证的培训费用、培训期间的差旅费用以及因培训产生的用于该劳动者的其他直接费用。

案例解读

案情概述：吕某于2016年3月入职某中介服务公司，双方订立了为期3年的劳动合同，约定吕某从事咨询师工作。入职后，中介服务公司对吕某进行了为期3天的岗前培训，就开展业务的工作技巧、开展业务的注意事项等进行了必要的岗前培训。双方签署了一份服务期协议，其中注明中介服务公司对吕某进行了专业培训，花费培训费1万元，吕某须为公司服务满5年后方可离职。工作满2年后，吕某辞职，中介服务公司以吕某未满服务期为由要求吕某支付违约金，并从其最后2个月工资中扣除了违约金6000元。吕某不服，遂向仲裁委申请仲裁，要求中介服务公司予以返还。

处理结果：仲裁委裁决支持了吕某的仲裁请求。

解读意见：中介服务公司对吕某进行的培训并非专业技术培训，而是岗前培训，并且没有证据证明真实发生了1万元的培训费用。

案例分析

赵某于2016年11月进入某公司从事计算机工作，入职时双方签订了为期2年的劳动合同。之后，公司派赵某到外地培训学习2个月，培训回来也没约定服务期。2018年11月，劳动合同期满前，该公司与赵某协商续订劳动合同，赵某要求提高工资待遇但没得到答复，合同到期后赵某提出终止。公司表示若不续订，必须赔1万元培训费，否则不予办理终止劳动合同的手续。为此赵某到当地劳动争议仲裁委员会提出申请，请求公司放弃培训费赔偿，并为其办理终止劳动合同手续。赵某的要求得到了支持。

简要分析：本案中，双方没有服务期的约定，且劳动合同已经到期，用人单位要求赵某返还培训费的请求，没有法律依据。

（3）关于保密与竞业限制的法律规定。

用人单位与劳动者可以在劳动合同中约定保守用人单位的商业秘密和与知识产权相

关的保密事项。

所谓竞业限制，就是在解除或者终止劳动合同后，负有保密义务的人员到与原单位生产或者经营同类产品、从事同类业务的有竞争关系的其他用人单位，或者自己开业生产或者经营同类产品、从事同类业务。

竞业限制的人员限于用人单位的高级管理人员、高级技术人员和其他负有保密义务的人员。竞业限制的范围、地域、期限由用人单位与劳动者约定，竞业限制的约定不得违反法律法规的规定。

竞业限制期限，不得超过两年。

对于负有保密义务的劳动者，用人单位可以在劳动合同或者保密协议中与劳动者约定竞业限制条款，并约定在解除或者终止劳动合同后，在竞业限制期限内按月给予劳动者经济补偿。劳动者违反竞业限制约定的，应当按照约定向用人单位支付违约金。

案例分析

2016年6月8日，李某入职浙江某科技公司从事人脸识别相关的技术工作。工作期间，双方签订了劳动合同和竞业限制协议。其中竞业限制协议约定：李某在公司任职期间和离职后两年内，非经书面许可，不得自营竞争业务或为公司的竞争对手提供任何服务或担任任何职务；公司支付李某竞业限制补偿费，以李某离职前12个月的月平均工资标准的30%按月给予经济补偿金；如果李某违反协议约定的竞业限制义务，公司有权要求李某立即停止违约行为，并有权要求李某一次性支付20万元违约金。问：李某应当遵守该竞业限制约定吗？

简要分析：竞业限制协议有效，双方均应履行约定的义务。李某从事人脸识别相关的技术工作，在竞业限制对象范围内。竞业限制的具体约定合法合理。

四、无固定期限劳动合同的法定情形

（1）有下列情形之一的，除劳动者与用人单位另有约定外，劳动者提出订立无固定期限劳动合同的，用人单位应当与其订立无固定期限劳动合同：

①劳动者在该用人单位连续工作满十年的；

②用人单位初次实行劳动合同制度或者国有企业改制重新订立劳动合同时，劳动者在该用人单位连续工作满十年且距法定退休年龄不足十年的；

③连续订立二次固定期限劳动合同，且劳动者没有《劳动合同法》规定的除外情形。

连续工作满十年的起始时间，应当自用人单位用工之日起计算，包括《劳动合同法》施行（2008年1月1日）前的工作年限。

劳动者非因本人原因从原用人单位被安排到新用人单位工作的，劳动者在原用人单位的工作年限合并计算为新用人单位的工作年限。原用人单位已经向劳动者支付经济补偿的，新用人单位在依法解除、终止劳动合同计算支付经济补偿的工作年限时，不再计算劳动者在原用人单位的工作年限。

地方各级人民政府及县级以上地方人民政府有关部门为安置就业困难人员提供的给

予岗位补贴和社会保险补贴的公益性岗位,其劳动合同不适用《劳动合同法》有关无固定期限劳动合同的规定以及支付经济补偿的规定。

用人单位为了规避与员工签订"无固定期限劳动合同",至少存在五种类型的欺诈手段:利用劳务派遣,变更用人单位;辞退员工再聘用,制造工龄中断;注册两个公司,社会保险与劳动合同分家;调整工作岗位,逼迫劳动者辞职;诱导逼迫员工书面声明不签订无固定期限合同。

(2)用人单位自用工之日起满一年不与劳动者订立书面劳动合同的,视为用人单位与劳动者已订立无固定期限劳动合同,但是,双方仍须要签订书面合同。

(3)及时续签或终止劳动合同。

劳动合同到期要及时续签或终止,避免产生事实劳动关系。

五、劳动合同延期

劳动合同期满,劳动者有下列情形之一的,用人单位不得以提前三十日书面通知劳动者本人或者额外支付劳动者一个月工资,也不得以裁员的事由及方式解除劳动合同。劳动合同应当续延至相应的情形消失时终止。但是,任职期间个人严重过失或者达到法定退休年龄的除外。

(1)从事接触职业病危害作业的劳动者未进行离岗前职业健康检查,或者疑似职业病病人在诊断或者医学观察期间的。

(2)患病或者非因工负伤,在规定的医疗期内的。

(3)女职工在孕期、产期、哺乳期的。

(4)在本单位连续工作满十五年,且距法定退休年龄不足五年的。

(5)基层工会专职主席、副主席或者委员自任职之日起,其劳动合同期限自动延长,延长期限相当于其任职期间;非专职主席、副主席或者委员自任职之日起,其尚未履行的劳动合同期限短于任期的,劳动合同期限自动延长至任期期满。

(6)法律、行政法规规定的其他情形。

劳动者患职业病或者因工负伤并被确认丧失或者部分丧失劳动能力的,劳动合同的终止按照国家有关工伤保险的规定执行。

案例分析

张某大学毕业后于2009年8月应聘进入某公司工作,张某与公司签订劳动合同至2017年12月31日。2017年9月20日起张某一直休病假在家。2017年12月初,公司书面通知张某,因双方劳动合同期满终止双方劳动合同关系。张某多次与公司交涉,要求公司撤销作出的终止劳动合同决定。而公司则表示,与张某的劳动合同因期满自动终止,所以对张某提出的要求不予同意。张某遂向劳动争议仲裁委员会申请仲裁,要求撤销公司作出的终止劳动合同决定,继续履行劳动合同。仲裁委依法作出了撤销公司与张某终止劳动合同的决定,双方继续履行劳动合同。

简要分析:根据《劳动合同法》第四十二条、四十五条规定,当劳动合同期满,劳动者因病处于医疗期内的，当员工不存在严重违纪、失职等过错行为时，用人单位不能终止劳动合同，而应将劳动合同自然续延至医疗期满为止。本案中，张某大学毕业后于2009年8月进入该单位，2017年9月20日起休病假，按照《企业职工患病或非因工负伤医疗期规定》他可享受6个月医疗期，因此，2017年12月31日劳动合同期满时，张某尚在医疗期内，此时公司不能终止双方劳动合同，而应将合同期限延长至张某医疗期结束。

六、劳动合同无效或者部分无效

1. 有下列情形之一的，劳动合同无效或者部分无效

（1）以欺诈、胁迫的手段或者乘人之危，使对方在违背真实意思的情况下订立或者变更劳动合同的；
（2）用人单位免除自己的法定责任、排除劳动者权利的；
（3）违反法律、行政法规强制性规定的。
对劳动合同的无效或者部分无效有争议的，由劳动争议仲裁机构或者人民法院确认。

2. 合同无效的法律后果

劳动合同部分无效，不影响其他部分效力的，其他部分仍然有效。
劳动合同被确认无效，劳动者已付出劳动的，用人单位应当向劳动者支付劳动报酬。劳动报酬的数额，参照本单位相同或者相近岗位劳动者的劳动报酬确定。
劳动合同被依法确认无效，给对方造成损害的，有过错的一方应当承担赔偿责任。

七、订立劳动合同的附随义务

1. 不得扣押劳动者的证件，不得要求劳动者提供担保等

案例分析

2019年1月，小王等15人分别与一家公司签订了为期3年的劳动合同。此后，公司将他们送往外地进行了1个月的职业培训。他们经考核合格并获得相关证书后，公司即以防止他们跳槽和为避免公司损失为由，要他们每人交纳900元的培训"成才费"，并明确表示，如果他们严格履行合同，则在期满后全部予以退回，反之则不予退还。公司的做法对吗？

简要分析：该公司的做法是错误的。

一方面，该公司应当自行承担培训费用。《劳动法》第六十八条规定："用人单位应当建立职业培训制度，按照国家规定提取和使用职业培训经费，根据本单位实际，有计划地对劳动者进行职业培训。"可见，对职工进行必要的职业培训、教育，是用人单位的法定义务。而且，职工通过培训获得相关技能后，能更好地开展工作，为公司创造出更好的效益。

另一方面，该公司无权向职工收取押金。《劳动合同法》第九条规定："用人单位招用劳动者，不得扣押劳动者的居民身份证和其他证件，不得要求劳动者提供担保或者以其他名义向劳动者收取财物。"即使《劳动合同法》第二十二条规定"用人单位为劳动者提供专项培训费用，对其进行专业技术培训的，可以与该劳动者订立协议，约定服务期。劳动者违反服务期约定的，应当按照约定向用人单位支付违约金"，也只是强调职工在违约后支付违约金，而不是要求事先提供担保。

该公司如此做法，必须承担法律责任。因为《劳动合同法》第八十四条第二款已明确规定："用人单位违反本法规定，以担保或者其他名义向劳动者收取财物的，由劳动行政部门责令限期退还劳动者本人，并以每人五百元以上二千元以下的标准处以罚款；给劳动者造成损害的，应当承担赔偿责任。"

案例解读

案情概述：宋先生起诉称，自己于2011年9月21日向建筑公司提出辞职，建筑公司亦于2011年11月11日向宋先生出具"终止、解除劳动（聘用）合同或者工作关系的证明书"，载明双方解除劳动合同关系，工作交接完毕。但是，建筑公司一直扣着宋先生的一级建造师证件不还，并不配合办理有关执业证章变更注册手续，使其因无执业证章而无法找到适合工作，经济蒙受重大损失。为此，宋先生向法院提起诉讼，要求判令建筑公司配合办理一级建造师变更注册手续，并支付因扣押一级建造师证件且不配合办理变更注册手续造成的收入损失65 000元。建筑公司辩称无一级建造师注册证书也可以担任小型项目的项目经理，此外，一级建造师资格可以在网上进行查询，网上注册信息足以证明宋先生的专业身份。

处理结果：法院判令建筑公司应当向宋先生返还一级建造师注册证书，酌情判令建筑公司支付宋先生收入损失2万元。

解读意见：《劳动合同法》规定，用人单位扣押劳动者档案或者其他物品的，由劳动行政部门责令限期退还劳动者本人，并以每人五百元以上二千元以下的标准处以罚款；给劳动者造成损害的，应当承担赔偿责任。

一级建造师注册证书的有无对宋先生是否就业不造成影响，但却影响其工作岗位，进而对其工资收入造成一定影响。

（资料来源：中国法院网）

2. 建立劳动档案

用人单位应当建立职工名册备查。职工名册，应当包括劳动者姓名、性别、公民身份证号码、户籍地址及现住址、联系方式、用工形式、用工起始时间、劳动合同期限等内容。

《职业病防治法》第二十一条明确规定，用人单位应当建立、健全职业卫生档案和劳动者健康监护档案。

案例解读

案情概述：张某于1983年1月在互感器公司从事绕线工工作，属于有毒有害范畴。1993年12月，张某从该公司调出，档案存放于其所在街道社会保障事务所。之后张某处于失业状态。2006年，张某年满55周岁，要求提前办理退休手续，才知道其档案中有毒有害工种的材料不全，于是找到前单位，2007年5月31日该公司出具了证明，证明上述材料丢失。为此，张某将该公司诉至宣武区人民法院，要求赔偿因档案丢失不能办理提前退休手续所受损失10.8万元。

处理结果：北京市宣武区人民法院判决该公司赔偿张某无法办理提前退休的损失74 700元。

解读意见：根据国家规定，从事有害身体健康的工作，男年满55周岁，连续工作满10年的，应该退休。张某于1983年1月至1993年12月在某公司工作，张某在此期间的工作属于有毒有害范畴，因该公司对张某从事有毒有害工作的记载不明确，致使张某无法办理提前退休手续，使张某的权益受损。对此，该公司应承担赔偿责任。赔偿数额，参照2006年退休人员人均退休金标准予以确定。

（资料来源：中国法院网）

八、集体合同

1. 集体合同的效力高于劳动合同

集体合同，是指用人单位与本单位部分或全体劳动者根据法律、法规、规章的规定，就劳动报酬、工作时间、休息休假、劳动安全卫生、职业培训、保险福利、奖惩、裁员、女职工和未成年工特殊保护等事项，通过集体协商签订的书面协议。专项集体合同，是就集体协商的某项内容签订的专项书面协议。

在县级以下区域内，建筑业、采矿业、餐饮服务业等行业可以由工会与企业方面代表订立行业性集体合同，或者订立区域性集体合同。

用人单位与劳动者个人签订的劳动合同约定的劳动条件和劳动报酬等标准，不得低于集体合同或专项集体合同的规定。

劳动行政部门应当依法推进工资集体协商，形成反映人力资源市场供求关系和企业经济效益的工资决定机制和正常增长机制；推动用人单位与劳动者就工作条件、劳动定额、女职工特殊保护等开展集体协商，订立集体合同；加强集体协商代表能力建设，提高协商水平；加强对集体协商过程的指导，督促企业和职工认真履行集体合同；推行集体协商和集体合同制度。

案例分析

2013年2月1日，北京市某公司与工会经过协商签订了集体合同，规定职工的月工资不低于2400元。2013年2月8日，公司将集体合同文本报送劳动行政部门，劳动行政部门未提出异议。2014年1月，公司为了扩大规模，急招了一批销售人员，并与其签订了劳动合同，劳动合同约定销售人员的月工资为2200元。2014年6月，销售人员李某得知集体合同中约定的最低月工资为2400元，高于自己的月工资数额，遂找到公司人力资源部协商此事，未果。2014年9月，李某诉至海淀区劳动仲裁委员会，要求公司支付每月200元的工资差额。李某的请求得到了仲裁委员会的支持。

简要分析：劳动合同中关于李某工资的约定是不合法的。《集体合同规定》第四十七条规定，劳动行政部门自收到文本之日起15日内未提出异议的，集体合同或专项集体合同即行生效。《劳动合同法》第五十五条规定，用人单位与劳动者订立的劳动合同中劳动报酬和劳动条件等标准不得低于集体合同规定的标准。

本案涉及的集体合同已生效。既然集体合同约定的职工最低月工资为2400元，那么李某的月工资就不应低于2400元。

（资料来源：中国普法网）

案例分析

2017年1月1日，王某到某公司从事保洁员工作，未与公司签订书面劳动合同。但该公司作为甲方于2016年1月8日与代表全体职工的工会乙方签订了集体劳动合同，约定合同期限为2016年1月1日至2016年12月31日，甲方按经劳动行政部门批准后的岗位工时制度与乙方建立劳动关系。该合同还对乙方具体工作内容，福利待遇，劳动安全卫生，培训，合同的变更、解除、终止，合同的争议处理等进行了约定。王某于2017年4月30日参加单位培训，培训内容包含了该集体合同的宣读和讲解。2018年1月1日，该公司向王某发出解除劳动合同通知书。王某认为，该公司未与其签订书面劳动合同，应在劳动关系成立次月起向其支付双倍工资。王某向当地劳动争议仲裁委员会提出仲裁申请。王某的请求能否得到支持吗？

简要分析：公司应向王某支付未签订劳动合同双倍工资差额。集体合同与劳动合同在合同的订立主体、合同生效要件等方面存在不同。集体合同并不能代替劳动合同，未签订个人劳动合同的，用人单位应向劳动者支付双倍工资。

2. 集体协商的程序

（1）确定集体协商代表。

集体协商双方的代表人数应当对等，每方至少3人，并各确定1名首席代表。

集体合同由工会代表企业职工一方与用人单位订立；尚未建立工会的用人单位，由上级工会指导劳动者推举的代表与用人单位订立。

用人单位一方的协商代表，由用人单位法定代表人指派，首席代表由单位法定代表人担任或由其书面委托的其他管理人员担任。首席代表不得由非本单位人员代理。

（2）提出要求，做好准备。

集体协商任何一方均可就签订集体合同或专项集体合同以及相关事宜，以书面形式向对方提出进行集体协商的要求。一方提出进行集体协商要求的，另一方应当在收到集体协商要求之日起20日内以书面形式给予回应，无正当理由不得拒绝进行集体协商。

协商代表在协商前应开展相关准备工作：熟悉与集体协商内容有关的法律、法规、规章和制度；了解与集体协商内容有关的情况和资料，收集用人单位和职工对协商意向所持的意见；拟定集体协商议题，集体协商议题可由提出协商一方起草，也可由双方指派代表共同起草；确定集体协商的时间、地点等事项；共同确定一名非协商代表担任集体协商记录员。

（3）举行协商会议。

集体协商主要采取协商会议的形式。集体协商会议由双方首席代表轮流主持，协商双方就商谈事项发表各自意见，开展充分讨论，双方首席代表归纳意见。意见达成一致的，应当形成集体合同草案或专项集体合同草案，由双方首席代表签字；未达成一致意见或出现事先未预料的问题时，经双方协商，可以中止协商，中止期限及下次协商时间、地点、内容由双方商定。

（4）审议集体合同草案或专项集体合同草案。

经双方协商代表协商一致的集体合同草案或专项集体合同草案应当提交职工代表大会或者全体职工讨论。

职工代表大会或者全体职工讨论集体合同草案或专项集体合同草案，应当有三分之二以上职工代表或者职工出席，且须经全体职工代表半数以上或者全体职工半数以上同意，集体合同草案或专项集体合同草案方获通过。

集体合同草案或专项集体合同草案经职工代表大会或者职工大会通过后，由集体协商双方首席代表签字。

（5）报送登记、审查。

集体合同或专项集体合同签订或变更后，应当自双方首席代表签字之日起10日内，由用人单位一方将文本一式三份报送劳动行政部门审查。

劳动行政部门对报送的集体合同或专项集体合同应当办理登记手续，并对报送的集体合同或专项集体合同进行合法性审查。

劳动行政部门对集体合同或专项集体合同有异议的，应当自收到文本之日起15日内将《审查意见书》送达双方协商代表。用人单位与本单位职工就劳动行政部门提出异议的事项经集体协商重新签订集体合同或专项集体合同的，用人单位一方应当自重新签订之日起10日内将文本一式三份报送劳动行政部门审查。

劳动行政部门自收到文本之日起15日内未提出异议的，集体合同或专项集体合同即行生效。

（6）公布。

生效的集体合同或专项集体合同，应当自其生效之日起由协商代表及时以适当的形式向本方全体人员公布。

3. 职工协商代表的有关权益

（1）职工协商代表参加集体协商视为提供了正常劳动。

（2）职工协商代表履行协商代表职责期间，用人单位无正当理由不得调整其工作岗位。

（3）职工协商代表在其履行协商代表职责期间劳动合同期满的，劳动合同期限自动延长至完成履行协商代表职责之时，除出现下列情形之一的，用人单位不得与其解除劳动合同：严重违反劳动纪律或用人单位依法制定的规章制度的；严重失职、营私舞弊，对用人单位利益造成重大损害的；被依法追究刑事责任的。

4. 集体协商发生争议的处理

集体协商过程中发生争议，双方当事人不能协商解决的，当事人一方或双方可以书面向劳动行政部门提出协调处理申请；未提出申请的，劳动行政部门认为必要时也可以进行协调处理。劳动行政部门应当组织同级工会和企业组织等三方面的人员，共同协调处理集体协商争议。

协调处理集体协商争议，应当自受理协调处理申请之日起 30 日内结束协调处理工作。期满未结束的，可以适当延长协调期限，但延长期限不得超过 15 日。

协调处理集体协商争议应当制作《协调处理协议书》，《协调处理协议书》由集体协商争议协调处理人员和争议双方首席代表签字盖章后生效。

5. 工会可以依法申请仲裁、提起诉讼

用人单位违反集体合同，侵犯职工劳动权益的，工会可以依法要求用人单位承担责任；因履行集体合同发生争议，经协商解决不成的，工会可以依法申请仲裁、提起诉讼。

九、职工代表大会

1. 地位

职工代表大会是企事业单位实行民主管理的基本形式，是协调劳动关系的重要制度，是职工行使民主管理权力的机构。

2. 主要职权

下列事项应当向职工代表大会报告，并由职工代表大会审议通过：
（1）涉及劳动报酬、工作时间、休息休假、保险福利等事项的集体合同草案；
（2）工资调整机制、女职工权益保护、劳动安全卫生等专项集体合同草案；
（3）国有、集体及其控股企业的薪酬制度、福利制度、劳动用工管理制度、职工教育培训制度、改革改制中涉及的职工安置方案；
（4）事业单位的职工聘任、考核奖惩办法、收益分配的原则和办法、职工生活福利制度、改革改制中涉及的职工安置方案；
（5）其他涉及职工切身利益的重要事项。

3. 组织制度

《中华全国总工会办公厅关于规范召开企业职工代表大会的意见》（总工办发〔2011〕53 号）规定，企业职工代表大会（简称企业职代会）每年至少召开一次。企业

职代会实行届期制,每三至五年为一届,到期应当及时换届。企业工会是企业职代会的工作机构。未建工会的企业召开职代会,应当向上级工会组织报告,在其指导下开展相关工作。职工代表人数最少不得低于30人。企业职工人数在50人以下的,应当召开职工大会。

职工代表由职工民主选举产生,实行常任制,可以连选连任,任期与职工代表大会届期相同。

全国多地制定公布了关于企业职工代表大会的地方性条例。例如,《上海职工代表大会条例》的亮点体现在职代会打破了企业所有制界限、劳务派遣工可当职工代表等。

【能力测验】

一、单选题

1. 用人单位自（　　）起即与劳动者建立劳动关系。
A. 用工之日　　　　　　　　　B. 签订合同之日
C. 上级批准设立之日　　　　　D. 劳动者领取工资之日

2. 用人单位招用劳动者,（　　）扣押劳动者的居民身份证和其他证件,不得要求劳动者提供担保或者以其他名义向劳动者收取财物。
A. 可以　　　　　　　　　　　B. 不应
C. 应当　　　　　　　　　　　D. 不得

3. 已经建立劳动关系,未同时订立书面劳动合同的,应当自用工之日起（　　）内订立书面劳动合同。
A. 十五日　　　　　　　　　　B. 一个月
C. 二个月　　　　　　　　　　D. 三个月

4. 固定期限劳动合同,是指用人单位与劳动者约定合同（　　）时间的劳动合同。
A. 解除　　　　　　　　　　　B. 续订
C. 终止　　　　　　　　　　　D. 中止

5. 用人单位未将劳动合同文本交付劳动者的,由劳动行政部门（　　）;给劳动者造成损害的,应当承担赔偿责任。
A. 责令改正,给予警告　　　　B. 责令改正
C. 责令改正,情节严重的给予警告　　D. 给予警告

6. 无固定期限劳动合同,是指用人单位与劳动者约定无确定（　　）时间的劳动合同。
A. 解除　　　　　　　　　　　B. 续订
C. 终止　　　　　　　　　　　D. 中止

7. 以下属于劳动合同必备条款的是（　　）。
A. 劳动报酬　　　　　　　　　B. 试用期
C. 保守商业秘密　　　　　　　D. 福利待遇

8. 劳动合同期限一年以上不满三年的,试用期不得超过（　　）。
A. 一个月　　　　　　　　　　B. 二个月

C. 半个月 D. 一个半月

9. 劳动者违反竞业限制约定的，应当按照约定向用人单位支付（　　）。

A. 违约金 B. 赔偿金
C. 补偿金 D. 损失费

10. 竞业限制的人员限于用人单位的（　　）、高级技术人员和其他负有保密义务的人员。

A. 管理人员 B. 中层管理人员
C. 高级管理人员 D. 一般管理人员

11. 用人单位违反《劳动合同法》规定，以担保或者其他名义向劳动者收取财物的，由劳动行政部门责令限期退还劳动者本人，并以每人（　　）的标准处以罚款。

A. 五百元 B. 五百元以上二千元以下
C. 二千元以下 D. 二千元

12. 劳动者在同一用人单位连续工作满（　　）年后提出与用人单位订立无固定期限劳动合同的，应当订立无固定期限劳动合同。

A. 三 B. 五
C. 八 D. 十

13. 在解除或者终止劳动合同后，竞业限制的人员到与本单位生产或者经营同类产品的有竞争关系的其他用人单位的竞业限制期限，不得超过（　　）。

A. 三个月 B. 六个月
C. 一年 D. 二年

14. 自用工之日起（　　），经用人单位书面通知后，劳动者不与用人单位订立书面劳动合同的，用人单位应当书面通知劳动者终止劳动关系。

A. 一个月内 B. 二个月内
C. 三个月内 D. 一年内

15. 对劳动合同的无效或者部分无效有争议的，由（　　）或者人民法院确认。

A. 劳动行政部门 B. 工会
C. 劳动争议调解委员会 D. 劳动争议仲裁机构

16. 因（　　）集体合同发生争议，经协商解决不成的，工会可以依法申请仲裁、提起诉讼。

A. 签订 B. 履行
C. 订立 D. 检查

17. 甲企业共有职工一百余人，商定就职工的劳动报酬、安全卫生条件和保险福利等事项和企业签订集体合同，则下列说法符合法律规定的是（　　）。

A. 如果该企业有工会，那么应该由工会代表和企业签订集体合同
B. 集体合同自签订之日起生效
C. 企业可以与职工乙私下约定比集体合同低的劳动报酬
D. 集体合同草案应该提交到工会讨论通过

18. 企业职工一方可以与企业就劳动报酬、工作时间、劳动安全卫生、保险福利等

事项，签订集体合同。下列关于集体合同的说法错误的是（　　）。

A. 集体合同由工会，没有建立工会的企业由职工民主推举的代表与企业签订
B. 集体合同的草案应当提交职工代表大会或全体职工讨论通过
C. 集体合同经双方签订后应当报送劳动行政部门审查
D. 劳动行政部门自收到集体合同文本之日起一个月内未提出异议的，集体合同方可生效

19. 尚未建立工会的用人单位，集体合同由（　　）指导劳动者推举的代表与用人单位订立。

A. 劳动行政部门　　　　　　　B. 企业党委
C. 上级工会　　　　　　　　　D. 劳动关系三方协调委员会

20. 劳动行政部门自收到集体合同文本之日起（　　）内未提出异议的，集体合同即行生效。

A. 10 日　　　　　　　　　　 B. 15 日
C. 30 日　　　　　　　　　　 D. 5 日

21. 行业性、区域性集体合同对当地本行业、本区域的（　　）具有约束力。

A. 工会和劳动者　　　　　　　B. 工会和用人单位
C. 用人单位和劳动者　　　　　D. 劳动行政部门和劳动者

22. 签订集体合同应当经过（　　）五个程序。

A. ①当事人协商②职工代表大会或者全体职工讨论通过③代表签字④报送劳动行政部门备案⑤公布
B. ①起草集体合同草案②职工代表大会或者全体职工讨论通过③代表签字④报送劳动行政部门备案⑤公布
C. ①当事人协商②职工代表审议③代表签字④报送劳动行政部门备案⑤公布
D. ①当事人协商②职工代表大会或者全体职工讨论通过③代表签字④报送上级工会备案⑤公布

23. 用人单位与劳动者订立的劳动合同中劳动报酬和劳动条件等标准（　　）集体合同规定的标准。

A. 不得低于　　　　　　　　　B. 可以低于
C. 必须高于　　　　　　　　　D. 应当高于

24. 我国《劳动合同法》规定的区域性集体合同，其"区域"是指（　　）。

A. 县级以下区域内　　　　　　B. 市级以下区域内
C. 省级以下区域内　　　　　　D. 乡镇区域内

二、案例分析

1. 我们五人都是大一学生，为进行社会实践，长长见识，也为增加些收入，今年6月底便根据网络招聘广告，来到一家公司打为期两个月的暑期工。到公司后，我们曾经多次提出签订书面劳动合同，可公司一再拒绝，甚至明确表示求职者大有人在，我们爱干不干，不满意可以走人。请问：如果公司固执己见，我们日后能否索要未签劳动合同

的双倍工资？

2. 张某是某科技公司技术总监，还是公司的五名联合创始人之一，张某持股20%。公司是否需要与张某签订劳动合同？

3. 小李在工厂工作三年，一直没有签订劳动合同，最近刚签合同。用人单位应当支付双倍工资的时间范围是多长？

4. 经过笔试、面试后，李女士被某公司招用，但该公司坚持凡是新招用的职工要先签订两个月的试用合同，待试用合格以后再签订正式的劳动合同。只签试用合同行吗？

5. 一名女工，曾在一家公司从事电焊工作达11年之久。此后，她改行进入另一家单位，年满45周岁后去申办提前退休时，却遭到劳动行政部门拒绝，理由是她的档案中并没有任何从事有毒有害工种的记载。公司在她的档案中简单地写明了工作起止时间，并没有记录具体的岗位、工种。虽然她随即提交了自己的"金属焊接操作证"以及六级电焊工资质证书，但劳动行政部门认为这只能说明受过相关的培训，具有相关的资质，不能证明实际从事对应工作和工作时间的长短。请问：鉴于该公司的行为已经导致她无法提前退休，那么她能否要求公司赔偿损失？

6. 两年前小周进入某公司工作。工作期间公司为小周支付了1000元消防职业培训费，经过两个月的学习和考核，小周获得了培训证书。后来公司与小周解除劳动合同时，双方对是否该返还培训证书发生纠纷。问：此证书应当由谁持有？

7. 2018年，赵某入职一家公司担任销售一职。工作期间，企业与工会签订了集体合同，集体合同奖励部分约定"本公司所有员工，凡工作满一年，年底时可以领取第十三个月的工资（不含提成）作为奖励，发放时间为次年一月"。2018年年底，赵某没有得到第十三个月工资。赵某与公司沟通，该公司称，赵某与公司单独订立的劳动合同中没有第十三个月工资的约定，因此不同意支付。赵某遂申请劳动仲裁，要求该公司支付第十三个月的工资。仲裁机关能支持赵某的请求吗？

工作项目三　履行劳动合同

工作任务一　劳动合同的履行与变更

【学习目标】

探究知识：用人单位与劳动者双方在劳动合同履行过程中的权利、义务及责任，劳动规章制度。

获得能力：能够判断当事人是否全面履行劳动合同，界定违约行为，评估违约的法律后果；能够判断劳动规章制度的合法性。

履行劳动合同是用人单位与劳动者双方的义务。只有全面实际履行合同，才能达到订立劳动合同的目的。用人单位应当执行法定的劳动标准，遵守最低工资制度、工作时间制度、休息休假制度、劳动安全卫生制度、女职工和未成年工特殊劳动保护制度等。劳动者应当亲自履行劳动合同、正常劳动，遵守用人单位依法制定的规章制度。

一、按时足额支付工资

1. **工资支付**

工资，是指用人单位按照劳动合同的约定和国家规定支付给劳动者的劳动报酬，包括计时或者计件工资以及奖金、津贴、补贴、加班加点工资和特殊情况下支付的工资。

所谓特殊情况下支付的工资，是指因劳动者患病、工伤、享受有关假期、外派学习和依法参加社会活动等，用人单位按照劳动合同的约定和国家规定支付给劳动者的工资。

用人单位应当以货币形式按照确定的工资支付周期足额支付工资，不得拖欠或者克扣。实行全日制工作制的工资应当至少每月支付一次。工资发放日如遇节假日或者休息日的，应当提前支付。

劳动者有权向用人单位查询本人的工资支付记录。

案例分析

2016年11月，某房产公司招聘设计师。张某前往应聘，并通过面试被录用。房产公司向张某发出"录用通知书"，约定了"按双方协定，入职后的工资收入确定为税前

18万，工资及奖金的具体发放标准、形式按公司规定执行"等内容。之后，张某与房产公司签订了劳动合同，合同中对工资标准未作特别约定。

2018年6月，房产公司与张某协商解除劳动合同，并通知张某办理相关手续。张某认为公司并没有按照录取通知书的约定足额发放工资，他认为"年薪18万"只是双方对基本工资这一单项收入的约定，除此之外，公司还应当支付奖金、福利等待遇。房产公司认为"年薪18万"包含了基本工资、奖金、补贴等各个部分，而非仅基本工资一项。

如何理解"工资收入为税前18万"？

简要分析：不少企业与劳动者签订劳动合同或者口头约定工资待遇时约定的是"年薪"，但是对"年薪"的具体构成却没有明确约定，一旦发生纠纷，双方很容易产生分歧。因此，在签订劳动合同时，用人单位与劳动者应当尽量对工资收入的数额、组成、加班工资的计发基数、奖金基数及考核标准、税费的承担等作出详细约定，避免以后可能产生的纠纷。通常来说，年薪包含基本工资、奖金、补贴等各个部分，而非仅基本工资一项。

案例解读

案情概述：邓某是江门某材料公司员工，2015年3月19日入职时，公司未与其签订书面劳动合同，亦未为其购买社会保险。2015年8月9日晚，邓某在上夜班途中因交通事故受伤，邓某遂提起劳动仲裁，请求公司向其支付工伤保险待遇。诉讼中，双方对邓某夜班工资应否计入月平均工资计算基数的问题争执不休。邓某在职期间白天煮饭、晚上煮消夜、打扫卫生、洗碗等，其工资包含白班工资2400元及夜班工资1200元。

处理结果：2018年4月17日，江门市中级人民法院判决认定邓某工伤前的月平均工资应为3600元，邓某获赔近7万元。

解读意见：认定工资总额是计算劳动者应得收入、工伤保险待遇、经济补偿金、经济赔偿金的基础。邓某在职期间白天晚上均是为材料公司提供劳动，夜班工资1200元为邓某延长工作时间获得的劳动报酬，应计入其月平均工资。

（资料来源：广东法院网）

2. 无故拖欠工资不包括下列情形

（1）用人单位遇到自然灾害、战争等原因，无法按时支付工资；

（2）用人单位确因生产经营困难、资金周转受到影响，在征得本单位工会同意后，可暂时延期支付劳动者工资，延期时间的最长限制可由各省、自治区、直辖市劳动行政部门根据各地情况确定。

作为各级劳动行政部门，应当完善并落实工资支付规定，健全工资支付监控、工资保证金和欠薪应急周转金制度，探索建立欠薪保障金制度，落实清偿欠薪的施工总承包企业负责制，依法惩处拒不支付劳动报酬等违法行为，保障劳动者按时足额领到工资报酬。

案例解读

案情概述：2012年7月，徐明初中毕业后便不想再继续升学，而是随着伯父徐国栋来到海门市恒通紧固件公司担任学徒工。双方约定，徐明如果表现好的话，在学习期满六个月之后就可以转为单位的正式职工。担任学徒工期间，公司每天包三顿工作餐，不给付工资。

徐明很受鼓舞，干活很卖力，这样一直过了三个月。2012年10月，公司人事部突然通知徐明，不用再来上班了。为了挽回自己的损失，徐明遂与公司的领导进行协商。"之前已经约定好担任学徒工期间不给付工资，现在来要工资，根本就不可能。"领导一口回绝了徐明的要求。无奈之下，徐明向海门市人民法院起诉，要求公司支付三个月的工资。

处理结果：江苏省海门市人民法院判决该公司按照最低工资标准给付徐明三个月的工资。

解读意见：约定不符合法律规定，约定无效。工资支付依法不得低于当地最低工资标准。

（资料来源：中国法院网）

3. 用人单位依法代扣工资不属于克扣工资

有下列情况之一的，用人单位可以代扣劳动者工资：

（1）劳动者应当缴纳的个人所得税；

（2）劳动者个人应当缴纳的各项社会保险费和住房公积金；

（3）人民法院判决、裁定代扣的抚养费、赡养费、扶养费；

（4）法律、法规规定可以从劳动者工资中扣除的其他费用。

4. 依法减发工资不属于克扣工资

无正当理由扣减员工应得工资，则属于克扣工资。以下减发工资的情况不属于克扣工资：

（1）依法签订的劳动合同中有明确规定的；

（2）用人单位依法制定的规章制度中有明确规定的；

（3）工资总额与经济效益相联系，经济效益下浮时，工资相应下浮的；

（4）因劳动者请病假事假、旷工相应减发工资；

（5）因劳动者过错造成用人单位直接经济损失，依法应当承担赔偿责任的，用人单位可以从其工资中扣除赔偿费，但应当提前书面告知扣除原因及数额，未书面告知的不得扣除。扣除赔偿费后的月工资余额不得低于当地最低工资标准。

案例分析

2019年3月的一个凌晨，下夜班的小王目睹了一起重大交通事故的全过程。7月法院审理该案时，通知小王出庭作证，小王告知了单位，但单位不置可否。小王于法院通知的日期出庭，却在领取工资时发现被单位扣发了一天的工资，理由是作证与单位无关，去作证耽误了工作。公司的做法对吗？

简要分析：不对。《工资支付暂行规定》第十条指出，劳动者在法定工作时间内依法参加社会活动期间，用人单位应视同其提供了正常劳动而支付工资。社会活动包括：

依法行使选举权或被选举权，当选代表出席乡（镇）、区以上政府、党派、工会、青年团、妇女联合会等组织召开的会议，出任人民法庭证明人，出席劳动模范、先进工作者大会。

案例分析

老李在一家公司担任仓库保管员。与公司签订的劳动合同中约定：上班期间严禁离岗，若因违反禁令造成公司损失，必须赔偿50%。一周前老李在值班期间接到好友邀请，估计夜间没人来领取材料，就悄悄前往。谁知，老李因酩酊大醉，没有返回上班。可是，就在当天晚上仓库被盗，损失共计3.8万元。近日，公司以合同规定为凭要老李赔偿1.9万元。请问：公司的处理合法吗？

简要分析：公司的处理并无不当。此次公司遭受损失，老李存在重大过失。《工资支付暂行规定》第十六条规定："因劳动者本人原因给用人单位造成经济损失的，用人单位可按照劳动合同的约定要求其赔偿经济损失。经济损失的赔偿，可从劳动者本人的工资中扣除。但每月扣除的部分不得超过劳动者当月工资的20%。若扣除后的剩余工资部分低于当地月最低工资标准，则按最低工资标准支付。"

5. 依法支付试用期工资

案例分析

小赵与某医药公司签订了为期1年的劳动合同，约定试用期从2018年3月1日开始至2019年5月31日结束，试用期工资每月2000元，正式录用后月工资3000元。入职3个月后，小赵因故从该公司辞职，同时向仲裁委员会提起申诉，要求公司支付前两个月的工资差额800元以及5月份试用期工资与转正工资之间的差额1000元。

仲裁委员会裁决支持了他的请求。

简要分析：《劳动合同法》规定，劳动合同期限1年以上不满3年的，试用期不得超过2个月；劳动者在试用期的工资不得低于本单位相同岗位最低档工资或者劳动合同约定工资的80%，并不得低于用人单位所在地的最低工资标准。

本案中，医药公司应按照不低于每月2400元的标准支付小赵3、4月的工资报酬；另外，医药公司与小赵约定的试用期不得超过2个月，故应按照3000元的标准支付小赵5月份的工资差额。

6. 拖欠和克扣工资的法律后果

用人单位应当按照劳动合同约定和国家规定，向劳动者及时足额支付劳动报酬。否则，引起的法律后果是：

（1）劳动者有权单方解除合同。

（2）由劳动行政部门责令用人单位限期支付劳动报酬，逾期不支付的，责令用人单位按应付金额50%以上100%以下的标准向劳动者加付赔偿金。

（3）用人单位和直接负责的主管人员及其他直接责任人员有承担刑事责任的风险。

2011年2月25日，第十一届全国人民代表大会常务委员会第十九次会议通过《刑法修正案（八）》，修正案设立了拒不支付劳动报酬罪。根据《刑法》第二百七十六条，以转移财产、逃匿等方法逃避支付劳动者的劳动报酬或者有能力支付而不支付劳动者的劳动报酬，数额较大，经政府有关部门责令支付仍不支付的，处三年以下有期徒刑或者拘役，并处或者单处罚金；造成严重后果的，处三年以上七年以下有期徒刑，并处罚金；尚未造成严重后果，在提起公诉前支付劳动者的劳动报酬，并依法承担相应赔偿责任的，可以减轻或者免除处罚。

2013年1月16日，最高人民法院颁布《关于审理拒不支付劳动报酬刑事案件适用法律若干问题的解释》（以下简称《解释》）对责任主体进行了细化规定，不具备用工主体资格的单位或者个人和用人单位的实际控制人，实施拒不支付劳动报酬行为，构成犯罪的，也应当依照《刑法》第二百七十六条之一的规定追究刑事责任。该《解释》其实就是表明《刑法》第二百七十六条不仅适用于单位犯罪，也同样适用于自然人。

实践中，要特别注意一种特殊形式下的用工，即建筑领域具备用工主体资格的建筑企业将工程违法分包给没有用工主体资格的"包工头"，包工头与雇用的农民工之间在司法实践中虽然不认定为劳动关系，然而包工头的欠薪案件属于人社部门职责处理范围，亦属于拒不支付劳动报酬罪追究刑事责任的范围。

案例解读

案情概述：2017年8月至2018年1月10日期间，胡某从周某处承包了某农贸市场、某工厂、某廉租房、某中央广场外墙漆等工程项目，并于同年10月与合伙人张某（未立案）先后聘请了曾某某、张某某、付某某等多名农民工到场地施工。施工期间，胡某在周某处共计结算工程款项20万余元，但胡某拖欠曾某某、张某某、付某某等25名农民工工资共计10万余元。2018年1月15日，胡某收到南县人力资源和社会保障局下达的劳动保障监察改正指令书后，采取不露面的手段，拒不支付所拖欠的农民工工资。2018年2月3日，胡某在重庆市秀山县被公安机关抓获。到案后，胡某在其儿子的帮助下，全部支付了所拖欠的农民工工资。5月3日，南县人民检察院以胡某涉嫌拒不支付劳动报酬罪向南县人民法院提起公诉。

处理结果：湖南省南县人民法院对被告人胡某以拒不支付劳动报酬罪判处有期徒刑一年，缓刑一年零六个月，并处罚金2万元。

解读意见：胡某有能力支付而不支付劳动者的劳动报酬，数额较大，经政府有关部门责令支付仍不支付，其行为已构成拒不支付劳动报酬罪。胡某在提起公诉前付清所拖欠的劳动报酬，依法可从轻处罚。

（资料来源：中国法院网）

7. 高温津贴

2012年6月29日，国家安全生产监督管理总局、卫生部、人力资源和社会保障部、中华全国总工会联合制定了《防暑降温措施管理办法》。《防暑降温措施管理办法》适用于存在高温作业及在高温天气期间安排劳动者作业的企业、事业单位和个体经济组织等用人单位。

（1）因高温天气停止工作、缩短工作时间的，用人单位不得扣除或降低劳动者工资。

（2）用人单位应当为高温作业、高温天气作业的劳动者供给足够的、符合卫生标准的防暑降温饮料及必需的药品，不得以发放钱物替代提供防暑降温饮料，防暑降温饮料不得充抵高温津贴。

（3）劳动者从事高温作业的，依法享受岗位津贴。用人单位安排劳动者在35℃以上高温天气从事室外露天作业以及不能采取有效措施将工作场所温度降低到33℃以下的，应当向劳动者发放高温津贴，并纳入工资总额。高温津贴标准由省级人力资源社会保障行政部门会同有关部门制定，并根据社会经济发展状况适时调整。

目前，全国绝大多数省份均明确制定了高温津贴标准。高温津贴主要有两种发放方式，一种是按月发放，一种是按日计。比如，北京、山东等省市规定高温津贴按月发放；海南、甘肃等省份则是根据气温超过35℃的天数，按日计算发放。海南省的发放时间为4月份到10月份，长达7个月。大多数省份确定高温津贴的发放时长为3个月到5个月不等。

二、合理安排加班与支付加班费

1. 加班时间

根据《劳动法》第四十一条，用人单位由于生产经营需要，经与工会和劳动者协商后可以延长工作时间，一般每日不得超过一小时；因特殊原因需要延长工作时间的，在保障劳动者身体健康的条件下延长工作时间每日不得超过三小时，但是每月不得超过三十六小时。

有下列情形之一的，延长工作时间不受限制：

（1）发生自然灾害、事故或者因其他原因，威胁劳动者生命健康和财产安全，需要紧急处理的；

（2）生产设备、交通运输线路、公共设施发生故障，影响生产和公众利益，必须及时抢修的；

（3）法律、行政法规规定的其他情形。

用人单位支付加班工资的前提是用人单位根据实际需要安排劳动者加班，劳动者自愿加班的，用人单位可以不支付加班工资。

妇女节、青年节等部分公民节日期间，企业安排劳动者工作或参加庆祝活动的，不享受加班工资待遇。

2. 加班费的计算

（1）标准工时制度与加班费。

《劳动法》第四十四条规定："安排劳动者延长工作时间的，支付不低于本人工资的百分之一百五十的工资报酬；休息日安排劳动者工作又不能安排补休的，支付不低于本人工资的百分之二百的工资报酬；法定休假日安排劳动者工作的，支付不低于本人工资的百分之三百的工资报酬。"

案例分析

　　某投资担保公司按照惯例，每个月的最后一个周六上午，都安排员工进行集体培训学习。有员工提出：公司占用他们的休息时间安排培训，应当算作加班，公司应该支付加班工资。这样的培训学习算加班吗？公司需要向员工支付加班工资吗？

　　简要分析：《劳动法》第四十一条规定，单位由于生产经营需要，经与工会和劳动者协商后可以延长工作时间。用人单位的生产经营需要可以体现为很多形式，如完成工作任务、创造工作业绩、提高员工素质、创建企业文化等。

　　本案中，公司利用休息日进行培训学习的目的是提高员工的工作能力和专业素养，以便其更好地为公司创造价值，符合加班的特征。

　　该公司必须要向其员工支付加班工资吗？答案是不一定。《劳动法》第四十四条第二项规定，休息日安排劳动者工作又不能安排补休的，支付不低于工资的200%的工资报酬。因此，用人单位在休息日安排员工加班应当优先安排补休，不能安排补休时应当支付加班工资。

　　（2）综合工时制与加班费。

　　在综合计算周期内，超过总法定标准工作时间的部分应视为延长工作时间。综合工时制是有加班费的，平时按不低于1.5倍支付，在法定假日给劳动者安排工作的要按不低于3倍给付加班费。

　　（3）不定时工作制与加班费。

　　实行不定时工作制的职工，不受《劳动法》第四十一条规定的限制，但用人单位应采用弹性工作时间等适当的工作和休息方式，确保职工的休息休假权利和生产、工作任务的完成。因此，实行不定时工作制人员，原则上每周工作时间不超过40小时，每周至少休息1天。

　　实行不定时工作制人员一般不执行加班工资的规定。

　　（4）在实行计件工资制情况下应当合理确定劳动定额和计件报酬。

　　实行计件工资制的企业，在完成计件定额后，安排劳动者加班的，企业也应当依法支付加班费。按照《工资支付暂行规定》的规定，实行计件工资的劳动者，在完成计件定额任务后，由用人单位安排延长工作时间的，应分别按照不低于其本人法定工作时间计件单价的150%、200%、300%支付其工资。

　　《劳动法》第三十七条规定，对实行计件工资制的劳动者，用人单位应当根据标准工时制度合理确定其劳动定额和计件报酬标准。一般认为，只有当80%以上的员工都能在法定工作时间内完成的劳动定额才是合理的。例如，《江苏省工资支付条例》规定，实行计件工资制的，用人单位确定、调整劳动定额或者计件报酬标准应当遵循科学合理的原则；确定、调整的劳动定额应当使本单位同岗位百分之九十以上劳动者在法定工作时间内能够完成。《广东省工资支付条例》规定，实行计件工资制的，确定的劳动定额原则上应当使本单位同岗位百分之七十以上的劳动者在法定劳动时间内能够完成。

　　《劳动合同法》第四条规定，用人单位在制定涉及劳动者切身利益的劳动定额管理等规章制度或重大事项时,应当经职工代表大会或全体职工讨论,与工会或职工代表平等协商确定。

案例分析

某企业承揽玩具组装业务,实行计件工资制,任务定额,要求每个职工日组装玩具成品55件,否则将扣发工资。而此前技术最好的职工,一天8小时不停工作也只能组装40件。工人要想拿到全额工资,只好在8小时以外再加班,平均每天加班要超过3个小时。1个月后,职工身心劳累,无奈向厂方要求降低定额,补发加班费。厂方以加班是职工自愿的为由拒绝,职工们只好向劳动仲裁机构提起仲裁。

简要分析:合理确定劳动定额是计算加班费的前提条件。仲裁委应裁决该企业立即停止对职工的侵权行为,合理地制定任务定额,定额最高每日不得超过40件,同时要支付上个月的加班费。

(5)加班费的工资计算基数。

第一,如果劳动合同有明确约定工资数额的,应当以劳动合同约定的工资作为加班费计算基准。应当注意的是,如果劳动合同的工资项目分为"基本工资""岗位工资""职务工资"等,应当以各项工资的总和作为基数计发加班费。

第二,如果劳动合同没有明确约定工资数额,或者合同约定不明确时,应当以实际工资作为计算基数。凡是用人单位直接支付给职工的工资、奖金、津贴、补贴等都属于实际工资。在以实际工资作为加班费计算基数时,加班费、伙食补助和劳动保护补贴等应当扣除,不能列入计算范围。

第三,在确定职工日平均工资和小时平均工资时,应当以每月计薪时间为21.75天和174小时进行折算。

第四,加班费的计算基数低于当地当年的最低工资标准的,应当以最低工资标准为基数。

3. 不支付加班费的法律责任

根据《劳动合同法》第八十五条,用人单位未支付加班费的,由劳动行政部门责令限期支付;逾期不支付的,责令用人单位按应付金额50%以上100%以下的标准向劳动者加付赔偿金。

三、劳动者患病或者非因公负伤的医疗期待遇

1. 医疗期

医疗期也就是病假时限,是指企业职工因患病或非因工负伤停止工作治病休息的时限。

案例分析

朱女士2017年到上海一家宾馆当服务员，2019年3月，她去医院看病，医生建议她做个小手术。因为她的社保是在老家缴纳的，所以她便向经理请病假回老家看病，并说等她病好后会立即回宾馆上班。经理表示，宾馆没有请病假一说，要么干活要么走人。经理强调是她个人原因导致合同不能继续履行，只能解除了。见她有些犹豫，经理又说，如果病好了，还是欢迎她继续回来干活的，而且工资待遇也按照老职工对待。于是她便按照经理的要求写了一份辞职申请。手术很顺利，她休养了两个月后就赶回了上海。可到了单位，经理竟说无法再招用她了，因为岗位上有人了。她说单位应该守信用，但经理说宾馆里每个岗位都不能缺人，她走人当然要新人来顶，现在新人干得好好的，宾馆也不能无故解除。这下朱女士迷惑了。

简要分析：一是朱女士有休病假的权利，她应该享受医疗期。医疗期按照劳动者在本用人单位的工作年限设置。根据《企业职工患病或非因工负伤医疗期规定》，朱女士有权享受的医疗期最长为3个月。二是朱女士主动提出辞职，某种程度上被单位的"病好后可回来上班"误导或欺骗了。职工主动提出辞职是没有经济补偿金的，在没有证据的情况下朱女士维权的权益失去了保障，既没有享受到医疗期，又没能继续上班，更没有得到任何补偿，还承受了一定的经济损失。

（资料来源：中国普法网）

2. 病假工资、疾病救济费

《企业职工患病或非因工负伤医疗期规定》第五条规定，劳动者在医疗期内，其病假工资、疾病救济费和医疗待遇按照有关规定执行。

关于病假工资的规定各地情况不一。例如，《江苏省工资支付条例》规定，劳动者患病或者非因工负伤停止劳动，且在国家规定的医疗期内的，用人单位应当向劳动者支付病假工资或者疾病救济费（也有称病假津贴）。病假工资、疾病救济费的标准不得低于当地最低工资标准的百分之八十。《广东省工资支付条例》《浙江省工资支付条例》《山东省工资支付条例》等也规定用人单位支付的病伤假期工资不得低于当地最低工资标准的百分之八十。

3. 在劳动者没有过错的情况下限制用人单位解除劳动合同

（1）劳动者患病或者非因工负伤，在规定的医疗期内的，用人单位不得解除劳动合同。

（2）劳动者患病或者非因工负伤，在规定的医疗期满后不能从事原工作，也不能从事由用人单位另行安排的工作的，用人单位提前三十日以书面形式通知劳动者本人或者额外支付劳动者一个月工资后，才可以解除劳动合同。

劳动者的过错是指下列情形：在试用期间被证明不符合录用条件的；严重违反用人单位的规章制度的；严重失职，营私舞弊，给用人单位造成重大损害的；劳动者同时与其他用人单位建立劳动关系，对完成本单位的工作任务造成严重影响，或者经用人单位提出，拒不改正的；因以欺诈、胁迫的手段或者乘人之危，使对方在违背真实意思的情况下订立或者变更劳动合同的;被依法追究刑事责任的。

四、缴纳社会保险费

养老保险、医疗保险、失业保险由用人单位和劳动者按国家规定共同缴纳。工伤、生育保险由用人单位缴纳,劳动者不缴纳。

《劳动法》规定用人单位和劳动者必须依法参加社会保险,缴纳社会保险费,用人单位无故不缴纳的,由劳动行政部门责令其限期缴纳。

《社会保险法》第五十八条规定,用人单位应当自用工之日起三十日内为其职工向社会保险经办机构申请办理社会保险登记。《社会保险费征缴暂行条例》第十三条规定,缴费单位未按规定缴纳和代扣代缴社会保险费的,由劳动行政部门或者税务机关责令限期缴纳;逾期仍不缴纳的,除补缴欠缴数额外,从欠缴之日起,按日加收千分之二的滞纳金。滞纳金并入社会保险基金。

劳动行政部门应当督促用人单位依法为劳动者缴纳各项社会保险费,鼓励有条件的用人单位按照法律法规和有关规定为劳动者建立补充保险。

案例分析

何某于2009年1月与某公司签订劳动合同从事保安工作,其先后多次向公司出具"承诺书",称已经缴纳了农村养老保险,不要公司为其缴纳社会保险,如发生工伤意外等均与公司无关。应何某要求,某公司将社会保险费以现金形式定期发给何某。后何某辞职,要求公司赔偿未为其缴纳社会保险费的待遇损失和经济补偿金。法院审理后驳回了何某的诉求。

简要分析:劳动者和用人单位双方约定,或者劳动者单方承诺,要求单位不为劳动者缴纳社会保险费,由单位直接支付"社保补贴",该做法因违反《社会保险法》强制性规定而无效。劳动者要求单位承担未缴纳社会保险费损失的,单位应当赔偿其损失,但劳动者对已经领取的"社保补贴"应全额返还单位;劳动者以单位未依法缴纳社会保险费为由要求解除劳动关系并主张经济补偿的,因劳动者自身存在过错而不应支持。

未缴纳社会保险是何某自身不愿缴纳,责任不应完全归于公司。何某据此主张经济补偿,有违诚信。

(资料来源:南通法院网)

五、遵守规章制度

1. 规章制度必须内容合法、程序合法

《劳动合同法》第四条规定:"用人单位在制定、修改或者决定有关劳动报酬、工作时间、休息休假、劳动安全卫生、保险福利、职工培训、劳动纪律以及劳动定额管理等直接涉及劳动者切身利益的规章制度或者重大事项时,应当经职工代表大会或者全体职

工讨论，提出方案和意见，与工会或者职工代表平等协商确定。"

最高人民法院《关于审理劳动争议案件适用法律若干问题的解释》第十九条规定："用人单位根据《劳动法》第四条之规定，通过民主程序制定的规章制度，不违反国家法律、行政法规及政策规定，并已向劳动者公示的，可以作为人民法院审理劳动争议案件的依据。"

用人单位向劳动者公示规章制度，可采用员工手册发放签收记录、规章制度培训签到记录、规章制度考试试卷、用工录用表确认、公司网站公布、电子邮件通知、公告栏张贴等方式。

规章制度要具体、明确、可操作，便于用人单位在行使劳动管理时，真正地有"章"可依。

用人单位的规章制度违反法律、法规的规定，损害劳动者权益的，劳动者可以解除劳动合同，用人单位需支付经济补偿金。

用人单位的规章制度违反法律、法规规定的，由劳动行政部门责令改正，给予警告；给劳动者造成损害的，应当承担赔偿责任。

案例解读

案情概述：何静与丈夫均在一家商贸公司从事销售工作。公司分别与他们签订了截止到2018年12月31日的3年期劳动合同。2018年3月，她和丈夫获悉，与他们工作内容相同、业绩不相上下的其他8位同事，无论工资收入还是业务提成均高出他俩一大截儿。何静认为公司分配不公，就与丈夫一起向主管经理提出加薪要求。主管经理问："你俩怎么知道自己的工资比别人低？低多少？"他们据实回答后没过几天，公司便以他们严重违反规章制度为由解除其劳动关系。公司发布的处分决定载明：销售部员工何静及其丈夫，严重违反公司制度规定，私下打听其他同事工资收入并盲目攀比，在公司造成不良影响，为严明纪律，经管理层研究决定并报职代会批准，对其予以开除。他俩不服，向仲裁机构申请劳动争议仲裁，请求裁决公司向其支付违法解除劳动合同赔偿。

仲裁裁决驳回何静及其丈夫的请求后，他们又向法院提起诉讼。法院庭审时，公司辩称何静和丈夫理应知晓并遵守企业各项规章制度。入职时，公司已将员工手册作为劳动合同附件交给他们。员工手册规定公司对员工个人收入情况实行保密制度，严禁互相打听、攀比，以免影响正常工作，如有违反，一律予以开除。此外，公司的各项规章制度都是经过民主程序制定的，对何静及其丈夫的处理也经过职代会同意，故不同意其诉讼请求。

处理结果：法院确认公司构成违法解除劳动关系行为，判令公司向何静及其丈夫支付赔偿金13万元。

解读意见：该公司的工资保密规章制度违反法律规定，不能作为解除劳动合同的合法依据。虽然劳动法律法规没有明文规定劳动者的收入应当公开，但是《劳动法》第四十六条第一款规定："工资分配应当遵循按劳分配原则，实行同工同酬。"用人单位与劳动者可以协商薪酬保密，但是不得与《劳动法》规定的同工同酬原则冲突。用人单位违法解除合同的，劳动者有权要求用人单位支付赔偿金。

（资料来源：中工网）

2. 优先适用劳动合同

案例分析

小李与一家公司签订的劳动合同中约定，小李在公司担任办公室文员，且明确表明"未经双方协商一致，不得改变工作地点、工作岗位、工作时间和劳动报酬"。近日，公司决定让小李前往25公里外的仓库担任主管。鉴于工作地点、工作岗位发生变化，小李坚决拒绝。公司表示小李必须服从，否则，其有权单方将小李解聘，理由是公司的规章制度中已经规定公司有权根据实际需要对员工的工作地点、工作岗位进行适当调整，且该规章制度是在经职工代表大会讨论、与工会平等协商的基础上确定的。

简要分析：《最高人民法院关于审理劳动争议案件适用法律若干问题的解释（二）》第十六条规定，用人单位制定的内部规章制度与集体合同或者劳动合同约定的内容不一致，劳动者请求优先适用合同约定的，人民法院应予支持。

在小李已经选择适用劳动合同的情况下，公司无权强令小李服从。

3. 劳动者严重违反规章制度的，用人单位有权解除劳动合同，无须支付经济补偿

六、遵守服务期协议、竞业限制及保密协议

劳动者与用人单位除了遵守劳动合同还应遵守服务期协议、竞业限制及保密协议。

当事人在劳动合同或者保密协议中约定了竞业限制，但未约定解除或者终止劳动合同后给予劳动者经济补偿，劳动者履行了竞业限制义务，要求用人单位按照劳动者在劳动合同解除或者终止前十二个月平均工资的30%按月支付经济补偿的，人民法院应予支持。月平均工资的30%低于劳动合同履行地最低工资标准的，按照劳动合同履行地最低工资标准支付。

当事人在劳动合同或者保密协议中约定了竞业限制和经济补偿，劳动合同解除或者终止后，因用人单位的原因导致三个月未支付经济补偿的，劳动者可以解除竞业限制约定。

在竞业限制期限内，用人单位可以解除竞业限制协议。在解除竞业限制协议时，劳动者有权要求用人单位额外支付三个月的竞业限制经济补偿。

劳动者违反竞业限制约定，向用人单位支付违约金后，用人单位有权要求劳动者按照约定继续履行竞业限制义务。

案例分析

甲与公司签订了为期2年的劳动合同，合同期限从2013年3月12日至2015年3月11日。2013年7月，公司出资送甲参加专项培训1个月，并与其签订了培训协议，

双方约定在培训结束后，甲回公司继续工作服务，服务期限2年。1年后，甲因个人原因离职。公司向劳动争议仲裁委员会提起仲裁，要求甲向公司支付违约金，包括培训学费及差旅费在内的全部费用。

简要分析：因甲培训结束后已履行了1年的服务期，故只需向公司支付包括培训学费、差旅费在内一半的违约金。

《劳动合同法》第二十二条规定，用人单位为劳动者提供专项培训费用，对其进行专业技术培训的，可以与该劳动者订立协议，约定服务期。劳动者违反服务期约定的，应当按照约定向用人单位支付违约金。违约金的数额不得超过用人单位提供的培训费用。用人单位要求劳动者支付的违约金不得超过服务期尚未履行部分应分摊的培训费用。本案中，公司为甲提供专项培训，双方签订培训协议，符合法律的规定。甲未完全履行服务期限即离职，违反了双方订立的培训协议，已构成违约，应当承担约定的违约责任。

案例分析

周某于2013年7月15日入职某网络公司，担任软件工程师，双方订立了3年期限的劳动合同，约定周某的月工资为3万元。此外，双方订立了保密及竞业限制协议。在该协议中，双方约定，周某在工作期间及离职后，应当保守其所知悉的网络公司的商业秘密，且在离职后2年内，周某不得到生产或者经营同类产品、从事同类业务的有竞争关系的其他用人单位工作或提供劳务等。2016年7月14日劳动合同到期后，网络公司在支付给周某终止劳动合同经济补偿金后，与其终止了劳动关系。2017年3月，周某向仲裁委提出仲裁申请，要求网络公司支付2016年7月15日至申请当日的竞业限制经济补偿。

简要分析：网络公司须向周某支付竞业限制补偿金。网络公司与周某订立的保密及竞业限制协议虽未约定支付竞业限制的经济补偿金，但周某确实履行了竞业限制义务。根据《最高人民法院关于审理劳动争议案件适用法律若干问题的解释（四）》第六条的规定，如果履行了竞业限制义务，劳动者可要求用人单位按照劳动者在劳动合同解除或者终止前十二个月平均工资的30%按月支付经济补偿。劳动者在履行竞业限制义务后，可催告用人单位依法及时支付经济补偿，如果用人单位明确表示或以实际行为表示不支付经济补偿，则劳动者可不再履行该竞业限制义务。

（资料来源：北京市人力资源和社会保障局网）

案例解读

案情概述：李某于2005年7月5日入职白云公司，从事数据采集工作，离职前上一年度工资总额为98 299.89元。双方签订的最后一份劳动合同期限为2010年3月1日至2015年2月28日，合同约定，李某离职后2年内不得入职其他存在竞争企业，白云公司每月向李某支付竞业限制补偿金，竞业限制补偿金的年支付额为李某离职时上一年度工资总额的50%；同时约定如白云公司不履行本协议承诺的义务，拒绝（延迟）向李某支付竞业限制补偿金达到一个月的，双方竞业限制协议自行终止。双方劳动合同于

2015年2月28日到期终止,白云公司未向李某支付竞业限制补偿金。李某通过诉讼程序要求白云公司支付竞业限制补偿金96 000元。在案件审理过程中,白云公司主张李某离职时已口头告知无须履行竞业限制协议,但未就此提交相应证据,李某亦对此不予认可。李某另主张,如法院认定其与白云公司竞业限制约定解除或终止的情形,则要求白云公司额外支付其3个月竞业限制补偿金。

处理结果:法院经审理后判决确认双方关于竞业限制的约定于2015年3月31日自行终止。白云公司应当向李某支付协议终止前1个月的竞业限制补偿金及额外3个月竞业限制补偿金共计16 383.32元。

解读意见:《最高人民法院关于审理劳动争议案件适用法律若干问题的解释(四)》第九条规定,在竞业限制期限内,用人单位请求解除竞业限制协议时,人民法院应予以支持。在解除竞业限制协议时,劳动者请求用人单位额外支付劳动者3个月的竞业限制经济补偿金的,人民法院应予支持。

(资料来源:北京市海淀区人民法院网)

七、劳动合同的变更

1. 协商变更合同

用人单位和劳动者双方协商一致,可以变更合同的内容,采用书面形式变更合同,变更后的劳动合同文本由双方各执一份。

工作岗位和地点并非完全不可变更,合法合理的调整劳动者应当接受。

案例解读

案情概述:孙某于2014年7月1日入职某模具公司,双方订立了无固定期限劳动合同,约定孙某的工作地点为北京,岗位为"后勤辅助岗",具体工作内容为"事务、预算管理和领导安排的其他工作",并约定模具公司可以根据生产经营的需要及孙某的工作能力和表现等,调整其工作岗位、工作内容及工作地点。入职后,孙某被安排在模具公司位于某城区的开发中心从事财务、人事等辅助性工作。2016年7月,基于公司生产经营需要,为了减轻各部门的工作负担,模具公司将各部门担当的财务工作统一转回公司财务部管理。据此,孙某办理了开发中心全部财务凭证的交接。模具公司与孙某沟通协商,提出安排其到开发中心其他岗位工作,但均被孙某拒绝。后模具公司安排孙某到位于另一城区的公司总部从事人事相关工作。2017年1月,孙某提出仲裁申请,要求模具公司按照劳动合同的约定提供劳动条件,在原岗位及原工作地点履行劳动合同。

处理结果:仲裁委审理后,裁决驳回了孙某的仲裁请求。

解读意见:调整岗位,实质是对劳动合同的变更。用人单位调整劳动者岗位的,应当综合考虑用人单位经营活动的必要性,调整后的岗位对劳动者不具有歧视性或侮蔑性,调整后的岗位为劳动者所能胜任,工资待遇无不合理的变化,调整后的工作地点对劳动者的生活无明显不利的影响或采取相应的弥补措施等。如果岗位调整合法合理,则劳动者应当接受。

（资料来源：北京市人社局网）

案例解读

案情概述：2016年7月，小张应聘到某公司工作，双方签订了为期3年的劳动合同，合同约定小张的工作岗位是会计。2018年6月，该公司因经营不善，裁减了部分职工，同时调整了部分职工的工作岗位，小张因此被调整至出纳岗位工作，但双方一直未另签劳动合同。在出纳岗位上干了3个月后，小张要求单位重新安排其从事会计工作，遭到拒绝。他向当地劳动争议仲裁委员会提起仲裁申请，要求确认单位未与其协商即调整其工作岗位属违法，要求重新到会计岗位上班。

处理结果：仲裁委审理后，驳回了他的请求。

解读意见：《最高人民法院关于审理劳动争议案件适用法律若干问题的解释（四）》第十一条规定，变更劳动合同未采用书面形式，但已经实际履行了口头变更的劳动合同超过1个月，且变更后的劳动合同内容不违反法律、行政法规、国家政策以及公序良俗，当事人以未采用书面形式为由主张劳动合同变更无效的，人民法院不予支持。

本案中，双方虽然未变更劳动合同，但小张已在出纳岗位上干了3个月，应认定双方已认可了这种调整。仲裁委没有支持他的请求是合理的。

2. 劳动合同继续有效的情况

《劳动合同法》第三十三条规定，用人单位变更名称、法定代表人、主要负责人或者投资人等事项，不影响劳动合同的履行。

《劳动合同法》第三十四条规定，用人单位发生合并或者分立等情况，原劳动合同继续有效，劳动合同由承继其权利和义务的用人单位继续履行。

案例分析

2014年6月，王某进入某物流公司工作，担任总经理助理。工作期间，双方未订立书面劳动合同。2016年7月，物流公司法定代表人吴某去世，法定代表人变更为李某。2017年6月，某投资有限公司出资收购该物流公司全部股权，2017年9月完成工商登记变更后，法定代表人变更为周某。王某继续留在物流公司工作且工资依旧由物流公司支付。2017年10月，物流公司决定不再雇用王某。2017年11月，王某向劳动人事争议仲裁委员会提交劳动争议仲裁申请，要求物流公司支付违法解除劳动合同赔偿金。

该物流公司辩称，王某与物流公司并没有签订书面劳动合同，公司法人代表现已变更为周某，王某与公司不存在劳动关系，所以不应当支付王某赔偿金。

公司的说法对吗？

简要分析：不对。仲裁委员会应当依法裁决该物流公司支付王某违法解除劳动合同赔偿金。该物流公司虽未与王某签订书面劳动合同，但双方存在事实劳动关系。《劳动合同法》规定，用人单位违法解除或者终止劳动合同的，应当向劳动者支付赔偿金。

【能力测验】

一、单选题

1. 小张在某公司上班，日工资为100元。2018年5月1日至3日，公司安排小张在这3天加班。根据《劳动法》的规定，公司除应向王某支付每日100元的工资外，还应当向小张支付多少加班费？（　　）

　　A. 600元　　　　　　　　　　　　B. 400元
　　C. 500元　　　　　　　　　　　　D. 700元

2. 用人单位在制定、修改或者决定有关劳动报酬、工作时间、休息休假、劳动安全卫生、保险福利、职工培训、劳动纪律以及劳动定额管理等直接涉及劳动者切身利益的规章制度或者重大事项时，应当经职工代表大会或者全体职工讨论，提出方案和意见，与（　　）或者职工代表平等协商确定。

　　A. 董事会　　　　　　　　　　　　B. 监事会
　　C. 工会　　　　　　　　　　　　　D. 职工代表大会

3. 用人单位直接涉及劳动者切身利益的规章制度违反法律、法规规定的，由劳动行政部门（　　）；给劳动者造成损害的，依法承担赔偿责任。

　　A. 责令改正并给予警告　　　　　　B. 责令改正
　　C. 责令改正，情节严重的给予警告　D. 给予警告

4. 劳动者在试用期的工资不得低于本单位相同岗位最低档工资或者劳动合同约定工资的（　　），并不得低于用人单位所在地的最低工资标准。

　　A. 百分之三十　　　　　　　　　　B. 百分之五十
　　C. 百分之六十　　　　　　　　　　D. 百分之八十

5. 变更劳动合同应当采用（　　）形式。

　　A. 书面　　　　　　　　　　　　　B. 口头
　　C. 书面或口头　　　　　　　　　　D. 书面和口头

6. 用人单位发生合并或者分立等情况，原劳动合同（　　）。

　　A. 继续有效　　　　　　　　　　　B. 失去效力
　　C. 效力视情况而定　　　　　　　　D. 由用人单位决定是否有效

7. 用人单位变更名称、法定代表人、主要负责人或者投资人等事项，（　　）劳动合同的履行。

　　A. 影响　　　　　　　　　　　　　B. 不影响
　　C. 不一定影响　　　　　　　　　　D. 法律未规定是否影响

8. 用人单位应当按照劳动合同约定和国家规定，向劳动者（　　）支付劳动报酬。

　　A. 提前　　　　　　　　　　　　　B. 及时分期
　　C. 提前足额　　　　　　　　　　　D. 及时足额

9. 变更后的劳动合同文本，（　　）。

　　A. 由用人单位和劳动者各执一份　　B. 由用人单位留存备查

C. 由劳动者一方保存　　　　　　　　D. 由劳动行政部门保存

10. 劳动者（　　），用人单位不可以解除劳动合同。
   A. 在试用期间被证明不符合录用条件的
   B. 患病或非因工负伤，在规定的医疗期内的
   C. 严重违反用人单位的规章制度的
   D. 被依法追究刑事责任的

11. 根据《劳动法》的规定，工资应当以（　　）形式按（　　）支付给劳动者本人，不得克扣或者无故拖欠劳动者的工资。
   A. 货币，季　　　　　　　　　　　　B. 实物，月
   C. 货币或实物，月　　　　　　　　　D. 货币，月

12. 根据《劳动法》的规定，用人单位在劳动者完成劳动定额或规定的工作任务后，根据实际工作需要，依法安排劳动者在日法定标准工作时间以外延长工作时间的，按照不低于劳动合同规定的劳动者本人小时工资标准的（　　）支付劳动者工资。
   A. 50%　　　　B. 100%　　　　C. 150%　　　　D. 200%

13. 根据《劳动法》的规定，用人单位在劳动者完成劳动定额或规定的工作任务后，根据实际工作需要，依法安排劳动者在休息日工作，而又不能安排补休的，按照不低于劳动合同规定的劳动者本人日或者小时工资标准的（　　）支付劳动者工资。
   A. 50%　　　　B. 100%　　　　C. 150%　　　　D. 200%

14. 根据《劳动法》的规定，用人单位在劳动者完成劳动定额或规定的工作任务后，根据实际工作需要，安排劳动者在法定休假节日工作的，按照不低于劳动合同规定的劳动者本人日或者小时工资标准的（　　）支付劳动者工资。
   A. 100%　　　　B. 150%　　　　C. 200%　　　　D. 300%

15. 根据《劳动合同法》，用人单位直接涉及劳动者切身利益的规章制度违反法律、法规规定的，由劳动行政部门责令改正，给予（　　）。
   A. 罚款　　　　B. 告诫　　　　C. 警告　　　　D. 处理

16. 用人单位安排加班不支付加班费的，由劳动行政部门责令限期支付；逾期不支付的，由劳动行政部门责令用人单位按应付金额（　　）的标准向劳动者加付赔偿金。
   A. 百分之五十以上百分之一百以下　　B. 百分之五十
   C. 百分之一百　　　　　　　　　　　D. 百分之一百以下

二、案例分析

1. 2018年3月，某建筑公司业务员于某与某建筑材料厂签订了购买瓷砖合同，合同约定两个月内对方交货，建筑公司先付预交款16万元。到了5月底，建筑公司仍未收到对方发来的瓷砖。公司因急需这批材料，派业务员于某去催货，于某到后了解到对方确实因设备损坏无法按时交货。于某回厂后向公司经理说明情况，不料公司经理火冒三丈，指责于某办事不力，让财务科扣发了于某当月工资。公司的做法对吗？

2. 李某在某建筑工地打工，施工单位与他签订了一份劳动合同，合同除约定了劳动时间、工资数额外，还约定工薪于工程款下来后一次付清。现工程已经完工，施工单位

与李某的劳动合同已经解除数月,可李某一直没有得到工资,施工单位负责人的说法是工程款没有下来。"工资等工程款下来后一次付清"对吗?

3. 李某入职某公司,双方约定李某的工作岗位为驾驶员,实行不定时工作制,主要负责接送上下班员工,在接送员工过程中,除等候时间外均开放空调。某日,李某在跟朋友聊天中了解到了高温津贴和加班费,随后向公司领导提出要求,但公司不同意。李某为此提起仲裁申请。李某认为公司应向其支付工作期间的高温津贴和周末加班费。问:李某的仲裁请求能得到仲裁庭的支持吗?

4. 某公司因亏损,原有的5名股东中有3人退出经营,另吸收4人为股东,并增加了500万元投资,办理了变更手续。随即,公司就以变更投资人和投资为由,要求员工重签劳动合同,在工作条件、岗位等不变的情况下,增加劳动时间,降低工资收入,否则就走人。公司的做法对吗?

5. "劳动者自愿不缴纳社会保险""加班是对公司的一种奉献""双职工,一方解除劳动合同,另一方必须同时终止""禁止公司员工恋爱结婚,否则一方必须立刻离开公司",这样的规章制度有法律效力吗?为什么?

6. 小王与公司签订了一年期的劳动合同,从事财务工作。劳动合同约定小王的工作实行法定标准工时制。小王经常在下班后自行加班完成工作,经常在下班前向上级领导汇报当日工作进展。合同期限届满时小王表示不再续签,但要求公司支付加班工资,并出示了自己统计的延长工作时间及工作汇报记录。公司表示,小王平时的加班不是由公司安排的,而是小王自愿进行的;公司经合法程序制定的规章制度规定加班需要进行审批,且该制度小王已知悉,小王加班并未履行公司规定的加班审批手续。用人单位应当支付小王加班工资吗?

7. 2015年7月1日,陈某大学毕业进入A公司工作。2015年11月28日,陈某与A公司解除劳动合同,11月30日应聘进入B公司工作。陈某在B公司工作至2016年9月30日。办理交接手续时陈某向B公司提出支付1天应休未休年休假工资的要求。B公司认为根据公司规章制度规定,员工在本单位工作满一年后方可享受年休假,而陈某不符合条件,因此不能享受带薪年休假,公司也无须支付未休年休假的工资。如何认定公司该规章制度的效力?

工作任务二　薪酬沟通

【学习目标】

探究知识：薪酬沟通的价值，薪酬沟通的目标，薪酬沟通的内容和方式。

获得能力：能够根据管理实践确定沟通的目标、内容和特定的方式；能够在新员工招聘、处理加薪申请、与企业高层管理者开展薪酬沟通、面临员工离职压力时等几种特定情景，开展薪酬谈判与沟通。

一、薪酬沟通的价值

现代企业对员工的依赖越来越强，要想有效激励员工不仅要靠薪酬体系的精心设计更需要良好沟通。所谓薪酬福利沟通是指为了实现组织的战略目标，管理者与员工在互动过程中通过某种途径或方式将薪酬福利信息、思想情感相互传达交流，并获取理解的过程。也就是说，薪酬福利沟通主要指组织在薪酬福利战略体系的设计、决策中就各种薪酬福利信息（主要指组织薪酬战略、薪酬体系、薪酬水平、薪酬结构、薪酬价值取向等内容以及员工满意度调查和员工合理化建议）跟员工全面沟通。

（1）薪酬沟通能够为员工创造良好的工作"软"环境，使员工生活和工作在一种人际关系和谐、心情舒畅的工作氛围中，激发员工的工作热情，吸收并留住人才。

（2）薪酬沟通可以把企业价值理念、企业目标有效地传导给员工，把企业目标分解成员工个人成长目标，使企业和员工融合为一体，引导员工行为与企业发展目标一致，从而极大地调动员工积极性与热情，使企业效益得到提高。

（3）薪酬沟通具有预防性。企业在与员工或外界沟通过程中，可以发现企业中存在的矛盾，便于及时调整各种关系，消除员工的不满情绪，解决企业内部存在的矛盾，促进企业平稳快速发展。

（4）薪酬沟通是一种激励中隐含约束的机制。薪酬沟通不仅具有激励员工的作用，同时通过沟通这座桥梁还可以让员工清楚地知道哪些是企业期望的，哪些是企业禁止的，指明了员工努力的方向。

案例分析

李某博士毕业后进入苏州某私营公司从事研发工作，该公司实行保密工资制，李某的月薪被定为一万元。他本人认为老板也很器重他，觉得很满意。一次李某与老板、司机一同出差,途中李某与老板的司机闲聊,得知这位司机月薪在9000多元,结果李某情绪波动很大,其研发工作也受到很大影响,经过一段时间考虑李某选择辞职。老板觉得很惊讶,因为李某进入该公司时很愉快地接受了他所开出的价位啊!该公司的薪酬机制有什么问题?如何改善?

简要分析:该公司实行保密工资制,缺乏薪酬沟通。应该让员工充分参与,并对薪酬福利体系执行情况予以反馈,再进一步完善体系;同时,关注员工的情感、思想,组织员工交流互动,相互理解,达成共识,共同努力推动组织战略目标的实现。

另外,有效地实施薪酬福利沟通,也有助于宣传组织政策及原则,了解劳资双方的需求,提高管理人员的薪酬福利管理水平,培养对待薪酬福利的良好心态,纠正误解及不正确的传言,减少操作中的疑问。

二、确定薪酬沟通的目标

这是一个看上去很明显,但在现实中却被管理者所忽视的步骤。它意味着企业必须确定就什么问题进行沟通以及通过沟通要达到怎样的目的。比如当企业制定了新的薪酬方案或者开展薪酬方案的变革时,就需要设定有效的薪酬沟通目标,取得员工们普遍的认可和接受。

案例分析

某出版社是一家地方高校出版社,现有在职员工330余人,其中大学本科学历以上人员占70%,中级以上职称人员占1/3;有市场营销中心、出版部、储运部、社办公室、总编室、财务部、人力资源部、版权管理部、投资合作部、信息中心、美编室、质检与终审室、校对科等十几个部门,其中编辑部门设有经济管理、法律、文史哲、典籍与文化等四个事业部。该出版社从2010年便开始改革,在原事业单位的基础上进行局部的基本工资和对应津贴的调整,建立起了绩效薪酬体系。该体系曾对提高出版社职工的工作热情和积极性、促进出版社的发展起到了非常重大的作用。但是,随着该体系的运行,一系列问题也随之产生。

出版社员工身份大体分两类,即事业编制和企业编制职工,薪酬多数不统一,有些差距较大,一方面打击了年轻员工工作的积极性,另一方面也影响了优秀人才的引进。目前管理部门考核缺乏或流于形式,考核结果基本没有得到应用,而编辑、出版、发行人员的产值考核结果仅仅与其季度奖金有关,属于短期激励和约束。由于考核结果没有得到有效应用,或者只应用在短期奖金上,没有将考核结果与薪酬福利、岗位调整、培训、职业发展等长期激励约束机制充分联系起来,因此目前的考核牵引作用不大,没有将绩效提升压力有效传导到各类员工身上。

新的薪酬绩效改革方案主要方向有:第一,绩效指标与出版社的发展战略相联系,兼顾短期业绩和长期发展;第二,有效促进出版社扩大产业规模,降低成本,提高收益;第三,引导员工提高专业技术水平,提高员工的工作积极性;第四,根据出版社的发展要求,平衡经济效益和社会效益,平衡不同层级组织和个人的发展,构建出版社组织绩效指标、部门团队绩效指标和员工个人绩效指标三层绩效指标体系。通过对该出版社进行岗位评价,结合国家规定和行业、地区薪酬水平,确定出版社薪酬标准,建立以岗位工资为基础、兼顾绩效的岗位绩效工资制度。员工的薪酬结构由四部分构成,即固定薪酬、绩效薪酬、加班薪酬、福利津贴。固定薪酬包括岗位工资和社龄工资,福利津贴包括保险、补贴、有薪假期及其他福利。为了细化管理,不同层级在固定与绩效部分的比例设置、薪酬模式、绩效薪酬发放周期上都不相同。

那么在该单位推行薪酬改革的过程中应该如何确定与员工的沟通目标?

简要分析:这家出版社在变革以前薪酬管理注重员工身份和资历,考核流于形式;经过改革,新的薪酬体系改为以绩效为中心。在一定层面上这种改革必须依赖于企业文化的转变,它使得员工要承担更多的责任和风险。如果员工不能迅速而准确地意识到这种企业文化和导向的转变,必然会给新方案的执行带来很大的困难。在绩效薪酬变革项目准备阶段,进行观念导入,通过对改革的迫切性、国家的政策、行业发展要求等方面培训,强化员工对绩效薪酬改革的认识,扩大变革的支持力量,并且说明在变革的过程当中员工能够获得的潜在利益。

薪酬沟通不仅能够传达薪酬有关的信息,同时还能影响员工的态度和行为方式,使他们向着组织所期望的方向行事。企业就薪酬问题进行沟通的目标不仅仅在于把新的薪酬体系告知所涉及的员工和管理者,更重要的是把它推销给整个企业,得到组织的普遍认可和接受。这一目标是否能达到,会直接影响到薪酬体系的执行结果。

企业里薪酬沟通的目标概括为以下三个方面:

第一,员工完全理解有关新的薪酬体系的方方面面;

第二,改变员工对于自身薪酬方式的既有看法;

第三,鼓励员工在新的薪酬体系之下作出最大的努力。

在企业的经营实践当中,经过这样或那样的变动,上述三个方面的目标可以适用于大多数薪酬沟通方案。此外,在这样三个总的目标之下,企业还可以根据自己的具况,结合自己想要达到的目的,再分别设计出更为具体的沟通目标。

三、搜集薪酬沟通的相关信息

在沟通目标确定下来之后,下一个步骤是要从决策层、管理者以及普通员工中搜集他们对薪酬体系的有关看法,既包括对现有体系的评价,也包括对未来改革的设想和期望。只有把这些信息和薪酬沟通目标结合在一起,才可以确保企业和员工们的需要都得到关注和满足。另外,询问员工对薪酬体系的观点以及相关态度,这本身已经表明了企业对员工所想所思的重视。同时,员工能由此获得参与感,并增强对企业的承诺,这些对于企业的经营成功都是十分重要的。

首先,从所要搜集的信息的内容来看,尽管不同企业因在经营状况方面的差异想要达到的目标也不尽相同,但还是有一些信息是值得所有企业都加以重视的。它们包括:

(1)员工对企业现有的薪酬体系的了解程度如何。

(2)管理者和员工是否掌握了与薪酬方案有关的准确信息。

(3) 员工们对企业中的薪酬沟通状况持有怎样的看法，他们认为现在的沟通足够吗。

(4) 企业采取的管理实践与他们意欲传达的信息之间存在不符之处吗。是否存在这样的情况：公司宣称只有优秀的绩效才会得到奖励，而事实上所有人都得到了5%的加薪。

(5) 在薪酬沟通方面，管理者是否掌握了就薪酬和福利进行有效沟通的技能。

(6) 如果企业中已经有了有关薪酬改革的传言，员工们对此持何种态度。他们认为这样做是必需的吗，他们的工作方式会因此而改变吗。

(7) 在本企业的组织文化中，对薪酬公开或保密的有关态度是怎样的。管理者如果想向员工传达信息，需要实施哪些特定步骤。

(8) 管理者和员工认为哪些沟通手段对于薪酬沟通来说是最有效的：书面文件、光盘、小型集会还是大型会议。

当然，上面列举出来的这些问题只是应该搜集的信息当中的一小部分，具体问题取决于特定的沟通要求，在不同情况下需要对不同类型的信息进行搜集。

案例分析

有一天，副总经理对人事经理说："老王，自从上个月加薪及增加员工福利后，我想这里的员工都很高兴吧！你去了解一下大家有什么反映。"

王经理决定找个别员工聊聊他们的感受，以下就是他的发现。

小倩：自从公司在这里装了冷气后，我的脖子就酸痛不停，跟主任讲了好多次，看能不能改一下出风口，但他都不当一回事。

小钱：在公司三年了，餐厅的菜几乎都没有变化，现在想到中午吃饭就觉得没胃口。

老吴：你看看我必须弯腰才能捡到这些零件，一个月前我就和领班建议装个简单的料架，既可省掉无谓的动作，又可以避免我一直弯下身子，但一直没下文。

阿洪：厂内那么多员工，平时除了工作也没什么交谊的机会，都不知做什么，建议办些活动，但都被各种理由打回了。

美美：这份工作我已经做了五年了，闭着眼睛都能做，一点意思也没有，我自己都不知道还要做多久。

小力：上次参加同学会，同学名片一拿出来就是经理、主管等，我在公司都七年了，好不容易才升到组长，名片实在不敢拿出来。更不服气的是，他们的薪水也不见得比我多。

问题：如果你是王经理，怎样才能获取员工们更准确和详细的反映？

简要分析：从广义上看薪酬不仅包含了货币性薪酬，还包含了相当多的心理上的收益，我们称之为非经济性薪酬。员工在需求和价值观上存在广泛的差异，该公司员工普遍的抱怨来源于企业和员工长期缺乏沟通，所以有必要综合各种信息搜集方法了解员工的需求、员工的不满。从信息搜集的方式来看，主要包括问卷调查法、目标群体调查法、个体访谈法等。除此以外，还可以利用企业中的非正式组织搜集信息，通过绩效面谈了解员工的看法。

问卷调查是一种应用甚广的信息搜集方式。当需要面对为数众多的对象搜集大量信息的时候,这种方式往往最为有效。在很多情况下,问卷都会由开放式问题和封闭式问题共同构成。这样既可以就调查对象对关键问题的真实看法进行衡量和比较,又不会遗漏他们其他的观点和意见,从而可以确保整个调查的全面性和针对性。当然,为了进一步提高调查的效果,采用其他的必要措施来保证调查的信度和效度也是不可缺少的。

目标群体调查法,是指针对意欲调查的对象整体,即企业里的员工和管理者,随机抽取一个小型样本。这是一种行之有效的信息搜集方式。一般说来,每一个目标群体都要能够涵盖组织里的各个部门,从而保持样本的充分代表性;同时管理者和员工最好分属不同的目标群体,以便避免可能会出现的管理者威胁员工的情况。已经有调查显示,当对员工采用合乎规范的目标调查法进行调查时,他们通常会表现得更为开放一些。

个人访谈,主要是指针对企业决策层以及首席执行官进行的访谈。它的主要功用在于通过了解企业高层对薪酬问题的看法,给企业薪酬沟通定下基调和风格。

四、新员工入职的薪酬谈判

目前很多企业管理者在薪资谈判方面仍缺乏技巧,这在很大程度上是企业人力资源管理者不够专业、缺乏服务与创新精神造成的。薪酬谈判的目的是要用合理的成本激励目标候选人主动加入公司,并最大限度激发与保持其工作热情与斗志。人力资源管理者在人才招聘时,就应该思考如何向企业提供优质的人才引进薪酬方案。

案例分析

某公司为招聘商务专员,给出的起薪最多不超过5600元。用人部门对应聘者A比较满意,经过和HR的沟通,表示可以接受A入职。但当薪资谈判开始之后,A表示,自己心理要求的起薪点起码要到8000元左右。

此时,HR总监开始了和A的薪资谈判,他首先分析了A的能力和性格特征,并结合其个人经历,分析其究竟是基于何种职位提出的期望值,继而将其目前的性格、能力同她想要的岗位进行比较分析,帮助她认识到,以她目前的条件,暂时还无法做到更高的职位,也就拿不到心理预期的8000元薪资。

听完分析,A沉默不语,实则内心已经有所认同。于是,HR总监又向她介绍了公司的发展前景、提供的人文环境和职业规划等。最后,总监建议她回家再考虑考虑。

等招聘结束之后没多久,A就打来电话,表示愿意接受起薪2800元并入职。

简要分析:在招聘过程中,其实经常会出现类似的情况,应聘者在面试过程中表现良好,但到最后的薪资谈判阶段,对方感觉把握住了主动权,趁机开出高期望值,导致整个招聘团队陷入僵局。在这种情况下,HR一方面担心错过最适合的人才;另一方面,又不愿意打破企业的薪酬体系,给企业内部造成不平衡,对企业内部的人力资源管理体系造成冲击。

这时HR就应该注重谈判前做好充分准备,谈判中充分运用谈判技巧。其落实到具体操作方面应该包括以下几点。

1. 谈判前的准备

（1）知己：了解企业的经营现状和薪资结构，了解同类人才的社会平均薪资，了解企业未来的薪酬发展。

（2）知彼：详细的候选人简历，包括其过去的职责、业绩、团队管理情况、薪酬总额及构成明细、离职原因以及个人职业需求；候选人的薪资证明材料，及其在最近1~2家公司任职的职位证明材料；人才测评及推荐报告，阐明为何要向用人部门管理者推荐该候选者，他的哪些能力指标符合企业的用人需求。

动机：通过离职原因、换工作频度、技术能力、出差（出国）机会、家庭情况等分析目标对象的求职动机。

（3）预告结局：预测可能的突发情况并做好对策，得出对方可能感兴趣的问题从而做好回应的准备。

2. 薪酬谈判中适当打压

无论应聘者多么适合企业的岗位，在招聘过程中，HR都应该积极利用不同手段，合理、适当而精准地给对方心理压力，对其心理期望值加以打压，从而确保对方在看待底薪时更加务实。

在进行打压之前，HR必须要先摸清楚对方的心理底线，绝大多数应聘者在谈到底薪的时候，都会刻意进行上浮夸大，尤其是提到原企业薪酬时更是如此。

这就要求HR既能熟悉人力资源的市场行情，同时也要懂得心理博弈的微妙技巧，从而掌握更多主动权。打压是一场与面试者的博弈，可以简单分为以下四个方面。

（1）初期打压。

在面试初期，HR就应该早于应聘者建立薪资谈判的意识，从多方面去了解对方真实的想法。面试初期，应聘者面临众多竞争对手，更关注的是公司整体实力如何、工作前景如何，同时也关注自己是否能够顺利进入"下一轮"，在这种情况下，他们通常不会表露出对薪酬的过多关注，而愿意作出一定的让步。

在这个阶段，HR可以尽快压制对方的薪资期待，避免其在后期期望太高。例如，在初期就告知应聘者，其原供职企业有员工在本企业工作；或者提前告知应聘者，公司今后确定薪酬时，会需要其提供原公司的收入证明等。

（2）薪酬结构拆分。

HR需要全面了解应聘者的收入情况，包括其固定薪酬、绩效薪酬、奖金和提成、津贴与补助、期权股权、福利等，另外，还应该问清楚薪酬是否含税等。

当应聘者提出较高薪酬期待时，HR要能够将之有效拆分，去除其中浮动或预期部分，抓住固定部分。通常，固定部分的薪酬数字，就是应聘者能够接受的底线。

（3）提前告知薪酬原则。

针对部分应聘者不切实际的想法，HR需要明确告诉他们以下系列要点：

首先，定薪需要遵循公司原有的薪酬体系；

其次，原有薪酬可以作为参考但并非绝对依据；

最后，公司目前的薪酬体系，是在对市场全面的调查基础上确定的，体现了公司的价值标准等。

（4）对应聘者的重要性加以弱化。

即使 HR 内心很看重某个应聘者，但在薪资谈判时，也必须要懂得适当弱化其自我评价的分量。HR 可以向应聘者强调，有很多候选者正在竞聘该职位，公司也在权衡比较，这样就能够有效打压应聘者内心的自我评价，增加谈判筹码。例如，向应聘者点出其不足之处，进而实现对其重要性的弱化。比如可以使用下面的语言："如果你看到了工作的前景、未来的薪酬增长和总体福利待遇，你就能体会到我们的条件比较优越。而且，薪酬也不是我们公司所提供条件的全部价值。"

3. 薪酬谈判中强调优势

如果说压制应聘者是为了降低要求，那么强调公司优势就是为了转移对方注意力，弱化其对薪酬的关注度。

（1）可以展现"全面薪酬"。

在谈判时，不能为了薪水而谈薪水，而是要将企业全部的核心价值点加以挖掘与认识，其中包括公司的品牌、工作的平台和环境、整体的福利等。这样，企业在应聘者心目中的优势就会全部加以展现，并增强应聘者对企业的信心，提升企业的整体吸引力，这些吸引点越多，企业在薪酬谈判天平上的筹码也就越多。

（2）描绘发展前景。

招聘者可以告诉对方，本行业具备很大的发展空间，无论是个人职业发展通道，还是薪酬提升空间，都能够形成充分的吸引力，同时也可以举出内部员工的实际例子加以说明，从而引导应聘者学会往前看。尤其应该向对方强调的是，目前的薪酬只是最初的基础，不会是一成不变的，如果个人能力、工作业绩有所提升，薪酬也会直接获得提升。这就需要招聘者首先能做到对公司充满信心，真正相信公司给应聘者提供了合理的薪酬与未来，这样应聘者才会相信。

（3）抓住对方需求。

不同的应聘者，各自所看的职业报酬重点是不同的，在谈判中，HR 需要抓住对方最关注的点来说服。

要从对方离职的原因进行分析，抓住其在原公司未能满足的部分来寻找需求。

例如，在面试时，HR 应该主动问对方不满之处，如稳定性、锻炼机会、工作权限、团队氛围、加班情况甚至试用期的长短等。从应聘者的表达中，抓住他们最关心的部分，从而予以施加影响，作出适当的吸引举措。

4. 放慢薪酬谈判的节奏

薪酬谈判通常都需要多次进行，不可能一蹴而就，越是高层管理者的薪酬谈判，越是如此。因此，HR 需要放慢薪酬谈判的节奏，具体方法如下：

（1）从下而上分区间进行谈判。

薪酬谈判的起点是非常重要的，如果最初探讨的薪酬范围和最终的薪酬存在过大差距，就会导致应聘者的不信任感。

因此，HR可以先大致确定薪酬范围，之后可以从最低的三分之一区间开始谈判，如果应聘者的异议较为强烈，可以再逐步转移到中等的三分之一区间、最高的三分之一区间。

（2）安排冷却时间。

如果前两次薪酬沟通没有成功，应聘者有可能在离开谈判现场之后，继续通过电话、邮件等提出异议。

此时，HR不需要马上进行回复，而是要通过1～2天的等待，让对方知道薪酬的调整需要经过公司内部流程审批，给对方造成必要的困难感，从而让对方知难而退。

（3）适时"最后通牒"。

如果应聘者要求的薪酬始终和企业标准差距较大，HR可以及时进行最后通牒，即明确告诉对方，自己已尽了最大努力进行特殊薪酬申请，但如果公司不同意，只能选择放弃。可以在高层已经真正同意薪酬标准的前提下，使用"最后通牒"的技巧，但绝不应该将消息透露给候选人，除非他们真正准备接受聘请了。这样的方法还能降低应聘者选择其他企业的机会，也阻止了他们再次打算讨价还价的可能。

面试沟通是个动态的过程，薪酬沟通只是其中的一个环节，整个过程牵扯更多的技术、专业甚至文化、心理学等诸多因素。作为企业HR，在开始面谈之前就应该想清楚目标是什么，如何去实现这个目标，并且有调整目标偏差时的预期风险规避机制。双方满意，达到目标才最重要。我们再看下面一对正反两个关于人事经理和应聘者的沟通，体会谈判的技巧所在。

案例分析

人事经理：通过几轮面试，我们认为您符合该岗位要求，因此想和您谈谈工资问题。您目前的工资水平方便说说吗？

候选人：目前是年薪12万，平均每个月1万元。

人事经理：我们公司这个职位的基准工资是7000元。您觉得如何？

候选人：太低了，现在跳槽的行情基本是工资上涨20%左右。

人事经理：如果您的业绩较好，我们会发放3个月的工资奖金。正常情况下，奖金发放比例高达98%。

候选人：我希望月薪和年薪都能比现在高一些。

人事经理：（面露难色）您等会儿，我请示下老板……（请示后）领导希望您能留下来，因此最终决定月薪1万元，每年年底会有相当于3个月工资的奖金，年薪总额是15万元，比您现在的总收入高3万元。

候选人：这样的话，每个月的工资跟我现在还是一样，我想再考虑考虑。

简要分析：

（1）在与候选人谈判时人事经理常犯的错误有：薪酬谈判前没有充分调取收集候选人的薪资总额及构成明细；一味在具体的薪酬数字上做无效的"拉锯式"谈判；没有充分挖掘候选人的个人职业目标与生活需求，更谈不上引导候选人关注企业的独特卖点等。

(2) 这些做法的不利后果有：增加新人入职后的固定薪酬成本；拉大内部新老员工薪酬的差距；企业无法主动把握人才加盟；人才不珍惜这次工作机会，甚至放弃录用机会；人才入职后的工作动力和激情没有在加盟前被激发出来等。

上面的例子是一场由谈判引发的"惨案"，究其原因是大部分管理者不懂得薪资谈判的目的和技巧，而人力资源管理者又未能为其提供有效的人才引进解决方案。前者也许不掌握人力资源管理的专业技巧，而后者却是缺乏主动服务意识，不能给予企业管理者相应的培训与指导。

如上面的案例，换一种薪资谈判方式将带来不同结果。

案例分析

人事经理：通过沟通，我们认为您符合该岗位的任职条件，现在谈谈工资问题吧。据我们了解，您目前的年薪和月薪在行业里面是很有竞争力的，为何打算离开？

候选人：工资只是我选择工作的一个方面。

人事经理：越是高端的人才，工资在他工作选择中所占的比重就越低，我们正需要您这样有事业心的人才。您的年薪平时是怎么发的，固定部分和浮动部分分别是多少？

候选人：每月固定薪酬7000元，剩下的3.6万元年底作为年终考核奖金发。

人事经理：年终考核奖金与什么因素挂钩？去年实际发放的比例是多少？有无其他福利收入？

候选人：奖金发放与工资、部门的业绩及个人业绩相关。过节费大约每年2000元，保险和公积金的基数和比例都按照国家规定执行。

人事经理：您目前的收入属于中等偏上水平。我们正处于事业发展的上升阶段，每年的业绩复合增长率达到50%以上。为打造一支共同创业的稳定团队，我们不以短期工资收入吸引高端人才，而是通过各种措施保障与员工一起分享公司发展成果。按照我们公司目前的工资标准，一般刚入职时定级在5000~6000元，您这个职位的基准工资是6000元。对您的工资结构，我们的建议方案则是：月工资6000元，其中基本工资4000元，岗位津贴2000元；奖金与部门业绩和个人绩效挂钩，如果工作目标全部实现，奖金总额在5万元左右；节日补贴福利和社保公积金按照公司相关规定发放。

候选人：我觉得比较低，如果加入贵公司，我希望工资和岗位津贴之和不低于7000元。

人事经理：对您这样的高端人才，这个工资水平虽然不高，但这个平台对您的发展非常有利。我们很少与员工商谈工资，我也无权更改工资方案。您稍等，我请示一下……（请示后）事业部总经理对您非常认可，期望您成为最出色的项目主管，因此破例改变原来拟定的工资方案，将岗位津贴由2000元调整为3000元，加上基本工资正好是7000元。但是，3个月的试用期内只能发6000元，希望能尽快看到您的能力和价值。

候选人：好的，我争取在两周内报到。

简要分析：这算得上一次成功的薪资谈判，不仅运用合理的企业薪酬成本激励人才主动加入公司，也满足了人才的期望。薪资谈判成功的关键，在于人力资源管理者充分挖掘出候选人的个人职业需求——对事业的追求，并且针对此需求放大公司相应的卖点。

对于高级人才的招聘，当前我们会更多地借助猎头公司的力量。当优秀的人才通过猎头推荐给企业时,薪资的问题就不再是企业和人才之间的问题,而更多地应该由猎头去把握协调。既然被称为"谈判",也就存在着谈判双方。这里要特别注意,薪资谈判切莫让候选人与企业人力资源管理部门直接进行。面试中遇到了薪资问题,可以让候选人先回答期望薪资和可以接受的范围,剩余的交给猎头来跟企业沟通协商。如果候选人直接进行谈判,一旦双方出现分歧,很难再有商谈的余地。

案例分析

北京某大型制造企业招聘财务审计职位。候选人现工作于深圳,家人在北京购房但未落户,所以候选人本身有到北京工作的意愿并且有落户北京的打算。请记住,这是候选人非常重要的转职诉求。

经过推荐、面试,企业对候选人的能力、出身背景等都比较满意,给出了1.5万元的月薪。然而,候选人目前的月薪已经有1.7万元,期望月薪也要1.8万~2万元。企业给出的薪资不但没涨反而还降了。

此时,猎头并没有觉得会谈不拢,而是重新整理双方的想法。

一方面向候选人再次强调平台的优势:不仅是北京知名公司,在业内也是龙头企业,同时还有很好的平台和发展前景,福利待遇非常好,还可以为候选人争取落户的名额。另一方面确定候选人在这样的条件下可接受的最低薪资是多少,并且强调一定要给出真实的可接受底线,如果企业达不到会直接婉拒工作机会的。

此时,候选人经过综合考虑觉得可以接受最低薪资是1.6万元,也就是说候选人愿意降薪转职,这足以见得候选人对公司的认可和工作机会的重视。

候选人这边的意愿确定后,猎头再跟企业沟通候选人的情况,当然这里不能直接把"底牌"(候选人可接受的最低薪资)亮出来,而是要把候选人现在的收入情况、个人优势进行说明,并沟通是否可以提升待遇。

HR在了解到情况后直接反馈给上级进行沟通,最后决定给出1.7万元的月薪。这对于候选人来说是非常值得高兴的。最后候选人与企业完成薪资部分的协商,并顺利进行合同、入职环节。

简要分析:对于猎头来说,薪资谈判的技巧就是抓准谈判筹码,这建立在你对企业薪资待遇体系和候选人个人优势足够了解的基础之上。找到了候选人转职的核心诉求,并与企业的相对应优势结合进行沟通,这样的谈判才是有备而战。

五、处理加薪申请

现在的员工越来越主动地在管理者面前谈论薪酬,提出加薪申请。作为管理者,面对这种要求的时候,应该如何思考?如何应对?

案例分析

A公司是青岛一个80人规模的私营软件公司,员工舒朗于2017年1月份加盟研发部门,岗位是高级软件开发工程师。由于在2017年带领一个三人小组成功地进行了两个项目，舒朗认为自己的成绩公司应该给予肯定，于是他找到人力资源经理提出加薪要求。

舒朗的薪酬现状见下表：

工资结构	薪酬标准	年实发数额	说明
基本工资	3200	3200*12	固定
岗位津贴	2200	2200*12	固定
绩效工资	5000	8000	浮动：根据绩效水平确定
项目奖金	项目额5%	12000	浮动：两个项目的项目奖金
餐费补助	800	800	补贴
通信费用	800	800	补贴
培训费用	0	0	补贴
交通费用	800	800	补贴
节日补贴	500	500	补贴
其他补贴	0	0	补贴：根据员工级别确定
月薪数	12	12	

问题：您将如何处理舒朗的加薪申请？

（资料来源：《薪酬管理项目化教程》第1版，东北财经大学出版社，丁雯编著）

简要分析：

我们这时候不能直接做出判断，一定要依据信息做决策。那么处理加薪申请需要考虑哪些因素？如：

舒朗是公司核心员工吗？可替代性强吗？

舒朗的要求是否合理？他的薪酬水平在市场中的位置如何？

舒朗提出加薪背后深层次的动机是什么？

如果加薪是否会带来其他人的不满？

加薪是否符合公司今年的薪酬政策？

如果加薪，应该加在什么环节上？如何进行成本控制？

如何利用这个机会激励舒朗，避免他的不满情绪？

老板能同意吗？人力资源经理怎样做才能够成功地说服老板？

分析问题一：舒朗的薪酬是否太低？

舒朗的总薪酬超过市场的50分位，是个较有竞争力的水平。

基本结论：

(1) 该岗位的薪酬有一定的市场竞争力，薪酬数量本身不存在太大问题；

(2) 如果涨得太多，会导致其他同事的不满，增加了工资总成本控制的风险。

问题二：舒朗的薪酬结构是否合理？

(1) 固定薪酬部分基本处在市场的中等水平；

进了垃圾桶……

在竞争激烈的美容行业里,加工资这事犹如一阵风一样,吹袭了美容行业的职场大地,从国家的最低工资的调整,到美容行业用工荒引起的薪酬上涨,无不刺激着涨工资的话题。涨工资不仅是美容行业里的热门话题,也是其他行业里都十分关心的问题。能涨工资当然不错,对于企业来说,为员工涨工资是对员工的一种激励,也是对员工的保障负责,能让员工更踏实地待在企业,是企业留住人才的好方法。但是,对于HR来说,员工申请加工资却让HR成了夹心层,若高层管理者答应加工资,就是天大的喜事!倘若高层管理者不答应呢?这时HR一方面要对员工作出洽谈,另一方面又要面对高层管理者帮员工争取,左右为难,每次都是绞尽脑汁,这就让HR十分苦恼!

面对员工的工资确实与实际工作有差异,但高层管理者却视而不见时,作为美容院的HR该如何为员工向美容院申请加薪呢?该如何应对拒绝加薪的高层管理者呢?

简要分析:美容行业是一个人力成本占比高的行业,高层管理者面对激烈的市场竞争会本能地产生压低用工成本的想法,然而过分地压低用工成本从长远看会削弱企业的竞争力。高层管理者如果平时没有关注企业的人力资源管理问题,可能看不到这一层,HR作为高层管理者的战略伙伴有责任改变高层的这种观念。想达到这样的目的首要还是通过各种沟通取得对方信任,了解对方的想法;其次是站在对方的立场,从对方的利益出发,用可靠事实、数据,通过严谨的利弊分析真正说服对方。

具体操作应该包括以下四点:

1. 了解高层管理者用人策略

首先,作为美容院的HR应该要了解美容院高层管理者的用人策略,包括其对优秀员工的激励方式,以及对人员培养、使用等的观念。

如果美容院的高层管理者没有现代的人力资源管理观念,作为合格的HR负责人要不断地给高层管理者灌输这种理念,调整高层管理者对人力资源的管理理念,使人力资源向人力资本转变,进而使人力资本管理向人力资本经营转变。这种观念的转变会促使美容院高层管理者在用人方面逐步改变,进而在薪酬方面也会理解为什么要制定薪酬体系及策略,什么样的策略具有竞争优势,而不只是用财务数据说话。

有了薪酬体系和策略,HR就可以制定一系列的流程,每年只需要执行流程即可,并根据美容院高层管理者的文化、美容院的发展战略规划调整薪酬体系及相关的流程。

2. 以业绩为证据

其次,美容院的高层管理者都是精明的,如果员工自己不主动提出加薪请求的话,很少有高层管理者会主动给员工加薪。HR要提醒员工,在加薪前一定要做好自己的本职工作。HR在与高层管理者谈员工加薪要求时,要突出该员工所做出的业绩,再结合该员工给美容院带来的盈利等来进行有效建议。

3. 与兄弟单位对比薪资

再次,作为美容院的HR也不能盲目地帮员工申请加薪,在帮员工申请加薪前,HR要对该员工作一个评估考核,若实际符合加薪制度,HR应代员工向高层管理者建议加薪。除员工的突出业绩外，HR可提前做好市场整体薪资调查，可结合兄弟机构同岗位的薪资水平，以及消费水平的提高与工资水平的提高成正比的关系等，根据这些调研数据来说服高层管理者，为员工争取到加薪。

4. 强调人才市场的竞争形势

最后，人力资源管理者在为员工申请加薪时还可结合目前行业的形势，强调为员工调薪不能从表面上看使成本增加，要为美容院的长远发展做打算；适当地为员工调整薪酬，能有效地防止人员流失，还可提高员工的积极性，如果不给予加薪的话，恐怕会流失一位优秀人才，将会在XX（企业营利）方面造成一定的损失。

七、面临员工离职压力时的薪酬沟通

因不满薪酬待遇而导致的员工离职行为非常普遍，这类沟通工作是一个很考验主管管理技巧的工作。面临被动局面的时候，作为管理者，要有完善的思考框架，要多方寻求支持，从公司与员工双赢的角度，帮助员工走出负面的情绪困扰，使其重新士气高昂地投入工作。

案例分析

王经理是一家一级资质地产企业的工程部经理，该集团也是当地最大的地产企业。工程部是集团公司的重要业务部门，共有员工14人。新财年之初，公司终于打破涨薪的坚冰，在几年未普调薪酬之后，决定在今年给大家涨薪，但是最终结果出来之后，却令大家很失望，普调5%的比例和大家的心理预期相去甚远。员工普遍表现出了抱怨，甚至有员工开始离职，投奔给出更高薪酬的企业。在短短的两个月内有6名骨干离开了公司。

工程部经理面临巨大的压力，当人力资源总监找其谈话的时候，他说："我也与他们进行了沟通，他们因个人原因离开，我也没办法。"很明显，6名骨干大多是因不满公司的薪酬而离职的，工程部经理认为薪酬政策是由公司制定的，他已无能为力了。

发现员工因为薪酬的原因离职之后，主管该如何履行自己的管理职责？此时薪酬沟通的要点是什么？

简要分析：当员工因为薪酬没有达到预期而准备离职的时候，你的简单空洞的说辞很难让员工信服，也很难给员工继续留下的信心；同样，这个时候，你和员工一起骂公司政策怎么不合理、怎么苛刻，也很难博得员工的同情，反而给员工一种印象："管理者都这样想，公司没有希望了。"反而会把事情搞砸，造成更大和更坏的影响。主管应该及时和员工展开沟通，从员工立场出发多角度说服对方，同时争取企业提供支援。

1. 主管的职责有哪些？

发现员工因为薪酬的原因离职之后，主管该如何履行自己的管理职责？这里也有一个思考框架：

（1）识别员工离职之前的行为。

一个打算离职的员工，无论他自己隐藏得多么深，都会有一些行为表现出来，也就是一些离职倾向。比如，原来开会很喜欢发言，现在坐在那里一言不发了；原来来电话都是就地接起，而且声音很大，生怕别人不知道他业绩做得好，现在一来电话就跑出去接，表情神秘；另外，作息时间也发生了很大的变化，原来月月全勤，现在一会他们家这个人病了，一会他自己不舒服了，作息时间明显不规律。识别出员工离职之前的行为，可以第一时间和员工沟通，赢得主动权。

（2）及时与离职者、整个团队沟通。

发现第一个离职者后，主管应第一时间和员工们沟通，这个时候，员工们表面平静，其实私下暗流涌动，一些准备离职的员工都看着管理者，在观望。所以，管理者不要放过这个机会，给下属员工开个会，保持团队士气。

（3）防止离职行为扩大化。

假设公司张三走了，那么，他很可能会回来拉别人走，这个时候，主管不要被动等待，马上约张三在外面见面，或者在离职交流的时候跟他沟通。这时候，作为上级，有一定的威严，你可以去震慑他，同时再进行情感沟通："我在这做经理，咱们关系不错的，你不要让我难做，是不是？"通过情感沟通防止离职范围扩大。

2. 此时薪酬沟通的要点

员工选择新"东家"的最常见的理由就是薪酬水平比现在的要高。那么，面临员工的这种选择，主管如何和员工沟通？主管的头脑中至少要有这样一个框架：

（1）新"东家"给出的薪酬是长期、真实的吗？

挖角企业只要给出高于20%的薪水，就可以比较轻松地动摇这个员工的心，让他产生离职的冲动。面临这种情况，主管要问的第一个问题是，新"东家"给出的薪酬是长期的吗？所谓是否长期，可以从企业发展的历史以及发展的潜力来看，尤其是在房地产行业，经常是很多企业如雨后春笋般涌现，又有一些企业成批地倒下甚至消失。因此，主管要帮员工分析一下，新"东家"能否具备长期支付能力，高薪是新"东家"的真实想法还是短期行为，很多房地产企业想在这个行业里捞一把就走，当它捞够了，撤出了这个行业，你怎么办？再换一家从头再来吗？每从头再来一次，之前的知识经验和技能的积累都会归零，这对求职者是一个很大的机会成本损失。另外，还有一些行业，经常出现开工不满的情况，忙的时候忙死，闲的时候闲死，忙闲严重不均。主管要把薪酬诱惑的长期性与真实性和员工分析清楚。

（2）高薪背后有多大的代价？

高激励背后一定是高目标，天下没有免费的午餐。高薪也可能意味着失去大的平台，大企业吸引人才的途径比较丰富，除薪酬之外，还有品牌、知名度、企业文化、激励机制、晋升机制、培养发展机制等。而小企业则不具备这些，只能拿高薪酬吸引求职者。

（3）薪酬是择业的唯一标准吗？

一个人选择一个职业的标准是什么？薪酬一定不是唯一的标准，晋升机会、领导重视、良好的组织氛围、完善的激励机制更需要得到重视，因为没有这些东西的支撑，所谓的高薪很可能是水中花、镜中月。主管要把这些观念和员工探讨清楚。

3. 公司可以提供哪些支持？

最后，作为管理者，你不是单打独斗，你的背后是公司，政策的调整才是根本：

（1）在员工离职倾向或离职风险比较明显的情况下，要和人力资源部协商，上调薪酬水平。

（2）进行人才储备，制订储备计划。

（3）请人力资源部门帮助宣导公司的薪酬政策。

【能力测验】

一、单选题

1. 从薪酬沟通前对信息的搜集方式来看，企业可以采取若干种不同的方式来进行信息的搜集工作，主要不包括（　　）。
   A. 问卷调查法　　　　　　　　B. 目标群体调查法
   C. 头脑风暴法　　　　　　　　D. 个体访谈法

2. 薪酬谈判中哪些行为是正确的？（　　）
   A. 招聘中，与应聘者谈薪水前，可适当提一下专业难度大的问题，降低其信心
   B. 薪酬谈判要尽可能一次成功
   C. 薪酬谈判的策略应统一，和具体是哪个员工无关
   D. 安排中的薪酬是狭义上的薪酬

3. 薪酬沟通前的信息调查中，从欲调查人群抽取小样本的方法是（　　）。
   A. 调查问卷法　　　　　　　　B. 访谈法
   C. 目标群体调查法　　　　　　D. 非正式调查

4. 加薪最主要的依据是（　　）。
   A. 业绩　　　　　　　　　　　B. 能力
   C. 人际关系　　　　　　　　　D. 期望

5. 加薪最重要的作用是（　　）。
   A. 激励　　　　　　　　　　　B. 团结
   C. 实现公平　　　　　　　　　D. 控制员工行为

二、案例分析

1. 某公司的高层领导为感谢广大员工一年来的辛勤工作，特地准备了一项福利，为每一位员工准备了一个公文包。公司高层本以为广大员工会喜欢这一份礼物，没想到却收到了很多抱怨意见。有的高层经理说："我平时上班根本用不着公文包，发一个只好留在家里。"尤其是广大女性员工更加反对，她们反对都用一样的包。"那样太没个性了，"王女士说，"如果能给我一个热水器就好了，我正需要。"面对这种情况，公司的管理层陷入了沉思。

（1）出现这种情况的症结在于什么？

（2）请你设计出相应的制度性解决方案防止类似情况的发生。

2. 招聘单位情况：

优势：在行业内具有较高知名度和影响力；与竞争对手相比，薪资报酬不处于领先竞争位置，但胜在公司对待员工比较人性化；目前企业处于高速成长期，发展非常迅速，职业机会比较多；有对员工的长期激励计划（虚拟股权计划）；员工有机会快速成长为组长，如能稳定成长将成为公司的核心技术人员；有加班工资，奖金按照月度考核发放。

弱势：该岗位已经发布了近2个月，一直没找到合适的人选；前来面试的人不是经验不足，就是薪酬要价过高，而现在该岗位空缺很久，用人部门较有意见，希望能尽快有人选到岗。该求职者各方面条件都比较合适，通过前期的面试测评，基本素质也比较吻合，希望在薪酬谈判这关能顺利通过；公司的公积金需要自己缴纳。

求职者背景：

个人情况：27岁，男性，本科，外地人口，租房，未婚，父母退休。

工作经历：目前在职，5年软件开发经验，毕业至今换过一次工作。

收入：目前收入4000元（基本薪）+ 2000元/每季度 + 1个月年终 + 四险一金。

离职动机：内部晋升空间低，团队文化散漫，想接触新技术，想找大公司稳定发展。

薪酬目标：7000元（基本薪）。

如果你是面试官兼薪酬人员，问题如下：

（1）你的理想录用薪酬是多少？

（2）你的打压策略和吸引策略分别是什么？

工作项目四 社会保险待遇

工作任务一 城镇企业职工养老保险

【学习目标】

探究知识：我国养老保险改革的现状以及存在的问题，中国现行养老保险制度的体制构架和企业职工养老保险制度的内容。

获得能力：熟练掌握企业职工养老金的计算方法。

国家建立基本养老保险、基本医疗保险、工伤保险、失业保险、生育保险等社会保险制度，保障公民在年老、疾病、工伤、失业、生育等情况下依法从国家和社会获得物质帮助的权利。

目前我国已基本形成以企业职工基本养老保险、机关事业单位养老保险、居民基本养老保险为主体的多元化基本养老保险体系框架。其中城镇企业职工基本养老保险、机关事业单位养老保险统称为城镇职工基本养老保险；居民养老保险是在原新型农村社会养老保险、城镇居民养老保险的基础上合并实施建立的城乡统一的居民养老保险制度。本专题重点介绍城镇企业职工养老保险制度。

一、城镇企业职工基本养老保险制度

城镇企业职工基本养老保险是指劳动者在达到国家规定的解除劳动义务的劳动年龄界限，或因体弱、疾病等原因完全丧失劳动能力的情况下，能够依法从政府和社会得到一定的经济补偿、物质帮助和生活服务的社会保险制度。我国目前实行社会统筹与个人账户相结合的模式。中国城镇企业职工新型社会养老保险制度经过多年的摸索、实践，建立了由城镇企业基本职工养老保险制度、城镇企业职工补充养老保险制度、个人储蓄性养老保险构成的多层次的养老保险体系。目前中国实行的城镇企业职工基本养老保险制度框架基本上是根据1997年颁布的《国务院关于建立统一的企业职工基本养老保险制度的决定》（国发〔1997〕26号）和1999年发布的《社会保险费征缴暂行条例》构建起来的。《中华人民共和国社会保险法》（简称《社会保险法》）自2011年7月1日起施行，对于维护公民参加社会保险和享受社会保险待遇起到了支架作用。

1. 基本养老保险的覆盖范围

城镇企业职工基本养老保险制度的覆盖范围为城镇所有企业及其职工，包括国有企业、城镇集体企业、外商投资企业、城镇私营企业和其他城镇企业及其职工，实行企业化管理的事业单位及其职工，城镇个体工商户和灵活就业人员等。

2. 基本养老保险基金资金的来源

（1）基本养老保险单位缴费。

用人单位应按照国家规定的本单位职工工资总额的比例缴纳基本养老保险费，记入基本养老保险统筹基金。目前企业缴费的比例一般不得超过企业工资总额的20%，具体比例由省、自治区、直辖市政府确定，少数省、自治区、直辖市离退休人数较多，养老保险负担较重，确实需要超过企业工资总额的20%的，需要报人力资源和社会保障部、财政部批准。2019年5月1日起养老保险单位缴费比例从原规定的20%降至16%。

《社会保险法》第五十八条规定，用人单位应当自用工之日起三十日内为其职工向社会保险经办机构申请办理社会保险登记；第八十六条规定，用人单位未按时足额缴纳社会保险费的，由社会保险费征收机构责令限期缴纳或者补足，并自欠缴之日起，按日加收万分之五的滞纳金。

案例分析

姚某是一家机械公司的职工。2018年8月，姚某在社保机构办理退休手续时被告知，他最近3年共计4.6万元的养老保险费未缴纳。姚某遂要求公司尽快为其补缴，但被拒绝。

为了能在退休后顺利领取养老金，姚某自己补缴了上述费用，包括公司应缴的3.16万元和他个人应缴的1.44万元。退休手续办下来后，姚某要求公司支付其为公司代缴的3.16万元，而公司拒绝给付。姚某不知道该如何来讨回这笔钱。

简要分析：企业未缴满社保费，个人补缴后可主张赔偿。

姚某可以向法院起诉讨要所代缴的款项。姚某为了如愿享受养老保险待遇，先自行缴纳所欠的社保费，这是对自身权益进行救济而采取的措施，此举并不能免除机械公司依法需支出社会保险费用的责任。但是，由于姚某的自行补缴，使得机械公司已经不存在欠缴社保费问题，造成劳动保险争议标的消灭，因此，姚某已无法要求劳动行政部门来处理此类纠纷，也不能申请劳动争议仲裁了。当然，姚某替机械公司缴纳了本应由其承担的社保费用后，因此蒙受了损失，而机械公司因此获得了利益，但机械公司获得该利益是没有合法根据的，因而属于不当得利。《民法总则》第一百二十二条规定："因他人没有法律根据，取得不当利益，受损失的人有权请求其返还不当利益。"据此，姚某可以在从补缴社保费之日起的3年内向法院提起民事诉讼，请求法院判决该公司赔偿自己所代缴的社保费3.16万元。

（资料来源：中工网）

（2）基本养老保险个人缴费。

①缴费基数与比例。

从2006年1月1日起，个人账户的规模统一由本人缴费工资的11%调整为8%，全部由个人缴费形成，单位缴费不再划入个人账户。其中缴费工资，也称为缴费工资基数，一般为职工本人上一年度月平均工资（有条件的地区也可以以本人上月工资收入为个人缴费工资基数）。月平均工资按照国家统计局规定列入工资总额统计的项目计算，包括工资、奖金、津贴、补贴等收入，不包括用人单位承担或者支付给员工的社会保险费、劳动保护费、福利费、用人单位与员工解除劳动关系时支付的一次性补偿以及计划生育费用等其他不属于工资的费用。

②个人账户累计储存额的计算。

月储存额=本人月缴费工资×8%。

本人月平均工资低于当地职工月平均工资的60%的，按照当地职工月平均工资的60%作为缴费基数。本人月平均工资高于当地职工月平均工资的300%的，按照当地职工月平均工资的300%作为缴费基数。

个人账户是参保人员办理退休手续，以及跨统筹范围转移、退休前出境定居或死亡终结基本养老保险关系时，领取个人账户有关待遇的主要依据。

3. 领取基本养老金的条件

职工按月领取基本养老金必须具备三个条件：

一是达到法定退休年龄，并已办理退休手续；二是所在单位和个人依法参加养老保险并履行了养老保险缴费义务；三是个人缴费至少满15年（过渡期内缴费年限包括视同缴费年限）。以上三个条件必须同时具备才能办理退休，只具备前两条而不具备第三条的，只发一次性老年津贴及个人养老账户费用（含利息）。

目前，我国的企业职工法定退休年龄为：男职工60岁，从事管理和科研工作的女职工55岁，从事生产和辅助工作的女职工50岁。

案例分析

我是一名汽车修理工，早年离职自办汽车修理部，后因种种原因而停办，并又回到原单位上班。因为离职，养老保险缴费年限只有13年，没有达到法定的15年。现在我到了退休年龄，有关部门说我不能享受退休养老金待遇，要把我个人账户中的金额退给我。现在我想补缴2年的养老保险费，以便享受基本养老金待遇。请问，这么做可以吗？

简要分析：《社会保险法》第十六条规定，参加基本养老保险的个人，达到法定退休年龄时累计缴费满15年的，按月领取基本养老金。参加基本养老保险的个人，达到法定退休年龄时累计缴费不足15年的，可以缴费至满15年，按月领取基本养老金。按该部法律的规定，你可以继续缴费至满15年，社会保险行政部门应当准许。当然，也有些地方规定可以一次性补缴。从缴清养老保险费的次月起享受按月领取养老金待遇。

（资料来源：中工网）

4. 职工基本养老保险享受的待遇

（1）领取基本养老金。

符合退休条件的企业职工，按月领取按规定计发的基本养老金，直至死亡。

（2）基本养老金的适时调整。

根据职工工资和物价变动等情况，适时调整企业退休人员基本养老金水平，以保证退休人员的基本生活。

（3）对企业退休人员实行社会化管理服务。

退休人员的养老金通过人力资源和社会保障部委托的各大银行等金融机构的服务网点发放，实行养老金的社会化发放。

（4）病、残、死亡待遇。

《社会保险法》第十七条规定，参加基本养老保险的个人，因病或者非因工死亡的，其遗属可以领取丧葬补助金和抚恤金；在未达到法定退休年龄时因病或者非因工致残完全丧失劳动能力的，可以领取病残津贴。所需资金从基本养老保险基金中支付。

丧葬补助金，是职工死亡后安葬和处理其后事的补助费用。目前全国没有统一标准，从某些地方规定来看，丧葬补助金一般按照职工死亡时当地职工月平均工资的一定月数计发。

遗属抚恤金，是职工死亡后给予其家属的经济补偿和精神安慰。遗属抚恤金各地规定不一样，有的没有规定抚恤金，只规定按月发给遗属救济费；有的规定了一次性抚恤金，还规定按月发给遗属生活补助费。

（5）个人账户余额可以继承。

《社会保险法》第十四条规定，个人账户不得提前支取，记账利率不得低于银行定期存款利率，免征利息税。个人死亡的，个人账户余额可以继承。

案例分析

孙某生前在一家国有公司工作，参加基本养老保险已有10余年，是由该公司集中参保的。其中，公司是按其工资总额的20%缴纳养老保险费的，孙某是按其平均工资的8%缴费的。

2018年7月初，孙某因病医治无效去世，距离退休时间还有2年。孙某的家人想知道，孙某还没来得及享受的养老金该如何处理？

简要分析：孙某的个人账户余额可以继承。《社会保险法》第十五条第一款规定："基本养老金由统筹养老金和个人账户养老金组成。"其中，单位缴的20%进入统筹账户，属于社会互济资金，用于退休金的发放，不属于死者的遗产。职工个人缴的8%进入个人养老金账户，即个人账户是由职工缴纳的基本养老保险费和个人账户储存额的利息构成。

《社会保险法》第十四条规定："个人账户不得提前支取，记账利率不得低于银行定期存款利率，免征利息税。个人死亡的，个人账户余额可以继承。"

这里的"被保险人死亡"分为在职期间死亡和退休后死亡两种情况，在这两种不同情况下可领回的款项是不同的。职工在职期间死亡，个人缴费部分可继承。由于孙某是在职期间死亡的，因此，孙某的家人可以领回其个人账户中的储存额及其利息，对单位缴费部分不能主张继承权。

另外，根据《社会保险法》第十七条的规定，孙某的家人还可以从基本养老保险基金中领取丧葬补助金和抚恤金。

5. 职工基本养老保险金计发办法

我国在养老保险制度改革之前实行的是退休、离休制度，1995年起确立了由政府主导的社会统筹与个人账户相结合的基本养老保险制度。在此基础之上，1997年国务院再发布《关于建立统一的企业职工基本养老保险制度的决定》（国发〔1997〕26号）文件，明确社会统筹与个人账户相结合的基本养老保险模式。计发职工基本养老保险金，是以参保缴费年限为基础，以计发基数、计发比例和计发月数调整为重点，以建立参保缴费的激励约束机制为出发点，以保障参保人员的养老保险权益为目标，采取"新人新制度、老人老办法、中人逐步过渡"的方式来设计的。其中参保缴费年限的计算方法以各省、自治区、直辖市人民政府制定的具体办法为准。

（1）职工基本养老保险"新人"新制度。

《国务院关于建立统一的企业职工基本养老保险制度的决定》实施后参加工作的参保人员属于"新人"，缴费年限（含视同缴费年限，下同）累计满15年，退休后将按月发给基本养老金，基本养老金待遇水平与缴费年限的长短、缴费基数的高低、退休时间的早晚直接挂钩。

基本养老金＝基础养老金＋个人账户养老金。

①基础养老金月标准＝（参保人员退休时全省上年度在岗职工月平均工资＋参保人员本人指数化月平均缴费工资）÷2×全部缴费年限×1%。

本人指数化月平均缴费工资＝参保人员退休时全省上年度在岗职工月平均工资×参保人员本人月平均缴费工资指数。

参保人员本人月平均缴费工资指数为参保人员本人退休时历年缴费工资指数（含视同缴费年限的替代指数）的平均值，可以理解为个人缴费水平和社会平均缴费水平的比较。

缴费工资指数＝当年缴费工资÷全省上年度在岗职工平均工资。

②个人账户养老金月标准＝参保人员退休时个人账户储存额÷本人退休年龄相对应的计发月数。

案例分析

某参保人2034年到达法定退休年龄60岁，缴费年限30年，基础养老金的缴费指数为0.7，当地2033年在岗职工月平均工资是5000元，退休时个人账户的存储额为24万元，当地政府决定为每位退休职工发放补贴100元，问：该参保人退休后每月的养老金是多少？

简要分析：

基本养老金＝基础养老金＋个人账户养老金＋其他。

基础养老金=（5000+5000×0.7）÷2×30×1％=1275元；

个人账户养老金=240 000÷139=1726.62元。

基本养老金=1275+1726.62+100=3101.62元。

（2）职工基本养老保险"老人"老办法。

国发〔1997〕26号文件实施前已经离退休的参保人员属于"老人"，仍然按照国家原来的规定发给他们基本养老金，同时随基本养老金调整而增加养老保险待遇。

（3）职工基本养老保险"中人"逐步过渡。

国发〔1997〕26号文件实施前参加工作、国发〔2005〕38号文件实施后退休的参保人员属于"中人"。由于他们在"统账结合"之前的工作年限没有实行个人账户，退休时的个人账户中没有体现出这一时段的个人劳动贡献，因而，国发〔2005〕38号文件明确了过渡性养老金问题："国发〔1997〕26号文件实施前参加工作，本决定实施后退休且缴费年限累计满15年的人员，在发给基础养老金和个人账户养老金的基础上，再发给过渡性养老金。"鉴于基本养老金计发办法改革的关键是解决好"中人"的过渡问题，为保证改革的顺利推进，《国务院关于完善企业职工基本养老保险制度的决定》要求各省、自治区、直辖市人民政府按照待遇水平合理衔接、新老政策平稳过渡等原则，在认真测算的基础上，制定具体的过渡办法。在过渡期实行特殊的过渡政策，按照新计发办法，养老金减少的不减发，增加的逐步增加。其中，视同缴费指数根据本人退休时的职务职级（岗位）和工作年限等确定，由省统一制定视同缴费指数表。

以北京市为例，1998年6月30日以前参加工作、2006年1月1日以后符合按月领取基本养老金条件的被保险人，可称为"中人"，除按月领取基础养老金和个人账户养老金外，再发给过渡性养老金。

"中人"退休养老金的计算公式为：

"中人"退休的基本养老金=基础养老金+个人账户养老金+过渡性养老金。

基础养老金月标准和个人账户养老金月标准计算公式与（1）相同。

过渡性养老金=按视同缴费年限计算的月过渡性养老金+按实际缴费年限计算的月过渡性养老金=（本人退休时上年度北京市职工月平均工资×视同缴费年限缴费工资指数（为1）×视同缴费年限×1％）+（退休时上年度北京市职工月平均工资×实际缴费工资指数×被保险人1992年10月1日至1998年6月30日前的实际缴费年限×1％）。计发年数不足一年的，按实际的月数除以整年的结果计算。

案例分析

老王，男性，2012年9月满60周岁，达到退休年龄，全部缴费年限为35年。从1992年10月起参加养老保险，共参保缴费20年。他的工资一直处在社会平均水平，缴费工资基数均和上一年度北京市职工月平均工资相同。2011年北京市职工月平均工资为4671.75元。他的个人账户中有36 800.98元。

老王的过渡性养老金=（4671.75×1×15×1％）+（4671.75×1×5.75×1％）

=969.39元；

　　老王个人账户养老金=36 800.98÷139=264.76元；

　　老王的基础养老金=（4671.75+4671.75×1）÷2×35×1％=1635.11元。

　　因此，老王的基本养老金=1635.11+264.76+969.39=2869.26元。

（4）个人账户养老金计发月数表。

退休年龄	计发月数	退休年龄	计发月数	退休年龄	计发月数
40	233	41	230	42	226
43	223	44	220	45	216
46	212	47	208	48	204
49	199	50	195	51	190
52	185	53	180	54	175
55	170	56	164	57	158
58	152	59	145	60	139
61	132	62	125	63	117
64	109	65	101	66	93
67	84	68	75	69	65

6. 养老保险关系跨省市转移

（1）可以跨统筹转移的人员范围。

《城镇企业职工基本养老保险关系转移接续暂行办法》规定，跨省流动就业人员符合以下条件之一的，可以申请办理基本养老保险关系转移接续手续：

　　男性不满50周岁、女性不满40周岁的；返回户籍所在地就业参保的；经县级以上党委组织部门、人力资源社会保障行政部门批准调动，且与调入单位建立劳动关系并缴纳基本养老保险费的；达到待遇领取条件时，基本养老保险关系不在户籍所在地，且在基本养老保险关系所在地累计缴费年限不满10年，按规定将基本养老保险关系转回上一个缴费年限满10年的原参保地，或因没有满10年参保地转移至户籍所在地的。

（2）跨统筹转移接续流程。

　　参保人员跨省流动前，用人单位或参保人员到基本养老保险关系所在地社保机构申请开具"基本养老保险参保缴费凭证"，并按规定提供参保人员居民身份证等相关证明材料。原参保地社保机构与参保单位或参保人员核对缴费信息后，出具"基本养老保险参保缴费凭证"，并告知转移接续条件。对有欠费的参保人员，告知欠费情况并提醒其及时补缴。

　　参保人员跨省流动就业后，按规定在新就业地建立基本养老保险关系。新就业地的用人单位或参保人员向新就业地社保机构提出转移接续申请并出示"基本养老保险参保缴费凭证"，填写"基本养老保险关系转移接续申请表"。如参保人员在离开原参保地时未开具"基本养老保险参保缴费凭证"，可由新参保地社保机构与原参保地社保机构联系补办。

新就业地社保机构受理"基本养老保险关系转移接续申请表"及相关资料并予以审核。符合转移条件的，应在受理之日起的15个工作日内生成《基本养老保险关系转移接续联系函》，并向参保人员原参保地社保机构发出，办理基金等相关转移手续。

案例分析

小张是河南人，今年30周岁，已在天津某企业工作7年，单位每月按规定为其缴纳了各项社会保险。2017年8月份，小张的父母希望他回到河南工作，并为他在当地找了一份不错的工作。小张咨询：能否将其在天津缴纳的养老保险转回河南？养老保险关系转移办理程序是怎样的？

简要分析：根据《城镇企业职工基本养老保险关系转移接续暂行办法》相关规定，参保人员跨省流动就业的，由原参保所在地社会保险经办机构开具参保缴费凭证，其基本养老保险关系应随同转移到新参保地。参保人员达到基本养老保险待遇领取条件的，其在各地的参保缴费年限合并计算，个人账户储存额累计计算。因此，小张在天津的养老保险关系会随其转移到河南。

(3) 参保人员跨省流动就业转移基本养老保险关系时，按下列方法计算转移资金。

①个人账户储存额：1998年1月1日之前按个人缴费累计本息计算转移，1998年1月1日后按计入个人账户的全部储存额计算转移。

②统筹基金（单位缴费）：以本人1998年1月1日后各年度实际缴费工资为基数，按12%的总和转移，参保缴费不足1年的，按实际缴费月数计算转移。

(4) 参保人员跨省流动就业的，按下列程序办理基本养老保险关系转移接续手续。

①参保人员在新就业地按规定建立基本养老保险关系和缴费后，由用人单位或参保人员向新参保地社保经办机构提出基本养老保险关系转移接续的书面申请。

②新参保地社保经办机构在15个工作日内，审核转移接续申请。对符合规定条件的，向参保人员原基本养老保险关系所在地的社保经办机构发出同意接收函，并提供相关信息；对不符合转移接续条件的，向申请单位或参保人员作出书面说明。

③原基本养老保险关系所在地社保经办机构在接到同意接收函的15个工作日内，办理好转移接续的各项手续。

④新参保地社保经办机构在收到参保人员原基本养老保险关系所在地社保经办机构转移的基本养老保险关系和资金后，应在15个工作日内办结有关手续，并将确认情况及时通知用人单位或参保人员。

二、城镇企业职工补充养老保险制度

《劳动法》第七十五条关于"国家鼓励用人单位根据本单位实际情况为劳动者建立补充保险"的规定，为建立我国企业补充养老保险制度提供了法律依据。《国务院关于深化企业职工养老保险制度改革的通知》（国发〔1995〕6号）对建立企业补充养老保险和个人储蓄性养老保险作出了明确规定。1995年12月29日劳动部印发《关于建立企业补充养老保险制度的意见》的通知，积极推动了企业建立补充养老保险制度。

企业补充养老保险制度是指由企业根据自身经济实力，在国家规定的实施政策和实施条件下为本企业职工建立的一种辅助性的养老保险制度。它居于多层次养老保险体系的第二层次。

2000年12月，国务院《关于完善城镇社会保障体系试点方案》（国发〔2000〕42号）中，将企业补充养老保险正式更名为企业年金，明确提出："有条件的企业可为职工建立企业年金，采取个人账户进行管理，费用由企业和职工个人缴纳，企业缴纳在工资总额4%以内的部分，可以从成本中列支。"2004年4月，劳动和社会保障部颁发了《企业年金基金管理试行办法》，奠定了我国企业年金制度的基本框架。2011年1月11日，人力资源和社会保障部通过《企业年金基金管理办法》，对企业年金基金投资方向、结构等作出了明确的规定。

《企业年金办法》于2017年12月18日公布，自2018年2月1日起施行。根据《企业年金办法》第十九条规定，职工企业年金个人账户中企业缴费及其投资收益，企业可以与职工一方约定其自始归属于职工个人，也可以约定随着职工在本企业工作年限的增加逐步归属于职工个人，完全归属于职工个人的期限最长不超过8年。

职工符合法定退休条件并办理了退休手续后，有权从自己的补充养老保险个人账户中一次或分次领取补充养老保险金。职工或退休人员死亡后，其个人账户余额，按照《中华人民共和国继承法》的规定由其指定的受益人或法定继承人一次性领取。职工退休前遇到特殊重大困难时，经申请核实，可以从个人账户中提前支取补充养老金的一部分。

三、个人储蓄性养老保险

职工个人储蓄性养老保险，是由职工自愿参加、自愿选择经办机构的一种补充保险形式，它居于我国多层次养老保险体系的第三层次。实行职工个人储蓄性养老保险的目的，在于扩大养老保险经费来源，多渠道筹集养老保险基金，减轻国家和企业的负担；有利于消除长期形成的保险费用完全由国家"包下来"的观念，增强职工的自我保障意识和参与社会保险的主动性。

由社会保险机构经办的职工个人储蓄性养老保险，由社会保险主管部门制定具体办法，职工个人根据自己的工资收入情况，按规定缴纳个人储蓄性养老保险费，记入当地社会保险机构在有关银行开设的养老保险个人账户，并应按不低于或高于同期城乡居民储蓄存款利率计息，以提倡和鼓励职工个人参加储蓄性养老保险，所得利息记入个人账户，本息一并归职工个人所有。在职工达到法定退休年龄经批准退休后，凭个人账户将储蓄性养老保险金一次总付或分次支付给本人。职工跨地区流动，个人账户的储蓄性养老保险金应随之转移。职工未到退休年龄而死亡，记入个人账户的储蓄性养老保险金应由其指定人或法定继承人继承。

【能力测验】

一、单选题

1. 参加基本养老保险的个人,达到法定退休年龄时累计缴费满(　　)年的,按月领取基本养老金。
   A. 5　　　　　　　　　　B. 10
   C. 15　　　　　　　　　　D. 20

2. 《中华人民共和国社会保险法》自(　　)起施行。
   A. 2011年7月1日　　　　B. 2011年10月1日
   C. 2012年7月1日　　　　D. 2012年10月1日

3. 企业缴纳的基本养老保险费应该(　　)列支。
   A. 在税前　　　　　　　　B. 在税后
   C. 在成本　　　　　　　　D. 从福利费

4. 退休职工死亡后,其个人账户储存额的余额(　　)。
   A. 只能继承个人缴费部分本息　　B. 全部可以继承
   C. 不可以继承

5. 如果小黄是1995年参加工作,现在仍然就职于某公司,那么小黄属于(　　)。
   A. 老人　　　　　　　　　B. 中人
   C. 新人　　　　　　　　　D. 青年人

6. 基本养老保险实行社会统筹与(　　)相结合。
   A. 单位缴纳　　　　　　　B. 个人账户
   C. 家庭账户　　　　　　　D. 政府补贴

7. 《企业年金办法》自2018年(　　)起施行。
   A. 1月1日　　　　　　　　B. 2月1日
   C. 3月1日　　　　　　　　D. 4月1日

8. 《企业年金办法》中规定,职工企业年金个人账户中企业缴费及其投资收益,企业可以与职工一方约定其自始归属于职工个人,也可以约定随着职工在本企业工作年限的增加逐步归属于职工个人,完全归属于职工个人的期限最长不超过(　　)年。
   A. 5　　　　　　　　　　 B. 6
   C. 7　　　　　　　　　　 D. 8

9. 用人单位应当自用工之日起(　　)日内为其职工向社会保险经办机构申请办理社会保险登记。
   A. 十五　　　　　　　　　B. 二十
   C. 三十　　　　　　　　　D. 六十

10. 用人单位未按时足额缴纳社会保险费的,由社会保险费征收机构责令限期缴纳或者补足,并自欠缴之日起,按日加收(　　)的滞纳金。
    A. 千分之五　　　　　　　B. 千分之十

C. 万分之五　　　　　　　　D. 万分之十

二、案例分析

1. 老王是某企业技术人员，2016年3月满60周岁时办理退休手续并开始享受养老保险待遇。因企业技术改革需要，2018年2月老王被返聘成为技术总监，双方签订了聘用合同。2019年年初，老王以企业未向其支付平日延时加班工资、未安排其带薪年休假等为由提起劳动仲裁、诉讼，但均因双方间不构成劳动关系而未获得支持。原因何在？

2. 北京市的某"中人"退休（60岁）时，北京市上年度职工月平均工资为3500元，本人缴费工资平均指数为0.8，缴费年限为8年，视同缴费年限为27年，退休时个人账户储存额为39 000元，人均补贴为100元，试用指数化方式计算该"中人"退休后每月领取的养老金数。

3. 今年58岁的李军是一名厨师，老家在信阳，工作地点一直不固定，先后在广州、上海、郑州、信阳工作，其中在广州工作了8年，在上海工作了12年，在郑州工作了7年，最后在老家信阳也工作过8年，这些单位每月均按规定为其缴纳了各项社会保险。眼看自己快到退休的年龄了，他不知道自己应该到哪里去拿退休金，自己的养老金待遇应该怎样计算。

工作任务二　基本医疗保险与生育保险待遇

【学习目标】

探究知识：城镇职工基本医疗保险、生育保险待遇的内容，享受城镇职工基本医疗保险、生育保险待遇的条件以及待遇的计算办法。

获得能力：掌握医疗保险系统构成以及医疗保险费用分担方式和支付方式，理解生育保险的发展方向，能够运用医疗保险与生育保险知识分析我国现行保险中的现实问题。

我国传统的医疗保险制度始于20世纪50年代，由于社会结构呈现二元化分割局面，社会医疗保险制度也按照城乡地域和户籍制度分为两个部分，在城市有劳保医疗和公费医疗，在农村有农村合作医疗。20世纪80年代后，中国经济体制转轨，使传统医疗保障体制丧失了相应的经济基础与组织依托，再加上公费医疗、劳保医疗制度本身也存在着难以克服的缺陷，建立社会医疗保险制度便成为中国改革医疗保障体系的选择。目前，在城市主要实行的是城镇职工基本医疗保险和城镇居民基本医疗保险，在农村主要实行的是新型农村合作医疗。

一、城镇职工基本医疗保险

中国现行的城镇职工基本医疗保险制度，是在总结以往各地医疗保险改革试点经验的基础上，根据1998年12月国务院发布的《关于建立城镇职工基本医疗保险制度的决定》建立起来的，目的是建立保障职工基本医疗需求的社会医疗保险制度。

1. 建立城镇职工基本医疗保险制度的原则

建立城镇职工基本医疗保险制度的原则是基本水平、广泛覆盖、双方负担、统账结合。

"基本水平"是指基本医疗保险的水平要与社会主义初级阶段生产力发展水平相适应；"广泛覆盖"是指城镇所有用人单位及其职工都要参加基本医疗保险，实行属地管理；"双方负担"是指基本医疗保险费由用人单位和职工双方共同负担；"统账结合"是指基本医疗保险基金实行社会统筹和个人账户相结合。

2. 覆盖范围和缴费办法

城镇所有用人单位，包括企业（国有企业、集体企业、外商投资企业、私营企业等）、机关、事业单位、社会团体、民办非企业单位及其职工，都要参加基本医疗保险。乡镇企业及其职工、城镇个体经济组织业主及其从业人员是否参加基本医疗保险，由各省、自治区、直辖市人民政府决定。

基本医疗保险费由用人单位和职工共同缴纳。用人单位缴费率应控制在职工工资总额的6%左右，职工缴费率一般为本人工资收入的2%。随着经济发展，用人单位和职工缴费率可作相应调整。

《社会保险法》第二十七条规定，参加职工基本医疗保险的个人，达到法定退休年龄时累计缴费达到国家规定年限的，退休后不再缴纳基本医疗保险费，按照国家规定享受基本医疗保险待遇；未达到国家规定年限的，可以缴费至国家规定年限。第三十二条规定，个人跨统筹地区就业的，其基本医疗保险关系随本人转移，缴费年限累计计算。

案例分析

刘某于2009年到苍山县某公司工作，双方未签订劳动合同，公司也没有为其缴纳社会保险费。2011年6月，刘某因病住院，医疗费用约2万元。刘某要求公司报销，遭到拒绝。刘某不服，遂向当地劳动争议仲裁委员会提出申诉。经调解，该公司参照城镇职工基本医疗保险的有关规定为刘某报销医疗费用1.2万元。

简要分析：用人单位未缴纳医疗保险，应按规定报销医疗费。

《社会保险法》第二十三条规定："职工应当参加职工基本医疗保险，由用人单位和职工按照国家规定共同缴纳基本医疗保险费。"刘某所在单位未按规定为其缴纳基本医疗保险费，导致刘某患病时不能依法享受医疗保险待遇，故其医疗费用应当由单位来承担，但仅限于由社保部门核定属于按规定可以报销的合理医疗费用，并非全部医疗费用。

（资料来源：中工网）

3. 建立基本医疗保险统筹基金和个人账户

基本医疗保险基金由统筹基金和个人账户构成。职工个人缴纳的基本医疗保险费，全部计入个人账户。用人单位缴纳的基本医疗保险费分为两部分，一部分用于建立统筹基金，一部分划入个人账户。划入个人账户的比例一般为用人单位缴费的30%左右，具体比例由统筹地区根据个人账户的支付范围和职工年龄等因素确定。

统筹基金和个人账户要划定各自的支付范围，分别核算，不得互相挤占。个人账户主要支付小额和门诊费用；统筹基金主要支付大额和住院费用，由医疗保险经办机构统筹调剂使用，按医疗费的一定比例支付。

要确定统筹基金的起付标准和最高支付限额，起付标准原则上控制在当地职工年平均工资的10%左右，最高支付限额原则上控制在当地职工年平均工资的4倍左右。起付标准以下的医疗费用，从个人账户中支付或由个人自付。起付标准以上、最高支付限额以下的医疗费用，主要从统筹基金中支付，个人也要负担一定比例。超过最高支付限额的医疗费用，可以通过商业医疗保险等途径解决。统筹基金的具体起付标准、最高支付限额以及在起付标准以上和最高支付限额以下的医疗费用的个人负担比例，由统筹地区根据以收定支、收支平衡的原则确定。

符合基本医疗保险药品目录、诊疗项目、医疗服务设施标准以及急诊、抢救的医疗费用，按照国家规定从基本医疗保险基金中支付。

同时，社会保险行政部门和卫生行政部门应当建立异地就医医疗费用结算制度，方便参保人员享受基本医疗保险待遇。

案例分析

某统筹地区医疗保险基金的起付标准为800元，最高支付限额是2.5万元，统筹基金支付范围内个人自付比例为10%。现假定某职工一次住院所花费的医疗费用为3万元，其中2000元为非"药品目录"所列药品发生的费用。试问：该职工的医疗费用如何支付？

计算办法：

(1) 该职工自付段费用：800元。
(2) 个人需承担的非"药品目录"所列药品发生的费用：2000元。
(3) 属统筹基金支付范围发生的费用：30 000－800－2000=27 200元。
(4) 可以用统筹基金支付的部分：27 200×90%＝24 480元。
(5) 该职工承担的自付部分：30 000－24 480=5520元。

4. 特殊政策规定

离休人员、老红军的医疗待遇不变，医疗费用按原资金渠道解决，支付确有困难的，由同级人民政府帮助解决。离休人员、老红军的医疗管理办法由省、自治区、直辖市人民政府制定。

二等乙级以上革命伤残军人的医疗待遇不变,医疗费用按原资金渠道解决,由社会保险经办机构单独列账管理。医疗费支付不足部分,由当地人民政府帮助解决。

退休人员参加基本医疗保险,个人不缴纳基本医疗保险费。对退休人员个人账户的计入金额和个人负担医疗费的比例给予适当照顾。

国家公务员在参加基本医疗保险的基础上,享受医疗补助政策。具体办法另行制定。

为了不降低一些特定行业职工现有的医疗消费水平,在参加基本医疗保险的基础上,作为过渡措施,允许建立企业补充医疗保险。企业补充医疗保险费在工资总额4%以内的部分,从职工福利费中列支,福利费不足列支的部分,经同级财政部门核准后列入成本。

国有企业下岗职工的基本医疗保险费,包括单位缴费和个人缴费,均由再就业服务中心按照当地上年度职工平均工资的60%为基数缴纳。

5. 不纳入基本医疗保险基金支付范围的医疗费用

《社会保险法》第三十条规定,下列医疗费用不纳入基本医疗保险基金支付范围:
(1)应当从工伤保险基金中支付的;
(2)应当由第三人负担的;
(3)应当由公共卫生负担的;
(4)在境外就医的。

医疗费用依法应当由第三人负担,第三人不支付或者无法确定第三人的,由基本医疗保险基金先行支付。基本医疗保险基金先行支付后,有权向第三人追偿。这样既保证受害的参保人员能够获得及时的医疗救治,体现以人为本的精神,又能够追究侵权人的违法责任,彰显公平正义的价值理念。但如果用人单位未给劳动者缴纳医疗保险,也就不存在基本医疗保险基金先行支付。

案例解读

案情概述:2017年6月6日,光大公司职员刘某驾驶公司的汽车外出联系业务,行至一路口时,因刹车不及时将骑电动车的张某撞翻在地。刘某将张某送进医院。经诊断:张某左小腿开放性骨折,头部左肘部挫伤。交警部门认定刘某承担事故的全部责任。事后,张某索赔未果,遂将刘某、光大公司以及为肇事车承保的保险公司一并诉上法庭,请求法院判决三被告承担医疗费8.4万元,以及营养费、住院伙食补助费、交通费、残疾赔偿金、精神损害抚慰金、护理费、车损、误工费等损失5万元。

刘某辩称,自己系光大公司职工,在事故发生时正从事职务行为,相关赔偿责任应由公司承担。

光大公司辩称,该公司的肇事车辆已在保险公司投保,而且车祸也发生在保险期内,应由保险公司与光大公司一起承担赔偿责任。

保险公司辩称,张某出示的8.4万元医疗费票据中,张某自己承担的仅4000元,其余均是市基本医疗保险基金大病统筹支付的。张某向光大公司、保险公司索赔医疗费时,应先将医保中支出的费用剔除，即保险公司只应赔张某自费的4000元，否则按8.4万元赔偿，张某反而会因受伤而盈利，这有悖保险法的损失"填平"原则。

处理结果：一审法院判决医疗费8.4万元由保险公司和光大公司按比例承担；同时，法院还就伤者的营养费、住院伙食补助费、残疾赔偿金、精神损害抚慰金等作出了赔偿判决。光大公司、保险公司提起上诉。

二审法院以"一审法院审理中基本医疗保险基金管理机构未参加本案诉讼，其判决结果有可能影响基本医疗保险基金的利益"为由，撤销一审判决，发回重审。一审法院重审后，向社保中心通知了本案的诉讼情况，社保中心以具有独立请求权第三人的身份主张光大公司、保险公司向其支付8万元。

一审法院重审判决：医疗费8万元由保险公司和光大公司向社保中心支付；光大公司、保险公司向张某支付医疗费及营养费、住院伙食补助费、残疾赔偿金、精神损害抚慰金共计5.4万元。该判决已经发生法律效力。

解读意见：根据《社会保险法》第三十条，医疗费用依法应当由第三人负担，第三人不支付或者无法确定第三人的，由基本医疗保险基金先行支付。基本医疗保险基金先行支付后，有权向第三人追偿。在第三人侵权的情形下，基本医疗保险基金在发挥其救助功能之后，即取得了向侵权人的追偿权。在人身损害赔偿纠纷案件中，社会保险制度不能减轻侵权人的责任而被侵权人也不能因侵权人的违法行为而获利。

6. 医疗期限

原劳动部1994年发布的《企业职工患病或非因工负伤医疗期规定》，对医疗期主要有以下几项规定：

（1）企业职工因患病或非因工负伤，需要停止工作医疗时，根据本人实际参加工作年限，给予3个月到24个月的医疗期。实际工作年限10年以下的，在本单位工作5年以下的为3个月，5年以上的为6个月。实际工作年限在10年以上的，在本单位工作5年以下的为6个月，5年以上10年以下的为9个月，10年以上15年以下的为12个月，15年以上20年以下的为18个月，20年以上的为24个月。

（2）医疗期3个月的按6个月内累计病休时间计算，6个月的按12个月内累计病休时间计算，9个月的按15个月内累计病休时间计算，12个月的按18个月内累计病休时间计算，18个月的按24个月内累计病休时间计算，24个月的按30个月内累计病休时间计算。

（3）企业职工在医疗期内，其病假工资、疾病救济费和医疗保险待遇按照有关部门规定执行。

（4）企业职工非因工致残和经医生或医疗机构认定患有难以治疗的疾病，在医疗期内医疗终结，不能从事原工作，也不能从事用人单位另行安排的工作的，应当由劳动鉴定委员会参照工伤与职业病致残程度鉴定标准进行劳动能力的鉴定（自2002年4月5日之后，按《职工非因工伤残或因病丧失劳动能力程度鉴定标准（试行）》（劳社部发〔2002〕8号）执行）。被鉴定为一至四级的，应当退出劳动岗位，中止劳动关系，办理退休、退职手续，享受退休、退职待遇；被鉴定为五至十级的，医疗期内不得解除劳动合同。

（5）企业职工非因工致残和经医生或医疗机构认定患有难以治疗的疾病，医疗期满，应当由劳动鉴定委员会参照工伤与职业病致残程度鉴定标准进行劳动能力的鉴定（自2002年4月5日之后，按《职工非因工伤残或因病丧失劳动能力程度鉴定标准（试行）》（劳社部发〔2002〕8号）执行）。被鉴定为一至四级的，应当退出劳动岗位，解除劳动关系，并办理退休、退职手续，享受退休、退职待遇。

（6）医疗期满尚未痊愈者，被解除劳动合同的经济补偿问题按照有关规定执行。

根据劳动部关于印发《违反和解除劳动合同的经济补偿办法》的通知（劳部发〔1994〕481号）规定，劳动者患病或者非因工负伤，经劳动鉴定委员会确认不能从事原工作，也不能从事用人单位另行安排的工作而解除劳动合同的，用人单位应按其在本单位的工作年限，每满一年发给一个月工资的经济补偿金，同时还应发给不低于六个月工资的医疗补助费。

患重病和绝症的，还应增加医疗补助费，患重病的增加部分不低于医疗补助费的50%，患绝症的增加部分不低于医疗补助费的100%。

（7）对某些患特殊疾病（如癌症、精神病、瘫痪等）的职工，在24个月内尚不能痊愈的，经企业和当地劳动部门批准，可以适当延长医疗期。

案例解读

案情概述：徐某于2008年8月进入某超市工作，双方劳动合同签至2017年12月31日。2013年9月徐某因重病住院治疗，超市从当月开始向徐某支付病假工资至2014年5月。2016年3月徐某因医治无效死亡，期间该超市一直为徐某缴纳社会保险费。徐某实际工作年限超过10年不满20年。2016年6月，徐某家属申请仲裁，请求超市支付徐某2014年6月至2016年3月的疾病救济费。超市辩称，根据徐某在其单位的工作年限和实际工作年限，超市向其支付了9个月的病假工资，2014年5月之后的时间徐某一直属于事假，单位无须支付工资。

处理结果：仲裁委经审理，因超市未提供徐某请事假的证据，遂支持了徐某家属的仲裁请求。

解读意见：徐某医疗期结束后至死亡的这一段时间，属医仍应按病假处理。《企业职工患病或非因工负伤医疗期规定》明确了如何计算劳动者的医疗期。根据该规定，超市给予其9个月医疗期并无不妥。问题是超过9个月后，超市并未解除劳动合同，而徐某病重仍需停止工作治病休息属实，且徐某并未办理请事假手续。

最早对病假工资或疾病救济费作出规定的是原政务院于1951年出台的《劳动保险条例》，其中第十三条乙项规定：工人和职员因病或非因工负伤停止工作医疗时，其停止工作医疗期间连续在6个月以内者发放病伤假期工资；停止工作连续医疗期间在6个月以上时，改发疾病或非因工负伤救济费，至能工作或确定为残废或死亡时止。之后原劳动部在1953年发布了《劳动保险条例实施细则修正草案》，其中第十六条和第十七条对病假工资和疾病救济费进行了明确规定，并对病假工资和疾病救济费与本单位工作年限之间的关系作出了相应的规定。原劳动部《关于贯彻执行〈劳动法〉若干问题的意见》（劳部发〔1995〕309号）第五十九条中明确了病假工资或疾病救济费不能低于最低工资标准的80%。目前，许多地方已经对企业职工患病或非因工负伤待遇处理问题作出了规定，当地用人单位应执行相应的规定。若地方没有作出相应规定，则仍应执行1953年《劳动保险条例实施细则修正草案》的规定。

（资料来源：人力资源和社会保障部网）

7. 医疗保险异地转移就医

医疗保险异地转移就医指的是基本医疗保险参保人员因为异地安置、异地工作、转外就医等原因在参保统筹区域以外的医疗机构就医或购药的行为，是一种跨统筹区的就医行为。

（1）异地安置。由历史原因造成的部分国有企业职工（或者离退休人员）在企业改制后回到原居住地生活，也有一部分职工离退休后随子女前往外地居住，其医疗行为主要发生在外地，但是其医疗保险关系仍然在原工作地。

（2）异地工作。一些企事业单位在外地设立营销机构，或者政府、国有企业设立驻外办事机构，其职工需长期在外地工作，医疗行为同样也发生在外地。

（3）转外就医。因参保人员病情特殊、危急或是长期治疗效果不佳，本地医保定点医院医疗技术水平难以解决，由初诊的医保定点医院出具转院证明，经当地医疗保险管理部门审批同意后，前往外地综合性大医院就医。

（4）其他类型。一部分人员在本地以灵活就业者身份参加医疗保险，工作地变换频繁，又或者没有固定的工作地点。也有一部分参保人在外短期出差或者旅游时出现身体不适，其就医行为均多发生在外地。

8. 医疗保险关系跨统筹地区转移

《流动就业人员基本医疗保障关系转移接续暂行办法》（人社部发〔2009〕191号）第五条规定，由于劳动关系终止或其他原因中止城镇基本医疗保险关系的农村户籍人员，可凭就业地社会（医疗）保险经办机构出具的参保凭证，向户籍所在地新型农村合作医疗经办机构申请，按当地规定参加新型农村合作医疗。

第六条规定，城镇基本医疗保险参保人员跨统筹地区流动就业，新就业地有接收单位的，由单位按照《社会保险登记管理暂行办法》的规定办理登记手续，参加新就业地城镇职工基本医疗保险；无接收单位的，个人应在中止原基本医疗保险关系后的3个月内到新就业地社会（医疗）保险经办机构办理登记手续，按当地规定参加城镇职工基本医疗保险或城镇居民基本医疗保险。

第七条规定，城镇基本医疗保险参保人员跨统筹地区流动就业并参加新就业地城镇职工基本医疗保险的，由新就业地社会（医疗）保险经办机构通知原就业地社会（医疗）保险经办机构办理转移手续，不再享受原就业地城镇基本医疗保险待遇。建立个人账户的，个人账户原则上随其医疗保险关系转移划转，个人账户余额（包括个人缴费部分和单位缴费划入部分）通过社会（医疗）保险经办机构转移。

案例分析

王大爷退休后从湖南来到北京，和儿子生活在一起。离开老家，他感到最不方便的就是医保报销，"为了报销，每年至少要回去一趟"。对于两地间医疗费用、报销比例的差距，王大爷也很不满："北京看病，检查费高、药价高，但北京当地的报销比例也高。我在北京看病回湖南报销，湖南的报销比例低，非常不合算。"王大爷向老家的人社局咨询可否将他的医保关系转到北京？

简要分析：《流动就业人员基本医疗保障关系转移接续暂行办法》第二条规定，城乡各类流动就业人员按照现行规定相应参加城镇职工基本医疗保险、城镇居民基本医疗保险或新型农村合作医疗，不得同时参加和重复享受待遇。王大爷已在老家湖南享受了医疗保险待遇且已经退休，他不符合这两条规定，因此，他不能将医保关系转移到北京。

二、城镇居民基本医疗保险

城镇居民基本医疗保险是社会医疗保险体系的重要组成部分。城镇居民基本医疗保险始于2007年7月10日国务院发布的《关于城镇居民基本医疗保险试点的指导意见》，从开展城镇居民基本医疗保险试点，到2010年在全国推广，建立起以大病统筹为主的城镇居民基本医疗保险制度。2016年1月12日，国务院印发《关于整合城乡居民基本医疗保险制度的意见》，要求推进城镇居民医保和新农合制度整合，逐步在全国范围内建立起统一的城乡居民医保制度。

1. **参保范围**

城镇居民基本医疗保险主要是对城镇非从业居民建立的医疗保障制度，主要包括未成年居民（中小学生、学龄儿童及其他未满18周岁的居民）、老年居民（男60周岁、女55周岁以上的城镇居民）及其他非从业的城镇成年居民。有条件的地区，农村户籍居民可以与城市户籍居民实行统一的居民基本医疗保险。

2. **筹资水平**

试点城市应根据当地的经济发展水平以及成年人和未成年人等不同人群的基本医疗消费需求，并考虑当地居民家庭和财政的负担能力，恰当确定筹资水平；探索建立筹资水平、缴费年限和待遇水平相挂钩的机制。

3. **缴费和补助**

城镇居民基本医疗保险以家庭缴费为主，政府给予适当补助。参保居民按规定缴纳基本医疗保险费，享受相应的医疗保险待遇，有条件的用人单位可以对职工家属参保缴费给予补助。国家对个人缴费和单位补助资金制定税收鼓励政策。

对试点城市的参保居民，政府每年按不低于人均40元给予补助，其中，中央财政从2007年起每年通过专项转移支付，对中西部地区按人均20元给予补助。在此基础上，对属于低保对象或重度残疾的学生和儿童参保所需的家庭缴费部分，政府原则上每年再按不低于人均 10 元给予补助，其中，中央财政对中西部地区按人均 5 元给予补助；对其他低保对象、丧失劳动能力的重度残疾人、低收入家庭 60 周岁以上的老年人等困难居民参保所需家庭缴费部分，政府每年再按不低于人均 60 元给予补助，其中，中央财政对中西部地区按人均 30 元给予补助。中央财政对东部地区参照新型农村合作医疗的补助办法给予适当补助。财政补助的具体方案由财政部门同劳动保障、民政等部门研究确定，补助经费要纳入各级政府的财政预算。

4. 费用支付

城镇居民基本医疗保险基金重点用于参保居民的住院和门诊大病医疗支出，有条件的地区可以逐步试行门诊医疗费用统筹。

城镇居民基本医疗保险基金的使用要坚持以收定支、收支平衡、略有结余的原则。要合理制定城镇居民基本医疗保险基金起付标准、支付比例和最高支付限额，完善支付办法，合理控制医疗费用。城镇居民基本医疗保险基金用于支付规定范围内的医疗费用，其他费用可以通过补充医疗保险、商业健康保险、医疗救助和社会慈善捐助等方式解决。

三、生育保险待遇

设立生育保险的主要作用在于保障妇女在生育期间的生活，保护女职工的健康，保障妇女平等就业，促进企业公平竞争，维护妇女的合法权益。

目前，我国各地生育保险管理主要按照《社会保险法》和《女职工劳动保护特别规定》执行，并结合当地经济社会和人口发展的实际，制定出当地的生育保险管理办法。

1. 生育保险的覆盖范围

生育保险的覆盖范围是中华人民共和国境内的一切国家机关、人民团体、企事业单位的女职工，其中企业包括全民、集体、中外合资、合作、独资、乡镇、农村联户企业以及私营和城镇街道企业。另外，一些地区在生育保险覆盖范围上还有所扩展，如广东、黑龙江、新疆等地已要求将灵活就业人员也纳入生育保险体系。

2. 生育保险缴费

《企业职工生育保险试行办法》第四条规定，生育保险根据"以支定收，收支基本平衡"的原则筹集资金，由企业按照其工资总额的一定比例向社会保险经办机构缴纳生育保险费，建立生育保险基金。生育保险费的提取比例由当地人民政府根据计划内生育人数和生育津贴、生育医疗费等项费用确定，并可根据费用支出情况适时调整，但最高不得超过工资总额的百分之一。企业缴纳的生育保险费作为期间费用处理，列入企业管理费用。

《社会保险法》第五十三条规定，职工应当参加生育保险，由用人单位按照国家规定缴纳生育保险费，职工不缴纳生育保险费。

案例分析

某采矿企业到当地人力资源和社会保障局办理社会保险参保登记手续，在缴费时提出只缴纳养老、失业、医疗和工伤保险费，不缴纳生育保险费，理由是他们单位全是男职工，没有女职工，享受不到生育保险待遇。这一要求被工作人员当场拒绝。

简要分析：《社会保险法》第五十四条规定，用人单位已经缴纳生育保险费的，其职工享受生育保险待遇；职工未就业配偶按照国家规定享受生育医疗费用待遇。所需资金从生育保险基金中支付。

生育保险是国家推行的社会保险的一个主要险种，目的在于维护企业女职工的合法权益，保障她们在生育或实施计划生育手术期间得到必要的经济补偿和医疗保健，同时均衡企业间生育保险费用的负担。它和其他险种一样实行社会统筹，任何单位和个人不能将它排除在社会保障范围之外。

3. 生育保险待遇内容

依据《社会保险法》，生育保险待遇包括生育医疗费用和生育津贴。

（1）生育医疗费用项目。
①生育的医疗费用；
②计划生育的医疗费用；
③法律、法规规定的其他项目费用。

（2）生育津贴。

生育津贴是职工按照国家和省有关规定享受产假或者计划生育手术休假期间获得的工资性补偿。职工有下列情形之一的，可以按照国家规定享受生育津贴：
①女职工生育享受产假；
②享受计划生育手术休假；
③法律、法规规定的其他情形。

生育津贴支付期限按照《女职工劳动保护特别规定》中关于产假的规定执行。女职工生育享受98天产假；难产的，增加产假15天；生育多胞胎的，每多生育1个婴儿，增加产假15天。女职工怀孕未满4个月流产的，享受15天产假；怀孕满4个月流产的，享受42天产假。

生育津贴支付按照《女职工劳动保护特别规定》第八条规定执行。女职工产假期间的生育津贴，对已经参加生育保险的，按照用人单位上年度职工月平均工资的标准由生育保险基金支付；对未参加生育保险的，按照女职工产假前工资的标准由用人单位支付。

生育津贴按照职工产假或者休假天数计发，计发基数为职工所在用人单位上年度职工月平均工资除以30。

案例分析

李女士于2015年3月初入职某科技公司，每月工资4500元，双方签订了三年固定期限劳动合同，并从当月起公司为她缴纳社会保险。

2015年7月底,李女士怀孕4个多月时做了人工流产手术。在公司的要求下,她仅休息了一周时间就回到单位上班,公司按正常出勤向她支付了工资。因当时李女士的生育保险连续缴费不足9个月等原因,直到2017年2月,公司才收到生育保险基金补支的生育津贴,其数额比李女士的实际工资多3562元。

2017年7月,李女士因家庭原因提出离职,在进行离职工资结算时,双方因生育津贴多出的3562元是否应给付李女士本人而发生争议。随后,李女士申请劳动争议调解。

处理结果:科技公司于2017年8月15日前,一次性向李女士支付生育津贴差额3562元。

解读意见:本案涉及产假期间的待遇问题。根据《女职工劳动保护特别规定》的规定,怀孕满4个月流产的,享受42天产假;女职工产假期间的生育津贴,对已经参加生育保险的,按照用人单位上年度职工月平均工资的标准由生育保险基金支付;女职工流产的医疗费用,按照生育保险规定的项目和标准,对已经参加生育保险的,由生育保险基金支付。

职工产假期间,享受的生育津贴低于其产假或者休假前工资标准的,由用人单位予以补足;高于其产假或者休假前工资标准的,用人单位不得截留。因此在本案中,科技公司应依法向李女士支付其生育津贴高于工资的差额部分。

(资料来源:中工网)

四、生育津贴领取条件

目前,全国各地对于生育津贴的领取条件主要集中在以下方面:

(1)用人单位为职工缴纳生育保险的连续缴费时间。各地政策不同,如北京市要求连续缴纳生育保险9个月,上海市要求累计缴纳生育保险12个月或连续缴纳9个月。

(2)符合国家计划生育政策。

《人口与计划生育法》规定:"不符合本法规定生育子女的公民,应当依法缴纳社会抚养费,按照本法缴纳社会抚养费的人员,是国家工作人员的,应当依法给予行政处分,其他人员还应当由其所在单位或者组织给予纪律处分。"

案例解读

案情概述:山东省沂水县某公司职工小刘,与男友同居后一直未办理结婚登记手续,在未取得准生证核准的情况下生育一子。生育后,单位告知小刘违反了计划生育政策,既不准休产假,也不能享受生育保险待遇。小刘觉得委屈,认为有病都可以请病假,何况是生孩子,怎么就不能享受生育保险待遇呢?一气之下,小刘到当地劳动争议仲裁委员会提请仲裁。

处理结果:仲裁委遂裁决,单位不给小刘上报生育保险待遇的决定符合生育保险政策规定,予以肯定,但要允许小刘休产假,且产假不得少于98天。

解读意见:根据《女职工劳动保护特别规定》,女职工生育享受不少于98天的产假。《山东省企业职工生育保险规定》第十条规定:"具备下列条件的职工,享受生育保险待遇：（一）符合国家计划生育政策或者实施计划生育手术；（二）所在单位按照规定参加生育保险并为该职工连续足额缴费1年以上。"因此，小刘休产假的请求应当获得批准，但由于她未婚生育，不符合国家计划生育政策，因此不能享受生育保险待遇。

（资料来源：中工网）

五、男性职工参加生育保险的待遇

生育保险是通过国家立法，在职业妇女因生育子女而暂时中断劳动时由国家和社会及时给予生活保障和物质帮助的一项社会保险制度。《社会保险法》规定，只要与用人单位签订劳动合同或形成事实劳动关系，不分男女，均应参加生育保险。

1. 享有陪产假

如果男性职工参加了生育保险，就可以享受带薪产假，要求是累计缴纳12个月以上的生育保险费。

2. 享受生育津贴

《社会保险法》第五十四条规定："用人单位已经缴纳生育保险费的，其职工享受生育保险待遇；职工未就业配偶按照国家规定享受生育医疗费用待遇。所需资金从生育保险基金中支付。"

男性职工参加了生育保险，妻子在生育期间，就有权获取生育医疗费用的补偿。生育医疗费用包括：生育的医疗费用，计划生育的医疗费用，法律、法规规定的其他项目费用。前提是妻子必须是失业人员，需提供失业证明。

3. 计划生育手术医疗费

男性如果做与生育相关的手术，也可以享受到费用报销待遇。

案例分析

许先生是一家企业的技术人员，按要求单位为他依法缴纳了各项社会保障费（含生育保险）。2019年3月，许先生一直都没有工作的妻子生了一个儿子。许先生听说，男职工只要交纳了生育保险，没有工作的妻子生育是可以享受生育保险待遇的，但单位人力资源部的工作人员却说，单位是为其交纳了各项社会保险，只能用于交纳保险费的本人，家属不能享受生育保险的待遇。这合理吗？

简要分析：根据《社会保险法》第五十四条规定，许先生的妻子只要是未就业，且符合我国计划生育政策规定的，就可以享受生育保险待遇，单位的说法是不对的。

六、生育保险和职工基本医疗保险合并实施

2019年3月，国务院办公厅印发《关于全面推进生育保险和职工基本医疗保险合并实施的意见》（以下简称《意见》）。

《意见》提出了推进生育保险和职工基本医疗保险合并实施的政策。主要政策有以下几个方面：

（1）统一参保登记。参加职工基本医疗保险的在职职工同步参加生育保险。完善参保范围，促进实现应保尽保。

（2）统一基金征缴和管理。生育保险基金并入职工基本医疗保险基金，统一征缴，统筹层次一致。按照用人单位参加生育保险和职工基本医疗保险的缴费比例之和确定新的单位费率。

（3）统一医疗服务管理。两项保险合并实施后实行统一定点医疗服务管理，执行基本医疗保险、工伤保险、生育保险药品目录以及基本医疗保险诊疗项目和医疗服务设施范围。生育医疗费用原则上实行医疗保险经办机构与定点医疗机构直接结算。促进生育医疗服务行为规范，强化监控和审核。

（4）统一经办和信息服务。经办管理统一由基本医疗保险经办机构负责，实行信息系统一体化运行。

确保职工生育期间生育保险待遇不变。参保人员生育医疗费用、生育津贴等各项生育保险待遇按现行法律法规执行，所需资金从职工基本医疗保险基金中支付。

《意见》要求各省（自治区、直辖市）要在2019年底前实现两项保险合并实施。

【能力测验】

一、单选题

1. 下列（　　）不属于改革后医疗保险制度覆盖范围内的参保单位。
   A. 外商投资企业　　　　　　B. 乡镇企业
   C. 政府　　　　　　　　　　D. 社会团体

2. 在我国现行医疗保险制度中，个人缴纳的医疗保险费比例为本人工资收入的（　　）。
   A. 3%　　　　　　　　　　　B. 6%
   C. 2%　　　　　　　　　　　D. 1%

3. 医疗保险制度中起付线原则上控制在当地职工年平均工资的（　　）左右。
   A. 8%　　　　　　　　　　　B. 9%
   C. 10%　　　　　　　　　　 D. 15%

4. 医疗保险是政府主导，（　　），依法筹资，当参保人遭遇疾病时向其提供医疗费用补偿的一种制度安排。
   A. 国家立法　　　　　　　　B. 企业负责
   C. 利用市场　　　　　　　　D. 个人负责

5. 企业职工因患病或非因工负伤，需要停止工作医疗时，根据本人实际参加工作年限，给予3个月到24个月的医疗期。实际工作年限10年以下的，在本单位工作5年以下的为（　　）个月。
   A. 3　　　　　　　　　　　　B. 5

C. 6 　　　　　　　　　　　　　D. 9

6. 职工个人（　　）生育保险费。

A. 缴纳　　　　B. 不缴纳　　　　C. 与单位协商缴纳　　D. 怀孕后缴纳

7. 女职工正常生育的产假为（　　）天。

A. 60　　　　　B. 98　　　　　C. 150　　　　　D. 180

8. 根据1988年6月国务院通过的《女职工劳动保护规定》，多胞胎生育的，每多生一个婴儿，增加产假（　　）。

A. 10天　　　　B. 15天　　　　C. 20天　　　　D. 30天

9. 按我国生育保险规定，生育保险费的提取比例最高不得超过工资总额的（　　）。

A. 1%　　　　　B. 2%　　　　　C. 3%　　　　　D. 4%

10. 在我国能享受生育保险待遇的是（　　）。

A. 达到法定结婚年龄，并符合国家计划生育政策规定的女职工生育

B. 正式登记结婚，并符合国家计划生育政策规定的女职工生育

C. 符合国家计划生育政策规定的女职工生育

D. 达到法定结婚年龄，正式登记结婚，并符合国家计划生育政策规定的女职工生育

二、案例分析

1. 李某是某一企业的员工，单位没有及时为他缴纳社会保险。李某工作大半年后被查出患上恶性肿瘤，短短一个月就花费了10万余元的医疗费。虽然在李某确诊患病后，公司补缴了其入职以来的社会保险，但是因为系补缴，补缴当月及之前的医疗费均无法通过医疗保险予以报销。李某与公司协商不成，并经仲裁后，诉至人民法院，要求公司支付其全部医疗费。李某的诉求能得到法律支持吗？

2. 2009年12月，阿丽与阳光公司签订了劳动合同，约定阿丽担任部门经理，劳动合同期限自2009年11月30日至2012年11月29日。2012年5月7日，阿丽因患重症肌无力开始休病假，阳光公司为其报销了医疗费用并发放了病假工资。2012年11月29日劳动合同到期后，阿丽因病没有回公司上班，阳光公司停止为阿丽发放工资和缴纳保险。

阿丽认为，其在阳光公司工作期间患上重症肌无力，应当享受24个月的医疗期。医疗期内，阳光公司不能与其终止劳动合同。阳光公司在劳动合同到期后，停止向其发放工资并停止缴纳社会保险的行为，违反了国家法律规定。

请分析阿丽的观点是否有法律依据。

3. 王女士于2017年2月入职北京某饮料公司做会计，双方签订了3年期限劳动合同。饮料公司从2017年4月起才开始为王女士办理社会保险（含生育保险）。2017年11月12日王女士生育一男孩。由于单位已缴纳生育保险，王女士遂向社保部门咨询产假期间的工资待遇问题。社保中心答复称：由用人单位按照女职工产假前工资的标准支付。请问：这合理吗？

4. 任某2018年2月入职上海市某企业担任销售总监，劳动合同约定工资为25 000元。2018年12月，任某分娩顺产一子，由于产假前请过产前假和病假，生育前12个月内的平均工资性收入为20 000元。由于单位已缴纳生育保险，任某遂向社保部门咨询产

假期间的工资待遇问题。社保中心答复称:"由于你公司申报的上年度企业职工月平均工资为5500元,所以你产假及晚育假期间只得享受每月5500元的生育生活津贴。"

任某对此十分不解:本人劳动合同约定工资是25 000元,现在生育生活津贴只有5500元,这也太不合理了吧?她认为,既然社保无法支付25 000元,那么单位就应当予以补差。但是单位认为,根据上海市人民政府关于贯彻实施《社会保险法》调整本市现行有关生育保险政策的通知规定:"从业妇女生产或者流产时所在用人单位的上年度职工月平均工资高于本市上年度全市职工月平均工资300%以上的,高出部分由用人单位补差。"但是目前单位上年度职工月平均工资并未高于本市上年度全市职工月平均工资的300%,所以不存在补差的问题。任某的生育生活津贴应当如何确定?单位是否应对任某进行"补差"呢?

工作任务三　工伤保险待遇

【学习目标】

探究知识:工伤保险实施范围和基金筹集方式。
获得能力:熟练掌握工伤保险认定的范围以及工伤待遇的给付标准。

中央人民政府政务院于1951年2月26日发布,自1951年2月26日起施行的《劳动保险条例》是一部综合性的法规,内容包括工伤保险、劳保医疗、生育保险。改革开放后,我国对工伤保险制度进行了一系列改革,2003年4月27日,国务院颁布《工伤保险条例》,并于2004年1月1日起施行,这是新中国第一部专门的工伤保险法规。修订后的《工伤保险条例》自2011年1月1日起施行。

建立工伤保险制度的目的是保障因工作遭受事故伤害或者患职业病的职工获得医疗救治和经济补偿,促进工伤预防和职业康复,分散用人单位的工伤风险。

一、工伤保险的实施范围

我国《工伤保险条例》第二条明确规定,中华人民共和国境内的企业、事业单位、社会团体、民办非企业单位、基金会、律师事务所、会计师事务所等组织和有雇工的个体工商户(以下称用人单位)应当参加工伤保险,为本单位全部职工或者雇工(以下称职工)缴纳工伤保险费。

中华人民共和国境内的企业、事业单位、社会团体、民办非企业单位、基金会、律师事务所、会计师事务所等组织的职工和个体工商户的雇工,均有依法享受工伤保险待遇的权利。

二、工伤保险缴费

职工应当参加工伤保险，由用人单位缴纳工伤保险费，职工不缴纳工伤保险费。

用人单位应当参加工伤保险而未参加的，由社会保险行政部门责令限期参加，补缴应当缴纳的工伤保险费，并自欠缴之日起，按日加收万分之五的滞纳金；逾期仍不缴纳的，处欠缴数额1倍以上3倍以下的罚款。

国家根据不同行业的工伤风险程度确定行业的差别费率，并根据使用工伤保险基金、工伤发生率等情况在每个行业内确定费率档次。行业差别费率和行业内费率档次由国务院社会保险行政部门制定，报国务院批准后公布施行。

社会保险经办机构根据用人单位使用工伤保险基金、工伤发生率和所属行业费率档次等情况，确定用人单位缴费费率。

用人单位缴纳工伤保险费的数额为本单位职工工资总额乘以单位缴费费率之积。对难以按照工资总额缴纳工伤保险费的行业，其缴纳工伤保险费的具体方式，由国务院社会保险行政部门规定。

工资总额，是指用人单位直接支付给本单位全部职工的劳动报酬总额。

《工伤保险条例》所称的本人工资，是指工伤职工因工作遭受事故伤害或者患职业病前12个月平均月缴费工资。本人工资高于统筹地区职工平均工资300%的，按照统筹地区职工平均工资的300%计算；本人工资低于统筹地区职工平均工资60%的，按照统筹地区职工平均工资的60%计算。

案例解读

案情概述：某公司员工刘某上班期间因机器螺丝脱落导致工伤，花去15万余元医疗费用并落下六级伤残。近日，刘某向公司索要工伤赔偿，公司发现由于工作失误，没有为其办理工伤保险。随后，公司立即到当地社会保险部门补办、补缴了手续及费用。基于此，公司要求社会保险部门承担全部责任。社会保险部门拒绝。公司不服，诉至法院。

处理结果：该公司的起诉被依法驳回。

解读意见：工伤保险费可补缴，但工伤待遇不可追溯。刘某的15万余元医疗费用发生在单位参加工伤保险之前，不能由工伤保险基金承担，应由用人单位承担。

《社会保险法》第四十一条规定，职工所在用人单位未依法缴纳工伤保险费，发生工伤事故的，由用人单位支付工伤保险待遇。

《工伤保险条例》第六十二条规定，应当参加工伤保险而未参加工伤保险的用人单位职工发生工伤的，由该用人单位按照《工伤保险条例》规定的工伤保险待遇项目和标准支付费用。用人单位参加工伤保险并补缴应当缴纳的工伤保险费、滞纳金后，由工伤保险基金和用人单位依照《工伤保险条例》的规定支付新发生的费用。

《人力资源社会保障部关于执行〈工伤保险条例〉若干问题的意见》第十二条规定，《工伤保险条例》第六十二条第三款规定的"新发生的费用"，是指用人单位职工参加工伤保险前发生工伤的，在参加工伤保险后新发生的费用。

三、工伤认定

1. 应当认定为工伤

《工伤保险条例》第十四条规定，有以下情形之一的，应当认定为工伤：
（1）在工作时间和工作场所内，因工作原因受到事故伤害的；
（2）工作时间前后在工作场所内，从事与工作有关的预备性或者收尾性工作受到事故伤害的；
（3）在工作时间和工作场所内，因履行工作职责受到暴力等意外伤害的；
（4）患职业病的；
（5）因工外出期间，由于工作原因受到伤害或者发生事故下落不明的；
（6）在上下班途中，受到非本人主要责任的交通事故或者城市轨道交通、客运轮渡、火车事故伤害的；
（7）法律、行政法规规定应当认定为工伤的其他情形。

案例分析

林某是某鸡场饲养员，在工厂做了三年的饲料添加工。由于饲养员们也常会做些清理鸡舍的活儿，经常会弄脏衣服和身体，所以工厂在饲养厂外的工厂院内设置有洗浴区，下班的员工可以清洗后回家。这天林某下班后在浴室洗澡时，不慎摔倒受伤。伤情稳定后，林某要求工厂申请工伤认定。工厂却认为，林某并非在工作时间和工作岗位上受伤，受伤原因更与工作无关，工厂只能从人性化角度给予一些慰问金，不可能为他认定工伤。

简要分析：林某的受伤情形应认定为工伤。根据《工伤保险条例》第十二条规定，职工在工作时间前后在工作场所内，从事与工作有关的预备性和收尾性工作受到事故伤害的，应当认定为工伤。

本案中，职工洗浴也是从岗位下班之后立即前往浴室，这段时间符合工作后的合理时间这一条件。在公司浴室洗澡，清理因工作沾染的污物，应视为从事与工作相关的收尾性工作。

案例分析

王某入职某公司从事设计工作。双方签订的劳动合同约定："上下班统一乘坐公司提供的班车。"公司规章制度还规定："若员工由于个人原因未能乘坐公司安排的车辆，在上下班途中所发生的交通事故，责任自行承担。" 一日，王某上班时因未能赶上班车，便驾驶电动自行车上班，途中不慎与一辆小轿车发生碰撞，导致小腿骨多处骨折。事故发生后，经公安交通管理部门认定王某负次要责任。

出院后，王某向当地社会保险行政部门提出工伤认定申请，其所受伤害被认定为工伤。该公司对此不服，向法院提起诉讼。公司认为，公司为了职工上下班安全，要求家住城区外的职工一律坐班车上下班，王某违反公司规定，进而导致交通事故，故其所受伤害不应认定为工伤。法院驳回了该公司的起诉。

简要分析：王某所受伤害被认定为工伤符合法律规定。《工伤保险条例》第十四条第（六）项规定：职工在上下班途中，受到非本人主要责任的交通事故或者城市轨道交通、客运轮渡、火车事故伤害的，应当认定为工伤。王某是在上下班途中因交通事故而受伤，且在该事故中负次要责任，故应当认定为工伤。公司在规章制度中规定"若员工由于个人原因未能乘坐公司安排的车辆，在上下班途中发生交通事故，责任自负"，这是与《工伤保险条例》相冲突的，因而无效。

案例分析

2018年9月21日，梁某驾车随公司经理来到南京，将经理送到客户处后，经理让他将车开到一家宾馆休息，下午7时再去接。由于等候时间长达10个小时，梁某便瞒着经理开车外出游玩，岂料，与一辆客车发生碰撞而受伤。这次负伤，他不仅花去10万余元医疗费，还落下九级伤残。梁某申请工伤认定后，人力资源和社会保障局作出了《不予认定工伤决定书》。

简要分析：梁某这种情形不构成工伤。《工伤保险条例》第十四条第五项规定，因工外出期间，由于工作原因受到伤害或者发生事故下落不明的，应当认定为工伤。认定工伤的前提是"由于工作原因"。

另外，《最高人民法院关于审理工伤保险行政案件若干问题的规定》第五条指出："社会保险行政部门认定下列情形为'因工外出期间'的，人民法院应予支持：（一）职工受用人单位指派或者因工作需要在工作场所以外从事与工作职责有关的活动期间；（二）职工受用人单位指派外出学习或者开会期间；（三）职工因工作需要的其他外出活动期间。职工因工外出期间从事与工作或者受用人单位指派外出学习、开会无关的个人活动受到伤害，社会保险行政部门不认定为工伤的，人民法院应予支持。"

案例分析

近日，正准备下班的王某接到10岁女儿打来的电话，女儿因头疼，希望她能在回家时去药店为她买些感冒药。王某当即决定绕道前往。

不料，在绕道约100米后，她与一辆摩托车相撞并受伤，前后住院15天，用去2万余元医疗费用。经交警部门认定，对方驾驶员负事故的全部责任。

当申请工伤认定时，社会保险部门予以拒绝，理由是王某放弃平常上下班路线为了私事而绕道，因其是在绕行道路上受到伤害，故不具备工伤的构成要件。

简要分析：社会保险部门的观点是错误的。

根据《最高人民法院关于审理工伤保险行政案件若干问题的规定》第六条，下列情形应认定为"上下班途中"：在合理时间内往返于工作地与住所地、经常居住地、单位宿舍的合理路线的上下班途中；在合理时间内往返于工作地与配偶、父母、子女居住地的合理路线的上下班途中；从事属于日常工作生活所需要的活动，且在合理时间和合理路线的上下班途中；在合理时间内其他合理路线的上下班途中。

王某绕道为孩子买药属于从事日常工作生活所需要的活动，且在合理时间和合理路线的上下班途中，故王某所受的伤符合《工伤保险条例》认定工伤的情形。

2. 视同为工伤

《工伤保险条例》第十五条规定，职工有下列情形之一的，视同工伤：

（1）在工作时间和工作岗位，突发疾病死亡或者在48小时之内经抢救无效死亡的；

（2）在抢险救灾等维护国家利益、公共利益活动中受到伤害的；

（3）职工原在军队服役，因战、因公负伤致残，已取得革命伤残军人证，到用人单位后旧伤复发的。

案例解读

案情概述：罗仁均系重庆市涪陵志大物业管理有限公司保安，在涪陵志大物业公司服务的圆梦园小区上班。2011年12月24日8时30分左右，在兴华中路宏富大厦附近有人对一过往行人实施抢劫，罗仁均听到呼喊声后立即拦住抢劫者的去路，要求其交出抢劫的物品，在与抢劫者搏斗的过程中，不慎从22步台阶摔倒在巷道拐角的平台上而受伤。罗仁均于2012年6月12日向被告重庆市涪陵区人力资源和社会保障局（以下简称涪陵区人社局）提出工伤认定申请。涪陵区人社局当日受理后，于2012年6月13日向罗仁均发出《认定工伤中止通知书》，要求罗仁均补充提交见义勇为的认定材料。2012年7月20日，罗仁均补充了见义勇为相关材料。涪陵区人社局核实后，根据《工伤保险条例》第十四条第七项之规定，于2012年8月9日作出《认定工伤决定书》，认定罗仁均所受之伤属工伤。涪陵志大物业公司不服，向法院提起行政诉讼。在诉讼过程中，涪陵区人社局作出《撤销工伤认定决定书》，并于2013年6月25日根据《工伤保险条例》第十五条第一款第二项之规定，重新作出《认定工伤决定书》，认定罗仁均受伤属于视同工伤。涪陵志大物业公司仍然不服，于2013年7月15日向重庆市人力资源和社会保障局申请行政复议，重庆市人力资源和社会保障局于2013年8月21日作出《行政复议决定书》，予以维持。涪陵志大物业公司遂诉至法院，请求判决撤销《认定工伤决定书》，并责令被告重新作出认定。

此外，重庆市涪陵区社会管理综合治理委员会对罗仁均的行为进行了表彰，并做出了涪综治委发〔2012〕5号《关于表彰罗仁均同志见义勇为行为的通报》。

处理结果：重庆市涪陵区人民法院于2013年9月23日作出行政判决，驳回重庆市涪陵志大物业公司要求撤销被告作出的涪人社伤险认决字〔2013〕524号《认定工伤决定书》的诉讼请求。一审宣判后，双方当事人均未上诉，裁判现已发生法律效力。

解读意见：被告涪陵区人社局是县级劳动行政主管部门，根据国务院《工伤保险条例》第五条第二款规定，具有受理本行政区域内的工伤认定申请，并根据事实和法律作出是否工伤认定的行政管理职权。被告根据重庆市涪陵区社会管理综合治理委员会《关于表彰罗仁均同志见义勇为行为的通报》，认定罗仁均在见义勇为时受伤，事实清楚，证据充分。

《工伤保险条例》第十五条第一款第二项规定："职工在抢险救灾等维护国家利益、公共利益活动中受到伤害的，视同工伤。"公民见义勇为，跟违法犯罪行为做斗争，与抢险救灾一样，同样属于维护社会公共利益的行为，应当予以大力提倡和鼓励。因见义勇为、制止违法犯罪行为而受到伤害的，应当适用《工伤保险条例》第十五条第一款第二项的规定，即视同工伤。

另外，《重庆市鼓励公民见义勇为条例》为重庆市地方性法规，其第十九条、第二十一条进一步明确规定，见义勇为受伤视同工伤，享受工伤待遇。该条例上述规定符合《工伤保险条例》的立法精神，有助于最大限度地保障劳动者的合法权益、弘扬社会正气。

（资料来源：中国法院网）

3. 不能认定为工伤的情形

《社会保险法》第三十七条规定，职工因下列情形之一导致本人在工作中伤亡的，不认定为工伤：

（1）故意犯罪的；
（2）醉酒或者吸毒的；
（3）自残或者自杀；
（4）法律、行政法规规定的其他情形。

案例分析

李某是亳州市某科技有限公司一名水电工，该公司承包了谯城区一小区的物业管理。2013年5月15日，为迎接检查，李某受公司安排，带领几个工人打扫小区北侧的一条路面，在清扫路西侧路段时，因拦截一路过的拉渣土三轮车被撞倒，当场死亡。

亳州市公安局交通警察支队二大队认定，三轮车司机负此事故的全部责任，李某无责任。

2013年9月18日，李某家属向谯城区人社局提出工伤认定申请。用人单位辩称李某是水电工，打扫卫生不是其工作职责，并且，事发当天中午，李某有饮酒行为，故李某死亡不能被认定为工伤。

处理结果：2013年10月28日，亳州市人社局经调查做出认定李某为工伤（亡）的决定。

解读意见：李某虽然是水电工，但扫路是公司的统一安排，属于单位安排的工作任务。李某当时拦截过往的一辆拉渣土三轮车，目的显然是保持路面卫生清洁。根据《工伤保险条例》规定，醉酒不能认定为工伤。事发当天，李某有饮酒行为，事发时李某还在工作，无证据证明李某处于醉酒状态。

（资料来源：亳州晚报数字报纸）

4. 工伤认定申请

（1）申请人及申请时间。

《工伤保险条例》第十七条规定，职工发生事故伤害或者按照《职业病防治法》规定被诊断、鉴定为职业病，所在单位应当自事故伤害发生之日或者被诊断、鉴定为职业病之日起 30 日内提出工伤认定申请。遇有特殊情况，经报社会保险行政部门同意，申请时限可以适当延长。

用人单位未按规定提出工伤认定申请的，工伤职工或者其近亲属、工会组织在事故伤害发生之日或者被诊断、鉴定为职业病之日起 1 年内，可以直接提出工伤认定申请。

（2）工伤认定主体。

申请人向用人单位所在地统筹地区社会保险行政部门申请工伤认定。统筹地区社会保险行政部门是省级社会保险行政部门的，由用人单位所在地的设区的市级社会保险行政部门办理工伤认定。

（3）申请责任。

用人单位未在规定的时限内提交工伤认定申请的，在此期间发生符合规定的工伤待遇等有关费用由该用人单位负担。

（4）提出工伤认定申请应当提交下列材料：

①工伤认定申请表，应当包括事故发生的时间、地点、原因以及职工伤害程度等基本情况；

②与用人单位存在劳动关系（包括事实劳动关系）的证明材料；

③医疗诊断证明或者职业病诊断证明书（或者职业病诊断鉴定书）。

（5）举证责任。

职工或者其近亲属认为是工伤，用人单位不认为是工伤的，由用人单位承担举证责任。

案例分析

孙某在一家汽车修理部上班 3 年多。一天，孙某驾驶摩托车下班回家，途中与迎面而来的汽车相撞，当场死亡。交警介入处理并出具交通事故责任认定书，认定双方责任各半。孙某的妻子向社会保险行政部门申请工伤认定。社会保险行政部门认为，个人申请工伤认定需要孙某所在单位举证。孙某所在单位没有给职工办理工伤保险，拒绝举证。请问：这将影响对孙某死亡的工伤认定吗？

简要分析：用人单位拒绝举证未必影响工伤认定。在工伤认定过程中，社会保险行政部门应当向用人单位送达举证通知书，通知用人单位限期举证。这是保障用人单位提出异议并举证证明自己主张的权利的需要。用人单位可以拒绝举证。在此情况下，社会保险行政部门将根据劳动者一方提供的证据以及调查的相关证据进行工伤认定。

如果孙某的妻子提供的证据以及社会保险行政部门的调查结果能够表明孙某为汽车修理部的职工，是在下班途中遭受机动车事故伤害，并且没有《工伤保险条例》第十六条规定的不得认定为工伤的情形，那么社会保险行政部门应当认定孙某死亡为工伤。

（资料来源：中工网）

四、劳动能力鉴定

职工发生工伤，经治疗伤情相对稳定后存在残疾、影响劳动能力的，应当进行劳动能力鉴定。

劳动能力鉴定是指劳动功能障碍程度和生活自理障碍程度的等级鉴定。

劳动功能障碍分为十个伤残等级，最重的为一级，最轻的为十级。

生活自理障碍分为三个等级：生活完全不能自理、生活大部分不能自理和生活部分不能自理。

劳动能力鉴定标准由国务院社会保险行政部门会同国务院卫生行政部门等制定。

申请鉴定的单位或者个人对设区的市级劳动能力鉴定委员会作出的鉴定结论不服的，可以在收到该鉴定结论之日起15日内向省、自治区、直辖市劳动能力鉴定委员会提出再次鉴定申请。省、自治区、直辖市劳动能力鉴定委员会作出的劳动能力鉴定结论为最终结论。自劳动能力鉴定结论作出之日起1年后，工伤职工或者其近亲属、所在单位或者经办机构认为伤残情况发生变化的，可以申请劳动能力复查鉴定。

案例分析

2015年3月，一煤矿发生瓦斯爆炸，当时李来正在坑道口，被强大的气流击中，摔成重伤。李某头部、左腿、肋骨等多处受伤，其中头部的伤最重。事后，经劳动能力鉴定认定李某头部的伤残等级为四级，左腿为八级，肋骨为九级。李某想知道，像他这种多处受伤的，伤残等级如何评定？

简要分析：李某的伤残等级为四级伤残，应按此享受工伤待遇。根据我国《职工工伤与职业病致残程度鉴定标准》（GB/T16180-2006）3.5晋级原则规定，对于同一器官或系统多处损伤，或一个以上器官不同部位同时受到损伤者，应先对单项伤残程度进行鉴定。如几项伤残等级不同，以重者定级；两项以上等级相同，最多晋升一级。

案例分析

李某是某公司的一名送货司机。5个月前，李某在外出送货途中遭遇车祸，虽没有生命危险，却身受重伤。由于公司没有为孙某办理工伤保险，因此他无法在工伤保险机构报销医疗费用，但公司一直主动承担着这些费用。最近，李某经治疗伤情基本稳定。当公司要对其进行劳动能力鉴定时，他却不予理睬。请问：公司能否因此拒绝继续支付他的医疗费用？

简要分析：公司有权停止支付李某的医疗费用。原因是，劳动能力鉴定是工伤职工享受伤残待遇的前提和基础，不同的鉴定结果决定不同的伤残待遇。

《劳动能力鉴定管理办法》第七条规定："职工发生工伤，经治疗伤情相对稳定后存在残疾、影响劳动能力的，或者停工留薪期满（含劳动能力鉴定委员会确认的延长期限），工伤职工或者其用人单位应当及时向设区的市级劳动能力鉴定委员会提出劳动能力鉴定申请。"《工伤保险条例》第二十一条、第四十二条分别指出：职工发生工伤，经治疗伤情相对稳定后存在残疾、影响劳动能力的,应当进行劳动能力鉴定。工伤职工有下列情形之一的,停止享受工伤保险待遇:丧失享受待遇条件的,拒不接受劳动能力鉴定的,拒绝治疗的。以上规定表明,配合有关部门进行劳动能力鉴定,是工伤职工的法定义务。

五、工伤保险待遇

1. 工伤医疗待遇

职工因工作遭受事故伤害或者患职业病进行治疗,享受以下工伤医疗待遇:
(1) 工伤医疗费用。
治疗工伤所需费用符合工伤保险诊疗项目目录、工伤保险药品目录、工伤保险住院服务标准的,从工伤保险基金中支付。
(2) 住院伙食补助费用。
职工住院治疗工伤的伙食补助费,由各工伤保险统筹地区人民政府规定。
(3) 交通费、食宿费。
经医疗机构出具证明,报经办机构同意,工伤职工到统筹地区以外就医的交通、食宿费用从工伤保险基金中支付,基金支付的具体标准由统筹地区人民政府规定。
(4) 康复治疗费。
治疗工伤所需费用符合工伤保险诊疗项目目录、工伤保险药品目录、工伤保险住院服务标准的,从工伤保险基金中支付。
(5) 辅助器具费。
工伤职工因日常生活或者就业需要,经劳动能力鉴定委员会确认,安装假肢、矫形器、假眼、假牙和配置轮椅等辅助器具,按各省、直辖市工伤辅助器具限额标准,从工伤保险基金中支付。

2. 停工留薪期待遇

工伤职工接受工伤医疗属停工留薪期,原工资福利待遇不变,由所在单位按月支付。停工留薪期一般不超过12个月;伤情严重或者情况特殊,经设区的市级劳动能力鉴定委员会确认,可以适当延长,但延长不得超过12个月。工伤职工在停工留薪期满后仍需治疗的,继续享受工伤医疗待遇。停工留薪期根据医疗机构的诊断证明和各地的停工留薪期分类目录确定,但确定的部门和程序,依地方规定。

3. 生活护理费

生活不能自理的工伤职工在停工留薪期需要护理的,由所在单位负责。
工伤职工已经评定伤残等级并经劳动能力鉴定委员会确认需要生活护理的,由工伤保险基金按月支付生活护理费。
生活护理费按照生活完全不能自理、生活大部分不能自理或者生活部分不能自理三个不同等级支付,其标准分别为统筹地区上年度职工月平均工资的50%、40%或者30%。

4. 伤残津贴

（1）职工因工致残被鉴定为一级至四级的，由工伤保险基金按月支付伤残津贴：一级伤残为本人工资的90%，二级伤残为本人工资的85%，三级伤残为本人工资的80%，四级伤残为本人工资的75%。伤残津贴实际金额低于当地最低工资标准的，由工伤保险基金补足差额；职工因工致残被鉴定为一级至四级伤残的，保留劳动关系，退出工作岗位。

（2）职工因工致残被鉴定为五级至六级的，保留与用人单位的劳动关系，由用人单位安排适当工作。难以安排工作的，由用人单位按月发给伤残津贴，五级伤残为本人工资的70%，六级伤残为本人工资的60%，并由用人单位按照规定为其缴纳应缴纳的各项社会保险费。伤残津贴实际金额低于当地最低工资标准的，由用人单位补足差额。经职工本人提出，可以与用人单位解除或终止劳动关系，由用人单位分别以其解除或终止劳动关系时的统筹地区上年度职工月平均工资为基数，支付一次性工伤医疗补助金和伤残就业补助金（具体标准由省、自治区、直辖市人民政府规定）。

5. 一次性伤残补助金

职工因工致残被鉴定为一至十级伤残的，由工伤保险基金发放一次性伤残补助金，以伤残职工本人工资为标准。

一级伤残为27个月的本人工资，二级伤残为25个月的本人工资，三级伤残为23个月的本人工资，四级伤残为21个月的本人工资，五级伤残为18个月的本人工资，六级伤残为16个月的本人工资，七级伤残为13个月的本人工资，八级伤残为11个月的本人工资，九级伤残为9个月的本人工资，十级伤残为7个月的本人工资。

6. 工亡待遇

职工因工死亡待遇包括丧葬补助金、供养亲属抚恤金、一次性工亡补助金三个部分，由其直系亲属按照下列规定从工伤保险基金中领取：

（1）丧葬补助金。标准为6个月的统筹地区上年度职工月平均工资。

（2）供养亲属抚恤金。按职工本人工资的一定比例发给由工亡职工生前提供主要生活来源、无劳动能力的亲属，标准为配偶每月40%，其他亲属每人每月30%，孤寡老人或者孤儿每人每月在上述标准的基础上增加10%。核定的各供养亲属的抚恤金之和不应高于因工死亡职工生前的工资。

（3）一次性工亡补助金。标准为上年度全国城镇居民人均可支配收入的20倍。

伤残职工停工留薪期内因工伤导致死亡的，其直系亲属享受规定的丧葬补助金、供养亲属抚恤金、一次性工亡补助金待遇；一级至四级伤残职工在停工留薪期满后死亡的，其直系亲属可以享受丧葬补助金、供养亲属抚恤金的待遇。

7. 因工外出时发生事故或在抢险救灾中下落不明的待遇

标准为，职工因工外出期间发生事故或者在抢险救灾中下落不明的，从事故发生当月起3个月内照发工资，从第4个月起停发工资，由工伤保险基金向其供养亲属按月支付供养亲属抚恤金。生活有困难的，可以预支一次性工亡补助金的50%。

六、停止享受工伤保险待遇的情形

根据《工伤保险条例》第四十二条之规定，工伤职工有下列情形之一，停止享受工伤保险待遇：丧失享受待遇条件的，拒不接受劳动能力鉴定的，拒绝治疗的。

关于该条第一项"丧失享受待遇条件的情形"，包括以下两种：

（1）工伤职工在享受工伤保险待遇期间情况发生变化的，不再具备享受工伤保险待遇的条件。如劳动能力得以完全恢复而无须工伤保险制度提供保障时，就应当停发工伤保险待遇。

（2）工亡职工的亲属，在某些情形下，也将丧失享受有关待遇的条件。如享受抚恤金的工亡职工的子女达到一定的年龄或者就业后，丧失享受遗属抚恤待遇的条件；亲属死亡的，丧失享受遗属抚恤待遇的条件等。

案例分析

2014年3月20日13时许，青岛某公司职工王某（未缴纳社会保险费）在工作中被机器夹伤右手，导致右手2～5指近节指骨粉碎性骨折。随后，公司安排王某以同事赵某（已缴纳社会保险费）的名义进行住院诊治。冯某还安排公司会计韩某以赵某的名义申请工伤认定。事后，人社局认定赵某为工伤，并按相关规定拨付给该公司住院伙食补贴及住院统筹38 136.75元。后劳动监察部门查明这是一起骗取工伤保险待遇的案件。青岛市黄岛区劳动监察大队依法责令该公司将骗取的社会保险待遇全部退回，并对该公司处以罚款114 410.25元；该公司主要负责人冯某被公安机关抓获，并被采取相关强制措施。

简要分析：这是劳动监察大队依法对该公司作出的行政处罚。《社会保险法》第八十八条规定，"以欺诈、伪造证明材料或者其他手段骗取社会保险待遇的，由社会保险行政部门责令退回骗取的社会保险金，处骗取金额二倍以上五倍以下的罚款。"

（资料来源：中工网）

七、承担工伤赔偿责任的例外情形

存在劳动关系是用人单位承担工伤赔偿责任的前提，但在司法实践中，一些单位明明与劳动者之间不存在劳动关系，却需要承担工伤赔偿责任。这是由于《最高人民法院关于审理工伤保险行政案件若干问题的规定》第三条第一款第（四）项规定，用工单位违反法律、法规规定将承包业务转包给不具备用工主体资格的组织或者自然人，该组织或者自然人聘用的职工从事承包业务时因工伤亡的，用工单位为承担工伤保险责任的单位。第（五）项规定，社会保险行政部门认定下列单位为承担工伤保险责任单位的，人民法院应予支持：个人挂靠其他单位对外经营，其聘用的人员因工伤亡的，被挂靠单位为承担工伤保险责任的单位。这一规定主要是从有利于职工的角度出发，不以是否存在真实劳动关系为前提,这是对《工伤保险劳动条例》将劳动关系作为工伤认定前提的一般规定之外的特殊情形处理。需要注意的有三点:一是挂靠人是自然人;二是仅适用于挂靠人聘用的人员;三是在挂靠关系中,虽然用人单位需要承担工伤赔偿责任,但司法解释也明确了承担工伤保险责任的单位承担赔偿责任或者社会保险经办机构从工伤保险基金中支付工伤保险待遇后,有权向实际侵权人追偿。

【能力测验】

一、单选题

1. 职工在抢险救灾等维护国家利益、公共利益活动中受到伤害的,应(　　)工伤。
A. 视同　　　　　B. 不认定　　　　C. 视具体情况而定是否认定

2. 《工伤保险条例》中规定,停工留薪期一般不超过(　　)个月。伤情严重或者情况特殊,经设区的市级劳动能力鉴定委员会确认,可以适当延长,但延长不得超过12个月。
A. 6　　　　　B. 9　　　　　C. 10　　　　　D. 12

3. 《工伤保险条例》中规定,职工因工死亡,其近亲属按照下列规定,从工伤保险基金中领取丧葬补助金、供养亲属抚恤金和一次性工亡补助金:丧葬补助金为(　　)个月的统筹地区上年度职工月平均工资。
A. 3　　　　　B. 6　　　　　C. 9　　　　　D. 10

4. 职工被鉴定为一级至四级伤残的,对于其劳动关系处理说法正确的是(　　)。
A. 用人单位解除与工伤职工的劳动关系
B. 保留劳动关系,退出工作岗位
C. 保留与用人单位的劳动关系,由用人单位安排适当工作
D. 经工伤职工本人提出,可以与用人单位解除或者终止劳动关系

5. 一次性工亡补助标准为(　　)。
A. 上一年度全国城镇居民人均可支配收入的20倍
B. 上一年度全国城镇居民人均可支配收入的15倍
C. 48个月至60个月的统筹地区上年度职工月平均工资

6. 在甲县某工厂工作的小王作业时突然摔伤,后小王提出劳动能力鉴定申请。依据《工伤保险条例》的规定,下列说法正确的是(　　)。
A. 小王应向甲县劳动能力鉴定委员会提出劳动能力鉴定申请
B. 甲县所在市的劳动能力鉴定委员会作出的劳动能力鉴定结论为最终结论
C. 小王的父亲不能代小王提出劳动能力鉴定申请
D. 如小王不服有关部门的鉴定结论,可以再次申请鉴定

7. 职工发生工伤,经治疗伤情相对稳定后存在残疾、影响劳动能力的,应当进行(　　)。
A. 劳动能力鉴定　　　　　B. 工作能力鉴定
C. 劳动能力认定　　　　　D. 工作能力认定

8. 《工伤保险条例》中规定,职工发生事故伤害或者按照《职业病防治法》规定,

被诊断、鉴定为职业病,所在单位应当自事故伤害发生之日或者被诊断、鉴定为职业病之日起（　　）日内,向统筹地区社会保险行政部门提出工伤认定申请。遇有特殊情况,经报社会保险行政部门同意,申请时限可以适当延长。

A. 10　　　　B. 20　　　　C. 30　　　　D. 45

9.《工伤保险条例》中规定,职工因工致残被鉴定为一级至（　　）级伤残的,由用人单位和职工个人以伤残津贴为基数,缴纳基本医疗保险费。

A. 三　　　　B. 四　　　　C. 五　　　　D. 六

10.《工伤保险条例》中规定,职工因工致残被鉴定为五级、六级伤残的,享受以下待遇：由工伤保险基金按伤残等级支付一次性伤残补助金,标准为五级伤残为18个月的本人工资,六级伤残为（　　）个月的本人工资。

A. 16　　　　B. 14　　　　C. 12　　　　D. 10

二、案例分析

1. 吴先生几个月前应聘到一家企业上班,公司规定上班时间不允许员工穿拖鞋,但很多员工仍穿着拖鞋上班,公司也没有什么惩罚措施。前几天吴先生在工作中也穿着拖鞋,由于脚滑一下摔倒,造成伤害,随后被送往医院进行救治。后来吴先生要求厂里给申报工伤时,公司说他违反了安全规定,不属于工伤。请问,这种情况属于工伤吗？

2. 2017年11月的一天,临近下午下班时,杨某接到加班通知。他和工友加完班,已接近晚上9点。因公司未提供晚餐,杨某就同工友去公司附近的餐馆吃饭。吃饭用了大约半个小时,之后杨某驾驶摩托车回家,途中被一辆汽车当场撞死。事故经交警认定,肇事车辆承担事故全部责任。杨某的妻子认为,丈夫的死亡应属工伤,于是申请工伤认定。但杨某所属公司却认为杨某下班后没直接回家,而是与他人一起去餐馆吃饭,之后才在回家途中遭遇了车祸,因此认为杨某的死亡不属于工伤。

杨某加班吃饭后回家遇车祸算不算工伤？说明理由。

3. 徐某是某管业公司职工,其与公司一直没有签订书面劳动合同,该管业公司也没有依法给徐某缴纳工伤保险费,但公司每月都按时将2900元左右的工资发到他手上。2017年9月25日,徐某在管业公司铸造车间工作时,被铁水溅入双眼受伤,住院治疗后被诊断为角膜烧伤、睑球粘连。2018年5月28日,徐某向社会保险行政部门提出工伤认定申请。该部门受理后,作出工伤认定决定书。问：认定工伤的理由是什么？徐某需要申请劳动能力鉴定吗？应该由谁支付工伤保险待遇？

工作任务四　失业保险待遇

【学习目标】

探究知识：失业保险制度的组成要素、全方位失业保险制度的含义。
获得能力：掌握失业保险待遇的给付条件和给付原则。

我国失业保险制度起步于1950年失业救济，初建于1986年国有企业职工待业保险，成型于1999年颁布实施的《失业保险条例》。失业保险是指国家通过立法强制实行的，由社会集中建立基金，对因失业而暂时中断生活来源的劳动者提供物质帮助的制度。建立失业保险的目的是保障失业人员失业期间的基本生活，促进其再就业。

一、失业保险参保范围

失业指的是具有劳动能力的处在法定劳动年龄阶段并有就业愿望的劳动者失去或没有得到劳动有报酬的工作岗位的社会现象。

参加失业保险的范围包括：企业、事业单位、社会团体、民办非企业单位、基金会、律师事务所、会计师事务所等组织及其职工，基本覆盖了与单位建立劳动关系的职业人群。

职工应当参加失业保险，由用人单位和职工按照国家规定共同缴纳失业保险费。

二、失业保险的缴费基数

《失业保险条例》规定，城镇企业事业单位按照本单位工资总额的百分之二缴纳失业保险费，职工按照本人工资的百分之一缴纳失业保险费。

案例分析

在一次社会保险执法大检查中，劳动行政部门发现某公司缴纳失业保险费的基数与其工资总额存在很大的差距。劳动行政部门询问其原因，企业解释说，该企业是按支付给本企业所招用的城镇职工的工资为基数缴纳失业保险费的，基数中未包括支付给农民合同制工人的工资。劳动行政部门指出了该企业的错误，并作出了责令其补缴应缴而未缴的失业保险费的决定。

简要分析：这是一起错误理解失业保险费的缴费基数的案例。《失业保险条例》第六条规定："城镇企业事业单位按照本单位工资总额的百分之二缴纳失业保险费。"

对于工资总额的理解,应当依据国家有关规定。《国家统计局关于工资总额组成的规定》(1989年9月30日国务院批准,1990年1月1日国家统计局发布,国家统计局令第1号)明确规定,工资总额是单位在一定时期内支付给本单位全部职工的劳动报酬总额,工资总额的计算应以直接支付给职工的全部劳动报酬为根据。工资总额的组成包括:计时工资、计件工资、奖金、津贴和补贴、加班加点工资、特殊情况下支付的工资。工资总额不包括的范围有:根据国务院发布的有关规定颁发的创造发明奖、自然科学奖、科技技术进步奖和支付的合理化建议和技术改进奖以及支付给运动员和教练员的奖金,有关劳动保险和职工福利方面的各项费用,有关离休、退休、退职人员待遇的各项支出,劳动保护的各项支出,稿费、讲课费及其他专门工作报酬,出差伙食补助费、误餐补助、调动工作的旅费和安家费,实行租赁经营单位和承租人的风险性补偿收入,对购买本企业股票和债券的职工所支付的股息和利息,支付给家庭工人的办公费和按加工订货办法支付给承包单位的发包费用,计划生育补贴等。

根据国家统计局的这一规定,企业支付给本企业各类职工的工资都应纳入失业保险费的缴费基数。对于《失业保险条例》规定的"城镇企事业单位招用的农民合同制工人本人不缴纳失业保险费",不能理解为企业支付给本单位农民合同制工人的工资也不纳入单位的失业保险费缴纳基数。

三、领取失业保险金

1. 可以领取失业保险金的条件

(1)按照规定参加失业保险,所在单位和本人已按照规定履行缴费义务满1年的;
(2)非因本人意愿中断就业的;
(3)已办理失业登记的;
(4)有求职要求的。

哪些情形属于非因本人意愿中断就业?原劳动保障部发布的《失业保险金申领发放办法》对此作了规定,主要包括:终止劳动合同,职工被用人单位解除劳动合同,职工被用人单位开除、除名和辞退,用人单位违法或违反劳动合同导致职工辞职。

办理失业登记是为了掌握失业人员的基本情况,确认其资格。须有求职要求,是考虑到失业保险的一个重要功能是促进失业人员再就业,这是享受失业保险待遇的一个前提,也是失业人员应尽的义务。

案例分析

刘某2017年2月到某房屋中介公司担任业务员,最初公司能按时向员工支付劳动报酬,并一直为员工办理社会保险。从2018年6月开始公司拖欠员工工资,且从2018年7月开始公司规定员工加班没有加班费。刘某不堪忍受公司的盘剥,就以公司未及时支付劳动报酬、公司的规章制度违反《劳动法》为由,于2008年10月提出与单位解除劳动合同。刘某想知道:自己是否属于"非因本人意愿中断就业",能否享受失业保待遇？

简要分析：刘某辞职属于"非因本人意愿中断就业"，可以享受失业保险待遇。从表面上看是刘某主动提出与单位解除劳动合同的，实际上却是因为单位行为违法侵害劳动者权益，迫使劳动者提出中断就业。

案例分析

1986年12月3日，李某至某机械有限公司工作。2017年7月，公司因订单减少、产品滞销，处于停产状态，经协商，单位与李某解除了劳动合同，并为李某办理了失业手续，李某开始按规定领取失业保险金。2018年7月10日，李某达到法定退休年龄，办理了退休手续，开始享受基本养老保险待遇，同时人社部门停止发放其失业保险金。李某疑惑不解，认为自己在单位工作了三十多年，单位按规定缴纳了失业保险费，他应当享受24个月的失业保险金，现在为什么不让领了呢？因此李某到当地人社部门进行咨询。

简要分析：职工享受基本养老保险待遇后，停止领取失业保险金。

《社会保险法》第五十一条规定，失业人员在领取失业保险金期间有下列情形之一的，停止领取失业保险金，并同时停止享受其他失业保险待遇：

（1）重新就业的；

（2）应征服兵役的；

（3）移居境外的；

（4）享受基本养老保险待遇的；

（5）无正当理由，拒不接受当地人民政府指定部门或者机构介绍的适当工作或者提供的培训的。

2. 领取失业保险金的期限

失业人员失业前用人单位和本人累计缴费满一年不足五年的，领取失业保险金的期限最长为十二个月；累计缴费满五年不足十年的，领取失业保险金的期限最长为十八个月；累计缴费十年以上的，领取失业保险金的期限最长为二十四个月。

重新就业后，再次失业的，缴费时间重新计算，领取失业保险金的期限与前次失业应当领取而尚未领取的失业保险金的期限合并计算，最长不超过二十四个月。

案例分析

李某累计缴纳失业保险费6年，失业后领取2个月失业保险金后重新就业，1年后再次失业。假设其所在地政府规定累计缴费满6年领取失业保险金期限为14个月，累计缴费满1年领取失业保险金期限为2个月，那么李某再次失业可领取失业保险金的期限是多少？

简要分析：根据《失业保险条例》，重新就业后再次失业的，缴费时间重新计算，领取期限可与前次失业应领取而尚未领取的期限合并计算，但最长不超过24个月。

李某首次失业时应领取14个月的失业保险金，实际领取2个月后重新就业，不再符合领取条件，停止领取失业保险金。李某再次失业时应领取失业保险金2个月，加上尚未领取的12个月共14个月，没有超过24个月，所以现在李某可以按照14个月领取失业保险金。

3. 失业保险金的标准

失业保险待遇中最主要的部分是领取失业保险金。

失业保险金的标准，由省、自治区、直辖市人民政府确定，不得低于城市居民最低生活保障标准。

案例解读

案情概述：2006年2月，黄某被重庆市某学校聘请为代课老师。2012年7月暑假后，校方单方解除了与黄某的劳动关系。2012年11月12日，黄某向学校所在的县劳动人事争议仲裁委员会申请劳动仲裁，认为学校无故辞退，要求学校支付经济补偿；且校方未给其办理失业保险，要求校方支付其失业期间应该享受的失业保险金。

处理结果：劳动仲裁裁决支持黄某诉求，裁决学校支付经济补偿5200元与14个月的失业保险金11 256元。校方不服遂提起诉讼，认为不应支付黄某失业保险金，法院一审判决确认了劳动仲裁结果；后校方提起上诉，二审维持一审判决内容。

解读意见：本案争议的焦点为学校是否应赔偿黄某失业保险金。黄某依法享有失业保险待遇，学校与黄某建立劳动关系后未为其依法办理参加失业保险相关手续，导致黄某在终止劳动合同后无法领取失业保险金，学校应负担赔偿责任。《社会保险法》第四十七条规定：失业保险金的标准，由省、自治区、直辖市人民政府确定，不得低于城市居民最低生活保障标准。该法律规定赋予了省级人民政府对失业保险金的立法权限。黄某的失业保险赔偿应依据重庆市人民政府制定的失业保险地方性行政规章。《重庆市失业保险条例实施办法》第十三条规定：单位未按规定参加失业保险，造成失业人员不能享受失业保险待遇，单位应比照失业人员工作年限应享受失业保险金的120%予以赔偿。黄某主张失业保险赔偿的时间为14个月，且其失业期间内重庆市的失业保险金的标准为每月670元，因此重庆市某学校应赔偿黄某失业保险金为11 256元。

4. 失业保险金的领取程序

（1）用人单位应当及时为失业人员出具终止或者解除劳动关系的证明，并将失业人员的名单自终止或者解除劳动关系之日起十五日内告知社会保险经办机构。

（2）失业人员应当持本单位为其出具的终止或者解除劳动关系的证明，及时到指定的公共就业服务机构办理失业登记。

（3）失业人员凭失业登记证明和个人身份证明，到社会保险经办机构办理领取失业保险金的手续。

失业保险金领取期限自办理失业登记之日起计算。

失业保险金由社会保险经办机构按月发放。

案例分析

2001年陈某入职某印刷公司担任运货司机职务，2012年6月陈某因患腰椎间盘突出不能继续在原岗位工作，休病假至2013年6月，陈某回岗后，印刷公司调整陈某至印刷工人岗位，陈某依然不能完成工作，印刷公司于2014年1月与陈某协商解除劳动关系，并支付陈某解除劳动关系经济补偿金。印刷公司自2001年起为陈某缴纳失业保险金至2014年1月解除劳动关系时，与陈某解除劳动关系一周后，陈某曾致电工厂负责人要领取失业保险金，但印刷公司工厂和办公室相隔较远，工厂负责人通知陈某去办公室自行申请办理手续，陈某因路远事忙未去办理。2014年9月，陈某因未能在规定期限内办理失业保险金领取手续，产生失业保险金待遇损失而诉至仲裁委员会。

本案中产生失业保险损失的责任由谁承担？

简要分析：印刷公司应当承担陈某失业保险待遇损失赔偿责任。《劳动合同法》第五十条规定："用人单位应当在解除或者终止劳动合同时出具解除或者终止劳动合同的证明，并在十五日内为劳动者办理档案和社会保险关系转移手续。"第八十九条规定："用人单位违反本法规定未向劳动者出具解除或终止劳动合同的书面证明，由劳动行政部门责令改正；给劳动者造成损害的，应当承担赔偿责任。"《社会保险法》第五十条还规定："用人单位应当及时为失业人员出具终止或者解除劳动关系的证明，并将失业人员的名单自终止或者解除劳动关系之日起十五日内告知社会保险经办机构。"

具体到本案，印刷公司未主动将陈某失业保险待遇领取凭证及办理手续交付陈某，导致陈某在失业保险待遇领取期间未登记，而失去了享受失业保险待遇的权利，印刷公司应当承担赔偿损失的责任。

（资料来源：哈尔滨市人力资源和社会保障局网）

四、基本医疗保险待遇

失业人员在领取失业保险金期间，参加职工基本医疗保险，享受基本医疗保险待遇。

失业人员应当缴纳的基本医疗保险费从失业保险基金中支付，个人不缴纳基本医疗保险费。这一制度安排，主要是考虑失业人员在失业期间，无法获得维持生活所需的工资收入，由失业保险基金承担失业人员的基本医疗保险费用，可以减轻失业人员的负担，缓解其由失业带来的生活压力。

《失业保险条例》第十九条规定："失业人员在领取失业保险金期间患病就医的，可以按照规定向社会保险经办机构申请领取医疗补助金。医疗补助金的标准由省、自治区、直辖市人民政府规定。"医疗补助一般采取门诊费定额补助和住院费按比例补助的办法，具体标准和申领程度由省级人民政府规定。门诊补助一般为每月10～20元，随失业保险金一同发放。住院补助多为按比例报销的方式，一般在实际费用的50%～70%，但一些地方对报销总额有上限的规定。另外，失业人员在领取失业保险金期间患危重病，按前款规定给予补助后，个人及其家庭负担仍确有困难的，可给予一次性补助，补助标准不超过本人应领取失业保险金总额的200%。有的省规定，符合计划生育政策的妇女，在领取失业保险金期间生育的,可以领取生育补助金,数额一般为本人月失业保险金标准的 3~4 倍。

五、领取丧葬补助金和抚恤金

失业人员在领取失业保险金期间死亡的,参照当地对在职职工死亡的规定,向其遗属发给一次性丧葬补助金和抚恤金。所需资金从失业保险基金中支付。

个人死亡同时符合领取基本养老保险丧葬补助金、工伤保险丧葬补助金和失业保险丧葬补助金条件的,其遗属只能选择领取其中的一项。

案例分析

张某于 2014 年 6 月入职到深圳某公司担任保安员,2016 年 8 月,张某因多次在工作时间睡觉,严重违反了公司规章制度,被公司解除劳动合同,公司为其办理了离职手续。因年纪太大,张某离职后一时间没有找到合适工作,以领取失业保险金维持生活。同年 9 月,张某因心脏病发,经医院抢救无效,不幸去世。那么,张某在领取失业保险金期间去世,其遗属可以享受哪些待遇呢?

简要分析:张某死亡后,其遗属有权向当地社保部门主张领取丧葬补助金和抚恤金。《失业保险条例》第二十条规定:"失业人员在领取失业保险金期间死亡的,参照当地对在职职工的规定,对其家属一次性发给丧葬补助金和抚恤金。"

遗属待遇的领取条件是失业人员必须在领取失业保险金期间死亡,至于死亡原因,则只需符合失业保险金领取人客观上已经死亡这一事实即可。这里所说的"死亡",适用《民法总则》所规定的死亡定义,包括生理死亡和推理死亡,前者包括病故、意外伤害死亡等,后者是指被人民法院宣告死亡。

领取项目为丧葬补助金和抚恤金。根据原劳动和社会保障部《失业保险金申领发放办法》第十条的规定,"失业人员在领取失业保险金期间死亡的,其家属可持失业人员死亡证明、领取人身份证明、与失业人员的关系证明,按规定向经办机构领取一次性丧葬补助金和其供养配偶、直系亲属的抚恤金。失业人员当月尚未领取的失业保险金可由其家属一并领取"。

遗属待遇应一次性领取,不逐月领取。

多项丧葬补助金发生竞合时,只能领取其中一项。个人死亡同时符合领取基本养老保险丧葬补助金、工伤保险丧葬补助金和失业保险丧葬补助金条件的,其遗属只能选择领取其中的一项。由于各地区情况不同,这三项丧葬补助金的标准也可能不同,其遗属可以选择领取其中待遇较高的一项,更有利于保障其权益。

遗属待遇标准方面,国家层面的法律法规只作了原则性规定,具体标准则由各省级地区自行规定。《失业保险金申领发放办法》第十六条规定,"失业保险金以及医疗补助金、丧葬补助金、抚恤金、职业培训和职业介绍补贴等失业保险待遇的标准按照各省、自治区、直辖市人民政府的有关规定执行"。

六、就业帮助

领取失业保险金期间接受职业培训、职业介绍的补贴,补贴的办法和标准由省、自治区、直辖市人民政府规定。

案例分析

2017年7月,小王毕业后入职某公司,双方签了3年期劳动合同,并约定试用期5个月,入职后不久公司就为其办理了失业保险等手续。

试用期满前,公司经考核认为小王不符合录用条件,遂解除了双方的劳动合同。

公司在送交解约书时,嘱咐小王尽快去办理失业登记。小王在办理手续时了解到,其因工作不足5个月就被辞退了,缴费不满1年,不能申请领取失业保险金,于是就放弃了失业登记。在这种情况下小王可以获得就业帮助吗?

简要分析:小王确实不符合享受失业保险待遇的条件,但是,她也应当到公共就业服务机构办理失业登记。因为,失业人员无论是否符合领取失业保险金的条件,只要办理了失业登记,就可以享受公共就业服务和就业扶持政策。这些政策包括免费的职业培训、职业介绍(如免费的就业信息、就业咨询、就业指导和就业介绍等服务)、提供公益性就业岗位等。

七、失业保险关系的转迁

1. 企业事业单位失业保险关系的转迁

失业保险实行属地管理,企业事业单位应参加单位所在地的失业保险统筹。企业事业单位成建制跨统筹地区转移,是指这一单位及其职工转移到其他统筹地区,单位注册登记地也随之转移。在这种情况下,企业事业单位应当向原受理其失业保险业务的经办机构提出申请,由经办机构审核后开具转移证明,注明职工人数、参加失业保险有关情况等,由迁入地经办机构负责接续其失业保险关系。

2. 个人失业保险关系的转迁

(1)职工失业保险关系的转迁。职工在职期间,个人跨统筹地区调动工作的,由转出地经办机构出具转迁证明,转入地经办机构负责接收,并为其办理继续参保的手续。在转出地工作期间的累计缴费年限应当与转入地工作期间的缴费年限合并计算,其已在转出地缴纳的失业保险费不划转。

(2)失业人员失业保险关系的转迁。失业人员失业保险关系跨省、自治区、直辖市转迁的,迁出地经办机构应为其开具转迁证明,将所需费用随失业保险关系一并划转至迁入地经办机构,失业人员到迁入地经办机构领取失业保险金。划转的费用包括:失业保险金、医疗补助金和职业培训、职业介绍补贴,其中医疗补助金、职业培训和职业介绍补贴按失业人员应享受失业保险金总额的一半计算。在省、自治区范围内跨统筹地区转迁的，失业保险费用的处理由省级劳动行政部门规定。

案例分析

李某在深圳一家电子厂担任仓库管理员，2018年5月，公司因经营困难进行经济性裁员，仓库管理员由6人降至4人，李某被裁员，公司依法支付了经济补偿金。李某离职后，在老家湖南找到了一份工作，没有在原所在地申请领取失业保险金。李某被裁员前缴纳了三年多的失业保险，他回老家后，可以享有哪些失业保险权益呢？

简要分析：李某可以向该公司所在地社保部门申请失业保险关系跨地区转移，以保障其失业保险权益不受损害。《社会保险法》第五十二条规定，职工跨统筹地区就业的，其失业保险关系随本人转移，缴费年限累计计算。《失业保险条例》第二十二条规定，城镇企业事业单位成建制跨统筹地区转移，失业人员跨统筹地区流动的，失业保险关系随之转迁。

其一，关于跨统筹地区就业的规定。所谓跨统筹地区就业，是指劳动者到当前的统筹地区以外的地区就业。对统筹地区的界定，《失业保险条例》第七条规定，失业保险基金在直辖市和设区的市实行全市统筹；其他地区的统筹层次由省、自治区人民政府规定。

其二，失业保险关系随本人转移。《失业保险金申领发放办法》第二十二条规定，失业人员失业保险关系跨省、自治区、直辖市转迁的，失业保险费用应随失业保险关系相应划转。

其三，失业保险费用转移的项目。《失业保险金申领发放办法》第二十二条规定，需划转的失业保险费用包括失业保险金、医疗补助金和职业培训、职业介绍补贴。其中，医疗补助金和职业培训、职业介绍补贴按失业人员应享受的失业保险金总额的一半计算。

其四，职工跨统筹地区就业的，其失业保险关系随本人转移，缴费年限累计计算。

【能力测验】

一、单选题

1. 我国规定，累计缴费时间满5年不足10年的，领取失业保险金的期限最长为（　　）个月。

A. 12　　　　　B. 18　　　　　C. 20　　　　　D. 24

2. 职工跨统筹地区就业的，其失业保险关系（　　），缴费年限累计计算。

A. 不转移　　　　　　　　　B. 随本人转移
C. 由个人选择转移或不转移　D. 由用人单位选择转移或不转移

3. 老王在领取失业保险金期间因达到退休年龄办理了退休手续，遂开始领取养老金。那么，他还能继续领取失业保险金吗？（　　）

A. 可以继续领取剩余的失业保险金
B. 可以再领取一个月的失业保险金

C. 不可以

D. 不可以，但可以享受其他失业保险待遇

4. 失业人员在领取失业保险金期间患病就医的，可以按照规定向社会保险经办机构申请领取医疗补助金。医疗补助金的支付渠道是哪一个？（   ）

A. 医疗保险基金　　　　　　B. 一岗职工基本生活保障资金

C. 失业保险基金　　　　　　D. 城市居民最低生活保障基金

5. 失业人员在领取失业保险金期间自谋职业后，能否继续领取失业保险金？（   ）

A. 继续按月领取　　　　B. 停止领取　　C. 一次性领取

6. 职工应当参加失业保险，由（   ）按照国家规定共同缴纳失业保险费。

A. 用人单位　　　　　　　　B. 职工

C. 用人单位和职工　　　　　D. 用人单位、职工、政府财政补贴三方

7. 失业保险金的标准不得低于（   ）。

A. 城市居民最低生活保障标准

B. 上年度社会平均工资水平

C. 参保职工在职期间平均工资水平

D. 参保所在地平均社会保险缴费基数

8. 职工跨统筹地区就业的，其失业保险关系随本人转移，缴费年限（   ）。

A. 中止计算　　　　　　　B. 分段计算

C. 累计计算　　　　　　　D. 重新计算

9. 失业人员领取失业保险金，需按规定参加失业保险，且所在单位和本人已按规定履行缴费义务满（   ）年。

A. 1　　　　B. 2　　　　C. 3　　　　D. 4

10. 用人单位应当将失业人员的名单自终止或者解除劳动关系之日起（   ）日内告知社会保险经办机构。

A. 5　　　　B. 7　　　　C. 10　　　　D. 15

11. 失业人员领取失业保险金的期限最长为（   ）个月。

A. 16　　　　B. 18　　　　C. 24　　　　D. 28

12. 失业保险金应（   ）发放。

A. 按天　　　B. 按月　　　C. 按季度　　　D. 按年

二、案例分析

1. 李某人到中年后于2018年8月失业。按照规定，他办理了领取失业保险金手续，每月可领到失业保险金1425元，正当李某在努力争取重新就业时，他不幸染上疾病，需要住院治疗。他可以获得基本医疗保险待遇吗？

2. 2018年2月，王某在劳动合同期满后，由于单位没有与他续签合同而失业了，后经社保部门核定，王某可以按月领取失业保险金，领取期限为24个月。2018年7月，王某因身体不适到医院就诊，被诊断为癌症晚期，住院治疗1个月后死亡。死者的遗属可以向社保行政部门提出哪些权益要求？

3. 张某在一机械加工厂工作，2017年7月，该企业因经营不善宣告破产，此时工作不到5年的张某也因此下岗失业。在当地劳动就业部门的帮助下，2018年3月，张某找到了一份新工作，可是仅过了半年多，张某就因为无法适应岗位技术要求而被新公司辞退。在家待了一段时间后，张某到市社会保险经办机构咨询领取失业保险金的事情。社会保险经办机构的工作人员告诉张某，由于其已经领取了6个月的失业保险金，最多还可以再领取6个月。张某不理解，他认为自己已经工作了5年多，也缴纳了失业保险费，按照相关规定应该可以领取18个月的失业保险金，可为什么社会保险经办机构的工作人员却说只能申领1年的失业保险金呢？

4. 余某于1999年参加工作，2013年9月被公司裁减，社会保险经办机构核定其领取失业保险金的期限为24个月。2014年9月，经就业机构介绍，余某进入某学校后勤部门，社保机构停发了她剩余12个月的失业保险金。

余某重新就业后，学校继续为她缴纳失业保险。2017年8月，余某因主动辞职而再次失业。此时，余某可否继续享受失业保险待遇？

工作项目五　解除劳动合同

工作任务一　依法解除劳动合同

【学习目标】

探究知识：解除劳动合同的类型、法定事由及程序。

获取能力：能够界定什么是违法解除劳动合同，不论是劳动者还是用人单位都能够依据法定事由和法定程序解除合同。

一、解除劳动合同的类型与法定事由

1. 双方协商一致

《劳动合同法》第三十六条规定，用人单位与劳动者协商一致，可以解除劳动合同。

2. 劳动者提前通知

《劳动合同法》第三十七条规定，劳动者提前三十日以书面形式通知用人单位，可以解除劳动合同；劳动者在试用期内提前三日通知用人单位，可以解除劳动合同。

3. 劳动者随时解除合同

《劳动合同法》第三十八条规定，用人单位有下列情形之一的，劳动者可以解除劳动合同：

（1）未按照劳动合同约定提供劳动保护或者劳动条件的；

（2）未及时足额支付劳动报酬的；

（3）未依法为劳动者缴纳社会保险费的；

（4）用人单位的规章制度违反法律、法规的规定，损害劳动者权益的；

（5）用人单位以欺诈、胁迫的手段或者乘人之危，使劳动者在违背真实意思的情况下订立或者变更劳动合同的；

（6）用人单位在劳动合同中免除自己的法定责任、排除劳动者权利的；

（7）用人单位违反法律、行政法规强制性规定的；

（8）用人单位以暴力、威胁或者非法限制人身自由的手段强迫劳动者劳动的；
（9）用人单位违章指挥、强令冒险作业危及劳动者人身安全的；
（10）法律、行政法规规定劳动者可以解除劳动合同的其他情形。

案例分析

自1995年9月开始，王某一直在某商贸有限责任公司工作，双方签订有无固定期限劳动合同。2017年12月9日，王某向单位提交辞职报告，要求解除劳动关系，但该公司以王某掌握了公司的很多技术和销售信息，如果王某离职会给公司造成较大损失为由拒绝。2018年4月25日，王某向当地劳动争议仲裁委员会申请劳动仲裁，要求解除双方的劳动关系。仲裁委裁决双方的劳动关系于2018年4月25日终止。该公司不服，诉至法院。法院审理后认定双方的劳动关系于2018年4月25日解除。

简要分析：根据《劳动合同法》第三十七条，劳动者提前三十日以书面形式通知用人单位，就可以单方解除劳动合同，不需要征得用人单位的同意。王某向单位提交了辞职报告，该公司应当于收到辞职报告后30日内，做好办理王某离职手续的准备。该公司拒绝王某辞职，则自提出辞职报告之日起第30日后王某有权随时解除劳动关系。王某于2018年4月25日向当地劳动仲裁部门申请仲裁，要求解除双方的劳动关系，故双方的劳动关系于2018年4月25日解除。

4. 用人单位随时解除合同

《劳动合同法》第三十九条规定，劳动者有下列情形之一的，用人单位可以解除劳动合同：
（1）在试用期间被证明不符合录用条件的；
（2）严重违反用人单位的规章制度的；
（3）严重失职，营私舞弊，给用人单位造成重大损害的；
（4）劳动者同时与其他用人单位建立劳动关系，对完成本单位的工作任务造成严重影响，或者经用人单位提出，拒不改正的；
（5）以欺诈、胁迫的手段或者乘人之危，使用人单位在违背真实意思的情况下订立或者变更劳动合同致使劳动合同无效的；
（6）被依法追究刑事责任的。

案例分析

郑某于2018年1月4日进入某贸易公司工作，双方签订了为期2年的劳动合同。2019年3月6日下午及3月13日下午，郑某分别旷工半天，此事被公司领导知道后，公司随即在2019年3月16日书面通知郑某解除劳动合同，理由为郑某经常旷工，严重违反用人单位的规章制度。该规章制度规定，经常无故旷工属于严重违纪，公司有权提前解除劳动合同，该规章制度在制定时经职工代表大会讨论通过，且公司已将该规章制度向全体职工公示。郑某表示确实知道单位的规章制度，但其认为两次旷工不能被认定为经常旷工。该贸易公司的规章制度能否足以作为解除劳动合同的依据？

简要分析：不能，贸易公司的解除行为已构成违法解除。依据《劳动合同法》第三十九条，严重违反用人单位规章制度的，用人单位可以解除劳动合同。郑某确实存在旷工行为，也确实违反了公司的规章制度，但是，从常理上看，两次各半天的旷工行为并不足以被认定为经常旷工。什么是"经常旷工"，需要用人单位在规章制度中予以合理具体的规定。

案例解读

案情概述：2012年10月11日周某进入某销售公司工作，双方签订了书面劳动合同，期限为2012年10月11日至2015年10月10日，约定周某在销售部门从事销售工作。2015年2月，公司查实湖南巡场代表龚某在职期间为门店提供其他公司产品的供货服务，龚某属于周某直接管辖。该公司经民主程序制定的《虚假事件问责制度》规定，为其他单位或个人提供劳动或劳务，构成虚假人员事实；又规定1个自然月内，所辖范围存在虚假人员的情形，构成虚假人员行为的当事人（N）及上一级责任人（N+1）解除劳动合同。2015年4月15日，公司通知周某，根据《劳动合同法》第三十九条之规定解除双方劳动合同。周某提起仲裁申请，请求公司支付违法解除劳动合同的赔偿金。

处理结果：仲裁委员会裁决公司应支付周某赔偿金。被申请人不服，选择在广州市提起诉讼，广州市一审、二审均支持裁决结果。

解读意见：公司解除与周某的劳动合同所依据的规章制度不合法不合理。

"N+1"的处罚规则，属于"无因"追责上级，过于严苛。公司的《虚假事件问责制度》实质上是要求上级对下级的忠诚意识和职业操守承担无限责任，此种义务的设定显然超出了劳动者履职能力范围。"N+1"追责制意味着用人单位可以单方解除无过错的劳动者。

（资料来源：长沙市人民政府网）

5. 用人单位提前通知或者额外支付一个月工资

《劳动合同法》第四十条规定，有下列情形之一的，用人单位提前三十日以书面形式通知劳动者本人或者额外支付劳动者一个月工资后，可以解除劳动合同：

（1）劳动者患病或者非因工负伤，在规定的医疗期满后不能从事原工作，也不能从事由用人单位另行安排的工作的；

（2）劳动者不能胜任工作，经过培训或者调整工作岗位，仍不能胜任工作的；

（3）劳动合同订立时所依据的客观情况发生重大变化，致使劳动合同无法履行，经用人单位与劳动者协商，未能就变更劳动合同内容达成协议的。

选择额外支付劳动者一个月工资解除劳动合同的，其额外支付的工资应当按照该劳动者上一个月的工资标准确定。

案例分析

最近，某企业营销员小何超额完成了企业年初下达的销售指标，出勤、工作态度、工作纪律等各项也都达标，可就因为被评为"末位"，而被企业借口实行"末位淘汰制"

辞退了。解除劳动合同后，单位连经济补偿也不给。小何愤愤不平，遂咨询：单位这样做是否合法？

简要分析：企业将其辞退的做法不合法。劳动者不能胜任工作，是指在岗位职责或劳动定额合理的前提条件下，劳动者的劳动能力不足以胜任工作。与其他员工比较，某员工的工作绩效处于末位，并不意味着其未履行岗位职责或未完成劳动定额。本案中，营销员小何超额完成了企业年初下达的销售指标，出勤、工作态度、工作纪律等各项也都达标，证明她是胜任该工作的。

案例分析

某光电技术有限公司成立于2013年，由于创业初期公司急于扩张规模，部门设置凌乱。几年后，公司初具规模，公司高层决定整合公司内设部门，将市场部和商务部合并为市场拓展部，对人员也作了相应调整。程某是公司原市场部员工，部门合并后，程某被公司调至其他部门。公司与程某对调整工作岗位的问题始终不能达成一致意见。2018年5月10日，公司向程某发出解除劳动合同通知书，内容为："由于公司部门调整，程某原有工作岗位被合并，经与程某协商后，未能就变更劳动合同内容达成一致意见。根据《劳动合同法》关于'劳动合同订立时所依据的客观情况发生重大变化，用人单位可以解除劳动合同'的规定，公司决定自2018年6月10日起解除与程某的劳动合同，并按照相关法律规定支付相应的经济补偿。"

部门合并是否属于《劳动合同法》中的"客观情况发生了重大变化"？如何理解"客观情况发生重大变化"？

简要分析：所谓"客观情况发生重大变化"，原劳动部印发的《关于〈劳动法〉若干条文的说明》将其界定为"发生不可抗力或出现致使劳动合同全部或部分条款无法履行的其他情况，如企业迁移、被兼并、企业资产转移等，并且排除本法第二十七条所列的客观情况（裁员）"。后来《劳动合同法》第三十三条规定，用人单位变更名称、法定代表人、主要负责人或者投资人等事项，不影响劳动合同的履行；第三十四条规定，用人单位发生合并或者分立等情况，原劳动合同继续有效，劳动合同由承继其权利和义务的用人单位继续履行。

另外，有些地方性法律文件也对此进行了界定。例如，2017年4月24日发布的《北京市高级人民法院、北京市劳动人事争议仲裁委员会关于审理劳动争议案件法律适用问题的解答》（《解答》）第十二条规定，下列情形一般属于"劳动合同订立时所依据的客观情况发生重大变化"：地震、火灾、水灾等自然灾害形成的不可抗力；受法律、法规、政策变化导致用人单位迁移、资产转移或者停产、转产、转（改）制等重大变化的；特许经营性质的用人单位经营范围等发生变化的。

本案中，该公司虽然将市场部和商务部合并为市场拓展部，原市场部不存在了，但合并后的市场拓展部仍然承继着原市场部的业务和工作职能，程某的工作岗位并没有被真正取消，部门合并未导致劳动合同不能实际履行，因此，不符合《劳动合同法》规定的"客观情况发生重大变化，导致劳动合同无法履行"的条件。

6. 裁员

《劳动合同法》第四十一条规定，有下列情形之一，需要裁减人员二十人以上或者裁减不足二十人但占企业职工总数百分之十以上的，用人单位提前三十日向工会或者全体职工说明情况，听取工会或者职工的意见后，裁减人员方案经向劳动行政部门报告，可以裁减人员：

（1）依照《中华人民共和国企业破产法》（简称《企业破产法》）规定进行重整的；

（2）生产经营发生严重困难的；

（3）企业转产、重大技术革新或者经营方式调整，经变更劳动合同后，仍需裁减人员的；

（4）其他因劳动合同订立时所依据的客观经济情况发生重大变化，致使劳动合同无法履行的。

裁减人员时，应当优先留用下列人员：与本单位订立较长期限的固定期限劳动合同的；与本单位订立无固定期限劳动合同的；家庭无其他就业人员，有需要扶养的老人或者未成年人的。

用人单位裁减人员，在六个月内重新招用人员的，应当通知被裁减的人员，并在同等条件下优先招用被裁减的人员。

案例解读

案情概述：蒋某自 2010 年 6 月进入某化学公司工作，工作岗位为市场部营销。2014 年 11 月，公司因停产将包括蒋某在内的部分员工放假。2015 年 11 月 10 日，公司人事部门通知蒋某等 6 人要裁员（裁员占企业职工总数百分之十以上），11 月 20 日向蒋某下发了解除劳动合同通知，称"公司因经济形势差等原因决定进行经济性裁员，辞退一部分休假员工，双方的劳动合同将于 2015 年 11 月 25 日予以终止。公司将按时支付您 2015 年 11 月 25 日之前的薪资及经济补偿金，并将出具相关离职证明。……"。公司对蒋某等 6 人作出经济性裁员向本单位工会发出了征求意见函，工会也在回执上加盖了公章，但公司裁减人员方案未向劳动行政部门报告。蒋某向仲裁委申请仲裁，要求该化学公司支付违法解除劳动合同赔偿金、放假期间的生活费、拖欠的工资、租房补贴等。仲裁委裁决该化学公司向蒋某支付放假期间的生活费 8074.47 元，对蒋某的其他仲裁请求不予支持。蒋某不服，提起诉讼。

处理结果：法院判决化学公司向蒋某支付违法解除劳动合同的赔偿金。

解读意见：用人单位未履行法定的裁员程序的，应认定其解除劳动合同违法。虽然用人单位的通知及报告义务仅是程序性的，不论工会、劳动行政部门同意与否，裁员决定权仍在用人单位，但是这些程序对于引导劳资双方自主协调劳动关系有一定作用。

（资料来源：泰州法院网）

二、用人单位解除劳动合同的限制情形

《劳动合同法》第四十二条规定，劳动者有下列情形之一的，用人单位不得依照本

法第四十条、第四十一条的规定解除劳动合同,劳动者有下列情形之一的,用人单位不得以提前通知或者额外支付一个月工资以及裁员的方式解除劳动合同:

(1) 从事接触职业病危害作业的劳动者未进行离岗前职业健康检查,或者疑似职业病病人在诊断或者医学观察期间的;

(2) 在本单位患职业病或者因工负伤并被确认丧失或者部分丧失劳动能力的;

(3) 患病或者非因工负伤,在规定的医疗期内的;

(4) 女职工在孕期、产期、哺乳期的;

(5) 在本单位连续工作满十五年,且距法定退休年龄不足五年的;

(6) 法律、行政法规规定的其他情形。

案例分析

甲于 2010 年 9 月进入 A 公司工作,双方签订了为期 5 年的劳动合同。公司的规章制度明确规定职工连续旷工 15 天的,公司可解除劳动合同。甲已签收《员工手册》并承诺遵守规章制度。2014 年 2 月,甲因怀孕向公司请病假 1 个月,病假期满后甲未到公司上班,也未按公司规章制度办理任何手续。公司多次通知甲尽快到单位上班,但甲接到通知后,一直未再回到公司。同年 4 月公司根据单位的规章制度解除与甲的劳动合同。后甲称自己是因怀孕不上班,公司不应解除她的劳动合同,要求公司撤销解除劳动合同决定。公司不同意,甲遂向当地劳动争议仲裁委员会提起仲裁申请。仲裁委作出裁决书驳回了甲的请求。甲不服提起诉讼,经过一审、二审后甲的请求均未获得支持。

简要分析:本案争议的焦点是用人单位能否与在孕期严重违反规章制度的女职工解除劳动合同。《劳动合同法》规定,用人单位不得以非因劳动者过失、单位裁员等与孕期、产期、哺乳期的女职工解除劳动合同。国家法律对女职工孕期、产期、哺乳期给予特殊保护,但是这种保护并不是无条件、无原则的。如果上述女职工严重违反用人单位规章制度,用人单位有权依法解除劳动合同。

三、通知工会

用人单位单方解除劳动合同,应当事先将理由通知工会。用人单位违反法律、行政法规规定或者劳动合同约定的,工会有权要求用人单位纠正。用人单位应当研究工会的意见,并将处理结果书面通知工会。

《最高人民法院关于审理劳动争议案件适用法律若干问题的解释(四)》规定,建立了工会组织的用人单位,解除劳动合同时,即使因为劳动者本身的过错,符合解除合同条件的,但未按照《劳动合同法》规定事先通知工会,劳动者以用人单位违法解除劳动合同为由,请求用人单位支付赔偿金,人民法院应予支持;但起诉前用人单位已经补正有关程序的除外。

案例分析

刘某与公司签订了为期3年的劳动合同。刘某上班时与另一员工争吵厮打，违反了公司的规章制度。公司《员工守则》规定，殴打同事的，公司有权随时解除劳动关系。该《员工守则》经过员工代表大会民主讨论程序通过，且通过公司网站向员工公示。公司作出了解除与刘某的劳动关系的决定。该公司未建工会。刘某认为公司解除劳动合同没有经过通知工会的程序，故属违法解除，从而申请劳动仲裁，要求公司支付违法解除劳动合同赔偿金。仲裁裁决驳回了刘某的请求。

简要分析：该公司解除劳动合同未通知工会不构成违法解除劳动关系。

《劳动合同法》第四十三条规定，用人单位单方解除劳动合同，应当事先将理由通知工会，但事先通知工会应以单位已成立工会为前提。在单位未建工会的情况下，公司解除劳动合同无法完成通知工会的程序。

《中华人民共和国工会法》第二条规定，工会是职工自愿结合的工人阶级的群众组织，是企业职工的自愿行为。

四、送达劳动者本人

1995年7月，劳动部办公厅作出的《关于通过新闻媒介通知职工回单位并对逾期不归者按自动离职或旷工处理问题的复函》明确规定，企业对有旷工行为的职工做除名处理，必须符合规定的条件并履行相应的程序。因此，企业通知请假、放长假、长期病休职工在规定时间内回单位报到或办理有关手续，应遵循对职工负责的原则，以书面形式直接送达职工本人；本人不在的，交其同住成年亲属签收。直接送达有困难的可以邮寄送达，以挂号查询回执上注明的收件日期为送达日期。只有在职工本人下落不明，或者用上述送达方式无法送达的情况下，方可公告送达，即张贴公告或通过新闻媒介通知。自发出公告之日起，经过三十日，即视为送达。在此基础上，企业可对旷工和违反规定的职工按上述法规做除名处理。能用直接送达或邮寄送达而未用，直接采用公告送达，视为无效。

案例分析

李某于2008年7月入职某服装公司。自2015年4月起，该公司因经营原因，未安排李某上班，只向其发放基本生活费。2015年8月7日，该公司以公告的方式通知李某9月7日前到公司报到。李某未看到公告，未到公司报到。2015年9月11日，该公司以李某未按时到公司报到，违反公司的管理制度为由公告解除与李某的劳动合同。2016年2月，李某才得知已被公告解除劳动合同。李某认为不存在无法联系的情形，公司登记有自己明确的家庭住址和联系方式，遂于2016年3月5日向当地劳动争议仲裁委员会申请仲裁，要求确认公司解除劳动合同的行为无效，继续履行劳动合同。仲裁委支持了李某的请求。

简要分析：该服装公司通知及解除劳动合同的行为无效。李某系该公司职工，公司登记有他的家庭住址和联系方式，却用公告送达的方式通知李某回单位报到及解除劳动合同，是对劳动者切身利益的不负责任。

五、劳动合同终止的法定情形

劳动合同终止，不是基于用人单位或劳动者的意思表示，只要有下列情形之一的，劳动合同就终止：

（1）劳动合同期满的；
（2）以完成一定工作任务为期限的劳动合同因任务完成而终止的；
（3）劳动者达到法定退休年龄的；
（4）劳动者死亡，或者被人民法院宣告死亡或者宣告失踪的；
（5）用人单位被依法宣告破产的；
（6）用人单位被吊销营业执照、责令关闭、撤销或者用人单位决定提前解散的；
（7）法律、行政法规规定的其他情形。

案例分析

刘某于2012年6月1日入职某科技公司，从事研发工作，双方订立了3年期的劳动合同。2012年11月1日，该科技公司与刘某签订培训协议，约定将刘某送到国外进行专项技术培训2个月，并约定刘某培训结束后至少再为公司服务5年，如刘某违反服务期约定须向公司支付违约金。2015年4月底，该科技公司告知刘某，因公司业务调整，其与刘某所订立的劳动合同在2015年5月31日到期后不再延续，刘某无须再继续履行培训协议中约定的服务期。刘某认为，其劳动合同期限应当延续至服务期届满，该科技公司终止劳动合同的行为属于违法终止，故提出仲裁申请，要求该科技公司支付违法终止劳动合同赔偿金。仲裁委审理后，裁决驳回了刘某的仲裁请求。

简要分析：服务期期间劳动合同到期，用人单位可终止劳动合同，是否续延劳动合同至服务期届满是用人单位的权利而非义务。《劳动合同法》第二十二条规定，用人单位为劳动者提供专项培训费用，对其进行专业技术培训的，可以与该劳动者订立协议，约定服务期。《劳动合同法实施条例》第十七条规定，劳动合同期满，但是用人单位与劳动者依照《劳动合同法》第二十二条的规定约定的服务期尚未到期的，劳动合同应当续延至服务期满。该条规定是在劳动合同期满情况下对劳动者离职的限制性规定，是对用人单位利益的保护，目的在于确保劳动者经培训后能够在较长时间内为用人单位提供更有价值的劳动。

六、办理离职手续

（1）用人单位应当在解除或者终止劳动合同时出具解除或者终止劳动合同的证明，并在十五日内为劳动者办理档案和社会保险关系转移手续。

用人单位未依法向劳动者出具解除或者终止劳动合同的书面证明的,由劳动行政部门责令改正;给劳动者造成损害的,应当承担赔偿责任。

(2) 劳动者应当按照双方约定,办理工作交接。用人单位依法应当向劳动者支付经济补偿的,在办结工作交接时支付。

(3) 用人单位对已经解除或者终止的劳动合同的文本,至少保存二年备查。

案例分析

孙某于2017年3月1日入职某广告制作公司,担任客户经理,双方订立了为期3年的劳动合同,约定孙某的月工资为8000元。2018年5月10日,孙某因个人原因向广告制作公司书面提出离职,告知广告制作公司将于6月10日离职。6月10日,孙某要求广告制作公司办理离职手续,广告制作公司要求与孙某订立竞业限制协议后方可同意孙某离职。孙某认为订立竞业限制协议将严重损害其权益,故未同意订立。广告制作公司拒绝为孙某开具离职证明并办理社会保险关系转移手续。此后,孙某自行离职。随后,孙某应聘某销售公司,销售公司向孙某发出了录用通知,但孙某因无法提供离职证明及办理社会保险关系转移手续而未能入职。2018年10月11日,孙某向仲裁委提出仲裁申请,要求广告制作公司开具离职证明、办理社会保险关系转移手续并支付未办理上述离职手续而造成的经济损失。仲裁委审理后裁决支持孙某的仲裁请求。

简要分析:孙某依法享有辞职权,广告制作公司应当在解除或者终止劳动合同时出具解除或者终止劳动合同的证明,并在十五日内为劳动者办理档案和社会保险关系转移手续。广告制作公司拒绝为孙某开具离职证明并办理社会保险关系转移手续的行为,客观上造成了孙某无法入职新用人单位并导致其产生经济损失。用人单位如果想拟订竞业限制协议,应当在订立劳动合同时,最迟在劳动合同解除或终止前与劳动者协商。

七、违法解除劳动关系与竞业限制协议

竞业限制系用人单位与劳动者就劳动者离职后择业自由是否受限所作出的特殊约定,根据现行相关法律规定,劳动合同与竞业限制协议是两份合同。

违法解除劳动关系并不影响竞业限制协议的效力。劳动者仍应按照双方约定履行竞业限制义务,用人单位亦应按约定向劳动者支付经济补偿金。

【能力测验】

一、单选题

1. 致使劳动合同终止的情形包括:(　　)。

①劳动合同期满;②用人单位法定代表人死亡;③劳动者被人民法院宣告失踪;④劳动者死亡或者被人民法院宣告死亡;⑤用人单位被依法宣告破产;⑥用人单位发生严重经营困难;⑦劳动者开始依法享受基本养老保险待遇;⑧法律、行政法规规定的其他情形。

A. ①②④⑥⑦⑧　　　　　　B. ①③④⑤⑥⑧
C. ②③④⑤⑦⑧　　　　　　D. ①③④⑤⑦⑧

2. 职工患病，在规定的医疗期内劳动合同期满时，劳动合同（　　）。
   A. 即时终止　　　　　　　B. 续延半年后终止
   C. 续延一年后终止　　　　D. 续延到医疗期满时终止

3. 劳动合同终止后，用人单位应当在（　　）内为劳动者办理档案和社会保险关系转移手续。
   A. 七日　　　　　　　　　B. 十五日
   C. 一个月　　　　　　　　D. 三个月

4. 劳动者提前（　　）日以书面形式通知用人单位，可以解除劳动合同。
   A. 三　　　　　　　　　　B. 十
   C. 十五　　　　　　　　　D. 三十

5. 用人单位（　　），劳动者可以立即解除劳动合同，不需事先告知用人单位。
   A. 未按照劳动合同约定提供劳动保护或者劳动条件的
   B. 未及时足额支付劳动报酬的
   C. 以暴力、威胁或者非法限制人身自由的手段强迫劳动者劳动的
   D. 规章制度违反法律、法规的规定，损害劳动者权益的

6. 劳动者可以随时解除劳动合同的法定情形是，用人单位（　　）。
   A. 变更名称、法定代表人、主要负责人　　B. 发生合并或者分立
   C. 变更投资人　　　　　　　　　　　　　D. 未依法为劳动者缴纳社会保险费

7. 在法定情形下，需要裁减人员二十人以上或者裁减不足二十人但占企业职工总数百分之十以上的，用人单位提前三十日向（　　）说明情况，听取工会或者职工的意见后，裁减人员方案经向劳动行政部门报告，可以裁减人员。
   A. 工会　　　　　　　　　B. 全体职工
   C. 工会或者全体职工　　　D. 劳动争议仲裁委员会

8. 用人单位对已经解除或者终止的劳动合同的文本，至少保存（　　）年备查。
   A. 一　　　　　　　　　　B. 二
   C. 三　　　　　　　　　　D. 五

9. 用人单位单方解除劳动合同，应当事先将理由通知（　　）。
   A. 劳动监察机构　　　　　B. 劳动争议仲裁机构
   C. 劳动争议调解委员会　　D. 工会

10. 用人单位经济性裁员时，应当优先留用（　　）。
    A. 订立固定期限劳动合同的人员　　B. 订立无固定期限劳动合同的人员
    C. 女职工　　　　　　　　　　　　D. 年老体弱的职工

11. 用人单位经济性裁员后，在（　　）内重新招用人员的，应当通知被裁减的人员，并在同等条件下优先招用被裁减的人员。
    A. 六个月　　　　　　　　B. 一年
    C. 二年　　　　　　　　　D. 三年

12. 陈某于2018年4月与某房地产公司签订了为期3年的劳动合同，约定试用期为6个月。2018年7月，陈某出国留学的签证得到批准，遂想解除与房地产公司的劳动合同。陈某应采取下列哪种做法？（　　）

　　A. 应当提前30日以书面形式通知用人单位

　　B. 可以随时通知用人单位解除劳动合同

　　C. 应当提前3天通知用人单位解除劳动合同

　　D. 应当提前7天以书面或口头形式通知用人单位解除劳动合同

13. 根据《中华人民共和国劳动合同法实施条例》，用人单位依照《劳动合同法》第四十条规定，选择额外支付劳动者一个月工资解除劳动合同的，其额外支付的工资应当按照该劳动者（　　）的工资标准确定。

　　A. 当月　　　　　　　　　　B. 上一个月

　　C. 上一季度　　　　　　　　D. 上一年度

二、案例分析

1. 我与一家公司于半年前签订为期3年的劳动合同时，公司为保证我能如期为其服务，明确提出我不得提前解除劳动合同，否则，公司有权扣除我一个月的工资作为补偿。鉴于急于得到该份工作，我没有多想便答应了。而今，我因另有去向，很想离开公司，但又怕损失一个月工资。请问：针对该限制性约定，我究竟能否反悔？

2. 李某于2015年2月1日进入某公司担任销售部客户经理，劳动合同期限至2018年1月31日。入职三个月以来，李某的销售业绩一直未能达标。2015年5月6日，应公司要求，李某与单位签署了《个人业绩改进计划》，该计划中公司给予李某1个月的观察期，李某承诺2015年5月的销售业绩不低于5万元，如未能完成该销售业绩，李某需自行提出辞职。后李某未能完成该销售业绩。2015年6月15日，公司以履行自行离职的约定为由，要求李某离职并收回了办公电脑、考勤卡等。李某依照公司要求办理了离职手续，但不认为是自行离职。后李某提出仲裁申请，要求公司支付其违法解除劳动合同赔偿金。李某的仲裁请求能得到支持吗？

3. 张某于2015年1月1日入职某物业公司担任保安，双方先后连续签订了两次固定期限劳动合同，任职期间张某一直正常出勤，工作认真负责。2018年12月31日，物业公司在没有和张某协商的情况下，发出合同期满不续签通知书，终止了与张某的劳动合同。2019年1月，张某向劳动争议仲裁委员会申请仲裁，要求公司支付违法终止劳动合同的赔偿金。张某的仲裁申请能得到支持吗？

4. 2013年11月1日陈某进入某服装公司工作，2018年2月9日该服装公司发出通知因陈某效益不好不再聘用。陈某当天收到通知后即不再到公司上班。同年2月19日，该服装公司又给陈某邮寄通知，称因办公人员失误，取消先前的解除通知，要求陈某尽快上班。后再次通知陈某于3月10日前到公司按照原合同约定续签劳动合同，否则视为陈某不同意续签劳动合同而终止聘用。陈某认为该服装公司违法解除其劳动合同，要求支付赔偿金。服装公司是否应向陈某支付赔偿金？

5. 赵某是一家公司的高级技术人员。国庆长假前夕，一单位向其发出邀请，希望其能利用假期为其检修所有的机器设备,并许诺了丰厚的报酬。赵某如期前往检修,得知消息的公司领导很快打来电话,说赵某属于全日制员工,即使在放假期间也不得在外"打短工",更何况对方与公司存在竞争关系,务必立即停止,否则将解除与赵某的劳动合同。可赵某觉得有权自行支配在法定节假日内的活动,公司无权干涉,因而置之不理。当赵某节后回到公司上班时,真的被通知已经被公司解聘。公司的做法对吗?

工作任务二　经济补偿、赔偿及违约金

【学习目标】

探究知识:用人单位在什么情形下应当向劳动者支付经济补偿,经济补偿与赔偿的区别与联系,劳动者向用人单位支付的服务期违约金。

获得能力:能够准确把握经济补偿与赔偿的应用条件,掌握经济补偿与赔偿的计算规则,明确认识到违反服务期约定的劳动者应当依法支付违约金。

一、用人单位应当支付经济补偿的情形

(1) 劳动者因用人单位有以下情形之一提出解除合同:
①未按照劳动合同约定提供劳动保护或者劳动条件的;
②未及时足额支付劳动报酬的;
③未依法为劳动者缴纳社会保险费的;
④用人单位的规章制度违反法律、法规,损害劳动者权益的;
⑤以欺诈、胁迫的手段或者乘人之危,使对方在违背真实意思的情况下订立或者变更劳动合同致使劳动合同无效的;
⑥以暴力、威胁或者非法限制人身自由的手段强迫劳动者劳动的,或者违章指挥、强令冒险作业危及劳动者人身安全的。

除了上述法定情形,近些年在审判实践中还直接援引推定解雇制度。

推定解雇,是指劳动者辞职,但推定为用人单位解雇。劳动者辞职的原因在于用人单位明显不合理地改变工作岗位、降低工作报酬、改变工作地点、改变工作环境等,迫使劳动者辞职,或者用人单位诱导劳动者辞职。公平地理解和适用推定解雇制度,须考虑用人单位是否有过错行为,过错行为是否足以促使劳动者辞职。

案例分析

1985年7月黄某至某纺织公司工作。2013年7月29日,该公司聘任黄某为产能转

移办公室主任。2015年2月,黄某和所在部室被评为"2014年度先进生产工作者/部室"。2015年3月16日,该公司免去黄某职务,并告知将安排相应岗位的工作。4月23日,该公司形成《公司领导班子会议纪要》拟安排黄某到保安岗位及调低薪酬。7月28日,黄某向该公司邮寄了书面解除劳动合同通知书。8月7日,黄某申请劳动仲裁,要求解除劳动合同,并要求公司支付违法解除劳动合同的赔偿金等。仲裁机构作出裁决后,双方不服诉至法院。法院认为该纺织公司应向黄某支付经济补偿金。

简要分析:用人单位有权根据自身生产经营需要对员工调岗、调薪,但不可随意变更变动劳动者岗位、降低工资待遇,以逼迫劳动者主动辞职或达到用人单位所要达到的其他目的。

首先,黄某担任单位中层正职职务,且2014年度黄某个人及所负责科室均被评为先进,说明黄某工作能力与业绩良好。后该公司决定安排黄某到保安岗位及调低薪酬,属于劳动合同的重大变更。公司仅开了领导班子会议,并未与黄某进行过协商。其次,该公司难以证明该岗位调整具有合理性。因此,黄某在交涉无果后书面提出解除劳动合同,属于被迫辞职,与该公司单方调岗、降薪行为有直接关联,应视为"推定解雇"。

(资料来源:泰州法院网)

(2)用人单位先提出解除合同并与劳动者协商一致解除。

案例分析

2009年3月甲与A公司签订了3年的劳动合同,在劳动合同到期前A公司人力资源部通知甲不再续签劳动合同。甲遂要求公司支付经济补偿金,而公司则认为合同是正常到期终止,而且按照《劳动合同法》的规定,提前一个月通知员工,所以不需要再支付经济补偿金。甲离职后申请劳动仲裁要求公司支付补偿金,仲裁裁决最终支持了甲的请求。

简要分析:《劳动合同法》规定,劳动合同期满除用人单位维持或者提高劳动合同约定条件续订劳动合同,劳动者不同意续订的情形外,用人单位应当向劳动者支付经济补偿。本案中,劳动合同终止时用人单位并没有表示要与劳动者续订劳动合同,因此应给予劳动者经济补偿金。

(3)有以下情形之一,用人单位提前三十日以书面形式通知劳动者本人或者额外支付一个月工资,解除劳动合同:

①劳动者患病或者非因工负伤,在规定的医疗期满后不能从事原工作,也不能从事由用人单位另行安排的工作的;

②劳动者不能胜任工作,经过培训或者调整工作岗位,仍不能胜任工作的;

③劳动合同订立时所依据的客观情况发生重大变化,致使劳动合同无法履行,经用人单位与劳动者协商,未能就变更劳动合同内容达成协议的。

(4)依法裁员。

(5)劳动合同期满,除用人单位维持或者提高劳动合同约定条件续订劳动合同,劳动者不同意续订的情形外。

(6) 用人单位被依法宣告破产。
(7) 用人单位被吊销营业执照、责令关闭、撤销或者用人单位决定提前解散。
(8) 以完成一定工作任务为期限的劳动合同因任务完成而终止。
(9) 法律、行政法规规定的其他情形。

用人单位依法终止工伤职工的劳动合同的，除依法支付经济补偿外，还应当依照国家有关工伤保险的规定支付一次性工伤医疗补助金和伤残就业补助金。

二、用人单位无须支付经济补偿的情形

(1) 劳动者主动辞职，双方协商一致解除合同。
(2) 劳动者提前通知解除合同。

劳动者提前三十日以书面形式通知用人单位解除劳动合同。劳动者在试用期内提前三日通知用人单位解除劳动合同。

(3) 劳动者有下列情形之一，用人单位提出解除劳动合同：
①在试用期间被证明不符合录用条件的；
②严重违反用人单位的规章制度的；
③严重失职，营私舞弊，给用人单位造成重大损害的；
④劳动者同时与其他用人单位建立劳动关系，对完成本单位的工作任务造成严重影响，或者经用人单位提出，拒不改正的；
⑤以欺诈、胁迫的手段或者乘人之危，使对方在违背真实意思的情况下订立或者变更劳动合同，致使劳动合同无效的；
⑥被依法追究刑事责任的。

刑事责任包括主刑（管制、拘役、有期徒刑、无期徒刑和死刑）、附加刑（罚金、剥夺政治权利和没收财产）。此外，对于犯罪的外国人，可以独立适用或者附加适用驱逐出境。

另外，原劳动和社会保障部办公厅《关于职工被人民检察院作出不予起诉决定用人单位能否据此解除劳动合同的问题的复函》（劳社厅函〔2003〕367号）规定，人民检察院依据《刑事诉讼法》第一百四十二条第四项规定作出不起诉决定的，不属于被依法追究刑事责任的情形。

案例分析

2011年12月11日8点32分，小王到某公司上班，比正常上班时间迟到约1小时。小王仍在考勤表上填写出勤时间为7点30分，即公司规定的上班时间。公司的《员工手册》经员工代表大会制定并送达员工，内容亦无违反法律禁止性规定。《员工手册》规定：迟到、早退属A类犯错，初犯者被获发警告信，如在同一年度内累计超过三次警告会被即时辞退；虚报出勤的行为属C类犯错，即时辞退。公司以小王虚报出勤违反《员工手册》为由解除双方劳动合同，小王则认为其属于犯A类错，公司属违法解除劳动合同，应支付赔偿金。

简要分析：该公司解除与小王的劳动合同并不违法，无须支付赔偿金。本案用人单位制定的《员工手册》内容及程序均合法，员工应自觉遵守。将迟到、早退列为A类犯错，而将虚报出勤列为即时辞退的C类犯错，说明该公司更注重诚信。

（4）劳动者开始依法享受基本养老保险待遇。

（5）劳动者死亡，或者被人民法院宣告死亡或者宣告失踪。

三、经济补偿的支付办法

经济补偿按劳动者在本单位工作的年限，每满一年支付一个月工资的标准向劳动者支付。六个月以上不满一年的，按一年计算；不满六个月的，向劳动者支付半个月工资的经济补偿。劳动者月工资高于用人单位所在直辖市、设区的市级人民政府公布的本地区上年度职工月平均工资三倍的，向其支付经济补偿的标准按职工月平均工资三倍的数额支付，向其支付经济补偿的年限最高不超过十二年。

经济补偿的月工资按照劳动者应得工资计算，包括计时工资或者计件工资以及奖金、津贴和补贴等货币性收入。劳动者在劳动合同解除或者终止前12个月的平均工资低于当地最低工资标准的，按照当地最低工资标准计算。劳动者工作不满12个月的，按照实际工作的月数计算平均工资。

《最高人民法院关于审理劳动争议案件适用法律若干问题的解释（四）》第五条规定：劳动者非因本人原因从原用人单位被安排到新用人单位工作，原用人单位未支付经济补偿，劳动者依照《劳动合同法》第三十八条规定与新用人单位解除劳动合同，或者新用人单位向劳动者提出解除、终止劳动合同，在计算支付经济补偿或赔偿的工作年限时，劳动者请求把在原用人单位的工作年限合并计算为新用人单位工作年限的，人民法院应予以支持。

案例分析

2008年8月至2015年5月期间，张某一直在位于扬州市文昌中路的某服饰专卖店从事导购工作，未曾更换过工作地点，但公司名称先后经历过明创公司、佳宏公司以及本案的某服饰商贸公司。三家公司法定代表人存在亲属关系，且住所地均在同一地点。2014年4月1日该服饰商贸公司才与张某签订书面劳动合同。张某以该公司未支付加班费等理由，于2015年5月14日向公司发函解除了劳动关系，并诉至法院要求给付经济补偿金和加班工资。该服饰商贸公司辩称其于2013年4月10日设立，张某的工作年限只能从公司设立之日起计算。另外，公司对给付张某加班费无异议。

简要分析：张某系因该公司拖欠加班费，依照《劳动合同法》第三十八条有权提出单方解除劳动合同。张某自入职以来一直在扬州市文昌中路某服饰专卖店从事导购工作，工作场所及工作岗位未发生过变化，张某属于非本人原因从原用人单位被安排至新用人单位工作。在2014年4月1日该服饰商贸公司与张某签订书面劳动合同之前，张某并未获得经济补偿，计算经济补偿时应当把在原用人单位的工作年限与新用人单位工作年限合并。

(资料来源：扬州法院网)

案例解读

案情概述：张某于2011年入职某运输公司，岗位为驾驶员。双方签订了劳动合同，对合同期限、工作内容、工资标准等予以了约定。双方合同到期前，该运输公司就续签劳动合同相关事宜征询张某意见，张某明确表示不再签订。2015年6月23日，张某作为乙方与作为甲方的该运输公司签订《离职协议书》一份，载明：一、甲乙双方共同确认，双方的劳动关系于2015年6月25日终止；二、甲方一次性向乙方支付经济补偿金8000元；三、甲方支付上述经济补偿金后，双方基于劳动关系的所有权利义务终止，任何一方不得再以任何形式主张与劳动关系相关的任何权利。协议签订后，该公司按照协议约定金额向张某支付了相应款项。之后，张某向成都市劳动争议仲裁委员会申请仲裁，要求该公司支付经济补偿金差额13 525元。仲裁委作出裁决驳回了张某的请求。张某不服仲裁裁决，向法院提起诉讼。

处理结果：法院审理后判决驳回张某的诉讼请求。

解读意见：根据《最高人民法院关于审理劳动争议案件适用法律若干问题的解释(三)》第十条规定，劳动者与用人单位就解除或者终止劳动合同办理相关手续，支付工资报酬、加班费、经济补偿或者赔偿金等达成的协议，不违反法律、行政法规的强制性规定，且不存在欺诈、胁迫或者乘人之危情形的，应当认定有效。协议存在重大误解或者显失公平情形，当事人请求撤销的，人民法院应予支持。也就是说，用人单位、劳动者就解除或终止劳动合同办理相关手续，支付工资报酬、加班费、经济补偿或者赔偿金等可以协商。《劳动合同法》第四十七条，是对在法定情形下用人单位支付经济补偿金金额计算方式的规定，并非法律强制性规定。

张某未提交证据证明在签订《离职协议书》过程中存在被胁迫、欺诈等违背其真实意思的情况，也未提交证据证明存在重大误解或者显失公平情形，故双方签订的《离职协议书》系合法、有效，对双方具有约束力。

(资料来源：成都法院网)

四、用人单位支付赔偿金

1. 支付赔偿金

用人单位违法解除或者终止劳动合同，劳动者要求继续履行劳动合同的，用人单位应当继续履行。劳动者不要求继续履行劳动合同或者劳动合同已经不能继续履行的，用人单位应当向劳动者支付赔偿金。

赔偿金的计算年限自用工之日起计算。

用人单位应当依照法定的经济补偿标准的二倍向劳动者支付赔偿金。

2. 支付了赔偿金的，不再支付经济补偿

案例分析

2016年11月，卢某被一家广告公司聘用，从事广告设计工作。所签的劳动合同中约定合同期限为2年，其中试用期2个月，并约定工资标准为试用期每月2500元，正式录用后每月3000元。2个月后，公司对卢某的工作不满意，不过因公司缺人手就没辞退他。又过了2个月，广告公司以卢某在试用期内被证明不符合录用条件为由，书面通知与卢某解除劳动合同。卢某与公司协商无果后，向劳动争议仲裁机构申请劳动仲裁，请求继续履行2年期限的劳动合同。

仲裁机构经审理后，支持了卢某的请求。

简要分析：广告公司在超过试用期后继续用工，又以卢某在试用期间被证明不符合录用条件为由解除劳动合同，其言行自相矛盾，理由不能成立，因此该公司单方解除合同行为无效。依据《劳动合同法》，在劳动者要求继续履行劳动合同的情况下，该公司应当继续履行。

案例分析

2017年4月30日，孙某入职某家具厂，与家具厂签订了一年的劳动合同，约定月工资2900元，并约定孙某未完成工作定额，家具厂可直接解除劳动合同。2017年6月1日，家具厂向孙某发出解除劳动合同通知书，称孙某在2017年5月份未完成工作定额，应当视为不能胜任工作，家具厂决定与孙某解除劳动合同。2017年4月30日一同与孙某招工入厂的其他人员均已完成了工作定额。孙某收到家具厂的解除劳动合同通知书后，未再回厂上班。一周后孙某向劳动人事争议仲裁委员会申请仲裁，要求家具厂支付违法解除劳动合同的经济赔偿金2900元。劳动争议仲裁委员会支持了孙某的仲裁请求，家具厂不服，向法院起诉，要求不支付该经济赔偿金。

简要分析：

（1）孙某没有完成工作定额，而其他同岗位人员都能完成工作定额，说明他不能胜任工作。

（2）根据《劳动合同法》第四十条，用人单位如果以劳动者不能胜任工作为由解除合同，要先对该劳动者培训或者调整工作岗位。如果劳动者仍然不能胜任工作，用人单位可以提前30日以书面形式通知劳动者或者额外支付劳动者1个月工资后，与劳动者解除劳动合同。本案中，家具厂未对孙某进行业务培训或调整工作岗位，就单方解除劳动合同，属于违法解除劳动合同。

（3）关于孙某与家具厂劳动合同中约定的"孙某未完成工作定额，家具厂可直接解除劳动合同"的效力问题，因为该约定违反了《劳动合同法》第四十条的规定，故是无效条款，家具厂不能以该约定解除与孙某的劳动合同。

（4）家具厂应当向孙某支付违法解除劳动合同的经济赔偿金。根据《劳动合同法》第四十七条，劳动者在本单位工作不满六个月的，用人单位应向劳动者支付半个月工资

的经济补偿。孙某在某家具厂工作不满六个月，家具厂应向孙某支付半个月工资的经济补偿金，为1450元。根据《劳动合同法》第八十七条的规定，经济赔偿金的数额为经济补偿金的2倍，即2900元。

五、劳动者赔偿损失和支付违约金

1. 赔偿损失

根据《劳动合同法》第九十条规定，劳动者违法解除劳动合同，给用人单位造成损失的，应当承担赔偿责任。

原劳动部关于《违反〈劳动法〉有关劳动合同规定的赔偿办法》（劳部发〔1995〕223号）第四条规定，劳动者违反规定或劳动合同的约定解除劳动合同，对用人单位造成损失的，劳动者应赔偿用人单位下列损失：

（1）用人单位招收录用其所支付的费用；
（2）用人单位为其支付的培训费用，双方另有约定的按约定办理；
（3）对生产、经营和工作造成的直接经济损失；
（4）劳动合同约定的其他赔偿费用。

2. 支付违约金

违约金不同于赔偿金，违约金的数额由双方事先约定，而赔偿金的数额以实际造成的损失为准。

有下列情形之一，用人单位与劳动者解除约定服务期的劳动合同的，劳动者应当按照约定向用人单位支付违约金：

（1）劳动者严重违反用人单位的规章制度的；
（2）劳动者严重失职，营私舞弊，给用人单位造成重大损害的；
（3）劳动者同时与其他用人单位建立劳动关系，对完成本单位的工作任务造成严重影响，或者经用人单位提出，拒不改正的；
（4）劳动者以欺诈、胁迫的手段或者乘人之危，使用人单位在违背真实意思的情况下订立或者变更劳动合同的；
（5）劳动者被依法追究刑事责任的。

3. 无须支付竞业限制违约金的法定情形

《劳动合同法实施条例》第二十六条规定，用人单位与劳动者约定了服务期，劳动者依照《劳动合同法》第三十八条的规定解除劳动合同的，不属于违反服务期的约定，用人单位不得要求劳动者支付违约金。

案例分析

郑某于2010年5月20日进入某外资公司工作，双方签订了5年的劳动合同。2011年5月，为引进新技术，该公司送郑某到美国接受专业培训，为期6个月，同时双方补充约定,培训结束后,郑某需要为公司服务5年,否则支付违约金10万元。2012年6月,外资公司领导层违章指挥、强令郑某冒险作业,郑某怒而辞职。公司以尚在服务期内为由,不同意郑某辞职。郑某不服,申请劳动仲裁,请求解除劳动合同,同时认为,因为公司有错在先,自己不承担违约责任。

仲裁委审理后,裁决双方解除劳动合同,郑某不支付违约金。

简要分析:《劳动合同法实施条例》第二十六条第一款规定,用人单位与劳动者约定了服务期,劳动者依照《劳动合同法》第三十八条的规定解除劳动合同的,不属于违反服务期的约定,用人单位不得要求劳动者支付违约金。

4. 竞业限制违约金约定过高,可向法院申请酌减

劳动者与用人单位约定了竞业限制条款,但当约定的违约金数额过高时,法院可以根据竞业限制协议中约定的用人单位向劳动者支付的竞业限制补偿金数额、劳动者在用人单位任职期间的工资标准、劳动者在用人单位的任职期限、劳动者的违约行为造成用人单位的损失等情况,综合酌减违约金的数额。

案例解读

案情概述:刘某原为光明公司员工,在职期间,双方签订了劳动合同及保密协议,约定合同期限为2013年4月1日至2015年8月12日;岗位为销售经理;刘某在离职后两年内未经公司事先书面同意,不得在与公司生产、经营同类产品或提供同类服务的相关机构担任任何职务;竞业限制补偿金为在竞业限制期内每月支付刘某离职当月基本工资的10%;如刘某违反保密、知识产权以及竞业限制等规定,应支付违约金,违约金的数额相当于刘某在光明公司工作期间年薪的10倍。2015年8月12日,刘某离职,并于次月入职与光明公司有竞争关系的闪亮公司担任销售经理。之后,光明公司通过诉讼程序,要求刘某支付竞业限制违约金150万元。刘某离职前12个月工资总额为151 640.77元,而保密协议中约定公司仅每月向其支付1450元的竞业限制补偿金。

处理结果:法院经审理后判令刘某向光明公司支付违约金69 600元。

解读意见:当约定的违反竞业限制违约金与竞业限制补偿金数额悬殊,且用人单位未能举证证明违约行为造成的经济损失时,基于公平合理的原则,法院可以根据劳动者的申请,综合考虑劳动者的违约情况、收入状况、在职时间及所在地区经济水平等因素,酌减违约金的数额。

(资料来源:北京市海淀区劳动仲裁网)

【能力测验】

一、单选题

1. 用人单位违法与劳动者约定试用期的,由劳动行政部门责令改正;违法约定的试用期已经履行的,由用人单位以(   )为标准,按已经履行的超过法定试用期的期间向劳动者支付赔偿金。

A. 劳动者试用期满月工资　　B. 劳动者试用期工资的两倍
C. 当地最低工资　　　　　　D. 当地平均工资

2. 经济补偿按劳动者在本单位工作的年限，每满一年支付（　　）工资的标准向劳动者支付。

A. 半个月　　　　　　　　　B. 一个月
C. 一个半月　　　　　　　　D. 二个月

3. 用人单位无须支付经济补偿的情形是（　　）。

A. 劳动者因用人单位未按照劳动合同约定提供劳动保护或者劳动条件提出解除合同的
B. 劳动者因用人单位未及时足额支付劳动报酬提出解除合同的
C. 劳动者因用人单位未依法为劳动者缴纳社会保险费提出解除合同的
D. 劳动者提前通知解除合同

4. 用人单位应当向劳动者支付经济补偿金的是（　　）。

A. 用人单位先提出解除合同并与劳动者协商一致解除的
B. 劳动者主动辞职，双方协商一致解除合同的
C. 劳动者在试用期间被证明不符合录用条件，用人单位提出解除劳动合同的
D. 劳动者严重违反用人单位的规章制度，用人单位提出解除劳动合同的

5. 有下列哪种情形，用人单位与劳动者解除约定服务期的劳动合同的，劳动者无须向用人单位支付违约金？（　　）

A. 劳动者严重违反用人单位的规章制度的
B. 劳动者严重失职，营私舞弊，给用人单位造成重大损害的
C. 劳动者同时与其他用人单位建立劳动关系，对完成本单位的工作任务造成严重影响，或者经用人单位提出，拒不改正的
D. 用人单位未及时足额支付劳动报酬的

6. 劳动者月工资高于用人单位所在直辖市、设区的市级人民政府公布的本地区上年度职工月平均工资三倍的，向其支付经济补偿的标准按职工月平均工资三倍的数额支付，向其支付经济补偿的年限最高不超过（　　）年。

A. 二　　　　　　　　　　　B. 五
C. 十　　　　　　　　　　　D. 十二

7. 用人单位违法解除或者终止劳动合同的，应当依照法定经济补偿标准的（　　）向劳动者支付赔偿金。

A. 二倍　　　　　　　　　　B. 二倍以下
C. 一倍以上二倍以下　　　　D. 百分之五十以上百分之一百以下

8. （　　），用人单位不必向劳动者支付经济补偿。

A. 被依法宣告破产的
B. 劳动者主动向用人单位提出解除劳动合同并与用人单位协商一致解除劳动合同的
C. 被吊销营业执照的
D. 被责令关闭、撤销的

二、案例分析

1. 我与一家公司签订了一份为期两年的劳动合同。近期，公司突然接到一笔大单业务，要求员工每日都加班4小时，周末和节假日都不休息，直到完成大单任务为止。我因身体不适，拒绝加班，公司遂以不服从公司安排为由，决定单方解除与我的劳动合同。公司的做法对吗？

2. 原告丁某于1997年因刑事犯罪被被告洛阳某公司解除了劳动关系。原告服刑完毕后，当其向被告要求转移劳动人事档案时得知，被告并没有将原告的劳动人事档案交付给原告户口所在地的街道劳动人事部门，也未将原告的劳动人事档案妥善保管，而是将原告的劳动人事档案丢失。被告出具证明一份，证明原告已被解除劳动合同，但档案丢失。原告之后多次要求被告给予补办档案，但被告一直未办理，造成原告不能再次就业，也不能依法享受国家对于职工的失业、医疗、低保救济，以及不能办理退休手续，给原告生活造成很大困难。为此，原告请求被告为其补办职工劳动人事档案，并赔偿原告因劳动人事档案丢失所造成的失业救济金、失业人员医疗补助等。河南省洛阳市涧西区人民法院依法判令用人单位为原职工补办劳动人事档案，并一次性赔偿其各项经济损失5万元。问：这一判决的法律依据是什么？

3. 张某通过招聘入职某电子公司，张某工作2个多月后，要求公司依法为其缴纳社会保险费，结果遭到公司拒绝，张某遂以公司不依法为自己缴纳社会保险费为由，提出终止劳动关系，并要求电子公司支付其半个月的工资作为经济补偿。张某的要求有法律依据吗？

4. 刘某于2012年8月13日到某模型公司上班。双方签订了3年期劳动合同，合同中未约定工作地点，实际履行地为北京市昌平区某村。2014年7月30日，模型公司厂房的租赁合同到期，未能续签租赁合同，也未在原址附近找到合适的办公场所，最终决定将厂址迁至河北。模型公司将上述情况提前告知刘某，并承诺提供班车住宿等条件，但刘某不同意到新地点继续履行劳动合同。于是模型公司解除了双方的劳动合同，并依法支付刘某解除劳动合同经济补偿金和未提前通知解除劳动合同的代通知金。刘某对此并不满意，向仲裁委提出仲裁申请，要求模型公司支付违法解除劳动合同赔偿金。刘某的请求是否应当得到支持？

工作项目六　离职管理

工作任务一　识别离职前兆与分析离职原因

【学习目标】

探究知识：员工离职前兆和离职原因。
获得能力：能够识别离职前兆，根据具体情况分析离职原因。

一、识别员工离职前征兆

案例分析

张斌在一家化妆品公司做了8年，从公司成立开始，他就跟随着老板，在两三次公司即将要倒闭的情况下，张斌都对老板不离不弃。后来公司又渐渐走上轨道，接着就是规模慢慢变大，公司从原来的两人变成了10人，慢慢又达到了100人，到了公司发展到第8年，公司的规模已经达到了300人。张斌回忆起这些年的努力，换来的只是人事部的经理，而这些年那些总监、副总经理都是通过他挖来的，这些人的位置远远高于他这个经理。第8年了，他觉得老板对自己也没任何的表示，于是他利用自己的人脉，给自己物色了一份新的工作，到同行业一家新公司任职副总，这是他盼望已久的职位。他很快就与新东家签了合同。签完合同，他向老板提出了请辞，由于请辞来得太突然，老板一下子懵了。最后老板诚恳地问："你为什么一定要走呢？这公司是我和你打拼下来的。多少回忆啊！"张斌苦笑了下，说道："就是因为是我和你打拼下来的，所以，我必须走。这些年，我很努力证明自己的能力，把这当成自己的事业，可是我最后是不断给你挖副总。"老板听完沉默不语了。一天后，老板又找到张斌："公司决定给你升职，升上副总，年薪增加到80万。这个职位早就应该给你了，只是我一直疏忽了你的感受，这些年委屈你了。我真心希望你留下来。"张斌看到老板给的聘任书吓了一跳，他左右为难。由于和新东家签订了合同，张斌最后还是去了新东家。

简要分析：每个公司都会有一支管理骨干队伍，可以是来自外部招聘，也可以是内部培养，这些中层管理人员就像公司的枢纽，起着连接高层管理者与一线员工的关键作用。一旦这些骨干员工开始有陆续离职的倾向，将会对公司的组织架构和业务运营造成严重的影响。管理者日常应该多关注员工的需求，提前识别员工的离职倾向。很多主管对于员工的抱怨不是没时间就是没意愿听，等到人真的要离开才发现自己没有好好倾听。这个时候要不就是祝福对方，要不就是加码留人。可是对于员工来说，就算公司真的加码留人，彼此之间的信任还是会有裂痕。员工认为"一定要提分手你才愿意沟通"，老板则认为"每次都拿分手威胁我"，这样的合作关系终究是不会长久的。

那么如何觉察员工的离职倾向，员工在考虑离职这个问题时，会有哪些表现呢？

案例分析

小张是一家照相器材公司的客户服务代表，他的工作主要是通过电话接受关于公司产品的命令以及处理客户投诉。小张已经在这个工作岗位上干了将近两年。在他刚刚从事这份工作的时候，几乎这家照相器材公司的所有人都能感受到他对这份工作的热爱。那时，小张对工作和公司十分热心，而且还总是说："我非常喜欢这份工作，它具有很高的挑战性，我的同事也非常友好，我的老板非常理解我、支持我。"但如今，小张对本职工作的那份热情早已荡然无存。每当他和其他同事谈起这项工作的时候，人们都可以从他的脸上看到沮丧的表情，而且，小张最近还总是说："我讨厌这份工作，客户们唠唠叨叨的投诉令我感到头痛。"有很多次，这家照相器材公司的客户服务部经理王刚都看到小张态度非常不好地接听客户的投诉电话。

王刚分别在客户服务部的其他服务代表那里了解了一些小张的私人情况。原来小张的妻子刚刚生完小孩，由于小张的工作通常需要加班，而小张本人的父母又双双去世，他的妻子独自照顾孩子十分费力，为此小张的工作经常遭到埋怨。

最近小张妻子托朋友为小张在另外一家公司找了一份工作，这份工作虽然没有眼前在照相器材公司的工作薪酬高，但是却从来不用加班。小张眼下正在考虑是否要采纳妻子的意见换一份工作。

从上述案例当中能感知哪些现象能表明小张的离职倾向？

（资料来源：《离职管理》第1版，中国经济出版社，于长湖编著）

简要分析：

作为一名人力资源管理者，一定要善于观察员工的平时行为，因为员工离职前，或多或少都会表现出一定的预兆，这是一个人内心真实想法的外在表现，往往是可以察觉到的。

小张的离职倾向比较明显。首先，表现在他对于工作态度消极，充满抱怨，失去了对工作的热情；其次，因为家庭生活的改变，心理压力增加，不能适应频繁加班的工作节奏；最后，有寻找下一份工作的迹象。

作为管理者，当你发现你的核心员工有以下多项行为就意味着你要找个恰当时机和他谈谈了。

1. 工作日频繁请短假

以前为了完成工作任务和为了给上级留一个好的印象，一般不会过多请假，但一名员工想要辞职，最先是频繁请假，这是绝大多数员工离职前都有的迹象。因为需要在工作时间去面试,所以平时不怎么请假的人可能突然隔三岔五地请假,而且不是整天整天地请,可能只是请一个上午或是一个下午,甚至两三个小时,因为这个时间足以去完成一轮面试。

2. 避开大家接电话

员工对于个人离职往往很谨慎并不希望被外界知道。注意留心生活的人都会有个感受,我们接听不同人来电的语气、语态、表达方式是不同的。领导、客户来电,在接听的时候语气客气而恭敬;同事来电,往往是职业化沟通,语音语调冷静理性;而接家人电话,往往是比较随意的神态和语气,措辞也会放得更开;隐私性强的电话来时,身体先是冻结,然后保持客气的语气回答自己是谁,然后请对方稍等,再起身寻找比较私密的位置,并且尽量选择身体能够依靠的地方讲电话。如果你边上的同事经常避开你接电话,那么他很可能是在找工作了。现在特别职业的人力资源管理者几乎从来不给自己心仪的候选人直接去电话,而会首先根据他简历上留下的电话去试图加一下他的微信,或者用电话去个短信表明身份和意向。如果对方愿意通过微信申请或者回复短信,则表示对方愿意进一步沟通,再约合适的时间电话沟通,会更顺畅一些。还有一点就是直接去电话,有时候对方在电话那头拒绝你,或许并不是他的本意。

3. 向人力资源管理者打听社保缴纳时间

其实这是一种自我暴露的做法,因为社保缴纳时间在平时跟员工并没有多大关系,只有离职需要续交的情况下才需要知道这个,所以如果有员工去向人力资源管理者打听,人力资源管理者很容易就知道这名员工打算离职了。事实上,一般企业员工都是15号之前入职,当月社保缴纳至新公司,15号之后,需要在原公司缴纳,或者提前和新公司说明。

4. 在网上更新简历

这个意图已经很明显了,有的员工可能并没有将简历屏蔽自己所在的公司,所以很容易被别人搜到,一看更新时间就能判断出员工是不是近期编辑并公开了自己的简历。如果是在很近的时间编辑了简历,那么不用说,已经是准备跳槽了。

5. 不愿接受新任务、新挑战

工作的丰富化与扩大化是激励员工的一种方式,尤其对于希望成长的员工来说,往往非常愿意接受新任务及挑战,因为这说明领导对自己的重视,而如果一个积极向上的员工开始推诿新任务,对于本职原有任务也有拖沓的现象,且态度相对消极,那他很有可能是寻找了新的机会,而不愿意再投入。

6. 工作倦怠

有的人职业化素质高,即使要跳槽也会把当前工作做好,但是也有人因为觉得自己即将离开而对当前工作变得怠慢,比如不再加班处理工作,不愿意承担重要复杂的项目,不跟相关人员积极地讨论问题等。

我们可以从员工的日常行为表现中去观察,如果员工工作积极性不高,效率产出也较平时低了很多,那么这个时候优秀的人力资源管理者就应该及早发现并介入了。如果这名员工是平日里表现不错的员工,那应该和他来一场开诚布公的谈话。

7. 对团队活动不太感兴趣

有一个现象就是:员工在离职前两个月,每次团队活动的时候都是最后到场,从原来喜欢坐在前排改变为随便找个靠角落的位置坐下。征询其一些团队活动的意见,基本言词也都是类似于"听组织安排"这样的话语。当然因为性格的不同,也有反例,在离职前去参加下团队的聚会最后留念一下的也很多,但是常常会说一些比较耐人寻味的话语。这个变化可能很明显,有的员工本身是比较活跃的,但是突然变得沉默了,不仅在日常工作中跟同事的互动减少,在部门的微信群中可能也不再发言。这种情况一般都是员工觉得自己将要离开,所以想在走之前表现得低调一些。

8. 开始较多地与特别熟悉、信赖的同事私下交流

从内心来讲,一个人纠结时需要疏导和释放,往往会选择和自己有共同体验的几个同事吃顿饭,间接地吐槽一下,以此寻求内心的平衡。

9. 经常和离职员工聚会

这条很难发现,但确实会影响员工的择业动机。这种小圈子文化在职场中很常见,即你会和你要好信得过的几个人形成一个天然的圈子,外人很难融入进来。当圈子里有人选择了离开,而后告诉你他新的环境很好,就很容易把你带偏带跑。但人力资源管理者一般很难提早发现这个问题,事后补救也很难挽回员工,即使挽回了事实上效果也很差,因为这种圈子文化影响是很大的。讲得大点,就是员工个人影响力的问题了。

10. 在跟管理者沟通的时候有所保留

平时止于工作关系,但这个时候员工如果私下找机会和管理者交流,但似乎又放不开谈自己的深层次想法,往往是他内心纠结的时候。

当然,上面的离职征兆并不是绝对的,可能还有很多其他情况。对于员工来说,也许自己并没有意识到自己流露出了这些征兆;对于主管来说,如果发现了这些征兆应该跟员工及时进行沟通,如果是觉得没有必要挽留也要尽早作出人员备份等安排。

职业性强的员工,他们对职业的忠诚度远远高于对企业的忠诚度,他们是不会消极怠工的,因为他们知道这么做对自己没有任何好处,因而人力资源部观察员工异动的难度越来越大了。而且这种离职征兆不明显,对企业的心理伤害特别大,它的影响远胜于那些害群之马的离职,至少那些人的离职,大家心理上是可以接受的,而一个一直很努力和勤奋的员工离职,冲击了大家的普遍价值观,给其他员工带来的心理冲击更加深刻。

案例分析

小李是A企业的一个部门经理,一直以来工作都十分认真,兢兢业业,大家都十分看好他。但是让人没有想到的是,小李却突然提出了离职。事情是这样的:

小李在这个公司已经有四年了，一直对公司忠心耿耿，业务也做得很不错。一年前，公司将小李提拔为部门经理。随着小李的发展，小李在业内有了一定的知名度，一些竞争对手开始频繁约小李见面。公司知道后，让HR经理跟小李谈了谈，想了解一下他在待遇及其他方面有没有什么要求，但是几次谈话下来小李都没说什么，只说看公司安排。公司觉得这个人挺不错，但没有立刻给他调整薪酬，只是承诺不会亏待他。同时公司也开始关注小李部门的工作，发现小李工作还是很有声有色，团队也干劲冲天。HR经理说，企业好几次想给小李加薪，但是却一直没有加。一方面，觉得不好平衡其他部门经理；另一方面，觉得小李工作一直很积极，没有表现出想离职的意愿。

然而，突然有一天，小李递交了一份离职报告。HR经理当场就傻眼了，怎么也没想过的事情就这样发生了。HR经理很困惑，为什么小李的离职一点儿征兆都没有呢？他一直很努力地工作，不像别的员工想离职之前总有一些表现。于是HR经理就找小李谈了一下，问他为什么想走？小李说了一些理由，但是HR经理觉得并不充分。

您觉得应该如何做才能避免员工的这种"无征兆离职"现象呢？

简要分析：

（1）从HR的角度来讲，肯定是负有不可推卸的责任，既然已经认识到小李的工作能力是非常不错的，而且也已经知道了别的企业正在挖墙脚，那么就应该采取必要的措施，如加薪、晋升、提高福利待遇等，进行挽留，相比留住一个人才而言，这些付出都是微不足道的，否则，代价就是人才的离去。

（2）HR的职业敏感度缺乏。小李说了，看公司的安排，实际上说明三个问题：第一个就是，小李的第一择业选择还是该公司，只要该公司待遇可以接受的话，小李是不会离开该公司的；第二个问题就是，小李说这句话，表明他已经有了跳槽的公司了，而且基本上待遇、职务已经谈妥，就看公司对他的重视程度了，"士为知己者死"就是这个道理，只要待遇合适、软硬环境合适，绝大多数人是不会离开干了这么多年的公司的；第三就是小李考验公司对他的重视程度，把皮球踢到了公司HR这边，"我的能力明摆着非常不错，如果你们够重视，待遇肯定会让我满意，如果不够重视，我待着也就没意思了，不如离开"。

所以说，从上述角度来看，公司HR应负重要的责任。

二、离职原因分析

招聘优秀员工难，用好优秀员工难，培养出优秀员工更难，而要留住优秀员工难上加难。我们知道，员工离开公司，必然有员工的理由，也许并不算充足，但总是已经足以让其离开公司、另谋高就。那么，是不是每位员工都是不安分守己的，都想不断地变换公司，都以换公司换得越勤越好、越多越引以为荣呢？答案当然是否定的。HR们应该都有这样的经验，在一个公司工作满一年或是两年以上的员工，对公司的企业文化已经较为熟悉，而且对公司也有了一定的感情，一般情况下都不大愿意离开公司，但一旦他们决定了要离开公司，就一定很难再挽留。因此，企业的HR们，要想对症下药，避免重蹈覆辙，首先要弄清他们离职的真正原因。那么，究竟是什么原因迫使优秀员工离职呢？马云曾说，员工的离开只有两个原因：一是钱没给够，一是心受委屈了。纪晓岚曾说，攘攘熙熙皆为名来，熙熙攘攘皆为利往。其实无论是马云还是纪晓岚都只是说对了一部分，员工离职还有很多其他的原因，找到根本原因才能降低人员流失率。

1. 个人原因

（1）个人能力。

个人在工作中体现出的技能、经验与知识，能使员工感到自己能胜任工作，这非常重要，否则不能胜任工作的感觉最终会阻碍个人的自信心与创造力。

（2）价值观。

从职业满意度的方面来讲，价值是指人们追求的回报，比如金钱、地位、荣誉、舒适的生活方式等。有些人看重金钱，有些人渴望智力上的挑战，还有些人期望的是名望、地位和舒适的生活方式。价值观对人们工作是否愉快起着非常大的作用。但是，在就业压力飙升、人才竞争日益激烈的今天，许多人通常会选择一条阻力最小、最容易得到回报的职业道路，哪怕是对该项工作并无兴趣。

案例分析

张某是南京邮电大学计算机系2016届本科毕业生，应聘到一家银行从事网络维护工作。尽管收入不错，但干了不到两年，他就不想再待下去了，因为他觉得这份工作没有给他带来什么成就感。许多人对这位大学生的想法不理解，一些亲朋好友纷纷劝告他要珍惜这份工作，再找一个待遇这么好的单位是很不容易的。而事实上人们不知道这位大学生的苦衷：他的成就动机非常高（经过测试，其成就动机分数在100位专业人员中只有5位有那么高）。

简要分析：成就动机高的这类人很想做出一点成就，实现自己的价值。而网络维护工作尽管需要一定的技术，但主要是一些日常事务性工作，无须太多的创新，刚开始工作还有点新鲜感，可时间一长就觉得挺没劲的。由此可见，人们在选择职业的时候，还得考虑到自己的职业动机特征，因为职业动机是维持人们职业行为的基本动力。

（3）深层志趣。

深层志趣是决定人们工作满意度的最为重要的因素。兴趣是最好的动力，具有挑战性并且能够充分发挥潜力，是优秀人才择业时重点考虑的因素之一；反之，一份枯燥乏味的工作，只能限制人的创造能力和消磨人的斗志。工作乏味无趣引发员工离职的现象，不论对企业还是对个人而言都是一种重大的损失。

（4）对管理方式不满。

一个优秀的管理者，不应该压制员工的创造性，而应该鼓励员工去做新的尝试；不应该禁止员工自主决策，而应该强调效率；不应该对员工的成绩视而不见，而应该对这种成绩适时地给予鼓励。但是大多数企业通常并非如此，它们机构设置复杂，工作人浮于事，官僚习气十足，办事效率低下。在这种工作环境下，一个优秀的员工很难有施展才华的机会，而且也不能得到经常性的肯定。在此等待晋职的时间如此之长，员工便只好选择离职。

（5）缺乏个人成就感。

缺乏个人成就感也是很多优秀员工离职的原因之一，他们不能容忍总是默默耕耘却没有任何回报。荣誉对于每一个优秀的员工来说，既是必要的酬劳，更是有效的激励，可以使他们的工作做得更优秀、更出色。

（6）对公司的目标缺乏认同。

一般情况下，发展良好的企业应该具有非常清晰的短期与长期的商业目标，并且经常安排有高层和普通员工参加的聚会。通过这种交流，企业上下能够达成一致目标，并且逐渐取得共识，从而拧成一股绳，齐头并进。

（7）职业倦怠。

通常情况下，员工在企业很长一段时间后，如果企业方面不加以激励，员工便会产生职业倦怠，并且对目前的工作提不起兴趣。

2. 企业内部的因素

案例分析

他为何闪电离职？

小李是一个优秀的物流管理人才，有着多家大型快速消费品企业的物流管理经验，而且业绩突出，在业内享有盛名。

A公司是一家2013年10月注册成立的快速消费品生产和销售企业。由于产品独特，一投入市场，便有大批订单蜂拥而至。2014年入夏以来，随着业务量的激增，物流运转不够顺畅，物流成本不断增加，效率大打折扣，一些经销商的不满情绪渐增。在这种情况下，公司迫切需要一位优秀的物流管理人才。

此时，恰逢想换换工作环境和希望接受挑战的小李前来应聘，人力资源部经理久闻小李大名，见机会难得，直接上报总裁。总裁求贤若渴，亲自上阵面试，经过交谈发现小李确是自己梦寐以求的物流管理人才，于是当场拍板，让小李次日上班，担任物流部经理。人力资源部经理和总裁如释重负。但是，三个星期以后，二人都意外地收到小李的辞呈。

经过多方面了解，人力资源部经理弄清了小李离职的原因：一、思想活跃、喜欢创新和挑战的小李与保守稳重的直接上级——生产副总多次因意见不统一而发生冲突；二、小李在A公司物流部面对一群"素质不高"的同事，经常产生一种"曲高和寡"的孤独感；三、小李无法适应一个各项制度不健全、管理流程混乱的企业，认为在这样的企业，自己的能力无从施展。

简要分析：招聘策略失误，人才与组织不匹配，这是造成小李闪电离职的最主要原因。A公司招聘策略上的失误集中反映在只关注人岗匹配，而没有考察人与组织的匹配问题。人岗匹配固然重要，但是对于处于初创期的A公司来说，人与组织的匹配问题更重要。而A公司不但没有在追求人与组织的高度匹配上下功夫，反而根本没有考虑这一问题。具体表现在：

a. 没有考察个人与团队的融合程度。A公司的招聘没有考虑小李的风格是否与主管以及拟任职团队的特性相匹配。在 A 公司，小李的直接上级是一个保守稳重的人，而小李是一个喜欢挑战和思想活跃的人，二者的个性和行为风格迥异，所以双方配合发生冲突也在预料之中。另外，A 公司物流部现有的工作人员观念相对陈旧、素质不高，而刚刚上任的经理小李却是一个观念超前、能力优异的人，小李"曲高和寡"的孤独感由此而生。

b. 没有考察个人对企业现状的适应程度。小李业务能力强，业绩佳，但未必是 A 公司拟聘的最佳人选。因为小李的工作经历都是在大型快速消费品企业，相对来说，大型企业的各项管理制度和流程比较成熟和完善，小李也因此而养成了一种工作习惯和行事作风，甚至是思考问题的方式。而 A 公司成立不久，各方面管理制度和管理流程还不规范，小李能否适应确是应该考虑的问题。

（1）企业改组。

企业不论是解散、合并还是分割，都会对员工的离职产生影响。而且，企业裁员也往往会对留任员工造成很多影响，怎样才能在裁员后尽快恢复员工士气并使留任者忠实依附于企业，对减少自动离职极为重要。

案例分析

秦经理：

您好！

由于业务调整，今年 3 月，公司决定停止化工产品的研发工作，将化工研发小组并入到研究方向相似的环保研发小组，并由原环保研发小组的项目主管全权负责。最近几个月，原化工研发小组的成员流失严重，我们高薪聘用的几位博士也提出了离职申请，通过和他们的沟通，原化工研发小组的成员普遍反映无法与原环保研发小组的成员合作，在工作中受到忽视，重要的研讨会议从来不通知他们，只让他们做一些类似输入数据的简单工作。在上半年的绩效考核中，很多原化工研发小组的成员觉得受到了排挤，考核结果都不理想。针对此事，希望您能给予指示。

上文是招聘主管发给人事经理的电子邮件，请你以人事经理的身份给出全面的处理意见。

简要分析：企业的改组变更会带来很多连锁反应，这其中就包括员工的离职现象。研究表明，在裁员过程中管理者的可信度、分配上和程序上的公正以及在这三个维度上对雇员的适当授权，都可以推动留任者对企业的依附，而这种对企业的高度依附也可以促成接下来几年中很少的离职。建议人事部门深入研发小组，与相关多方深入调研离职原因，并从绩效管理等多角度找到解决措施。

建议解决方案：

a. 公司因业务调整，将化工研发小组并入环保研发小组的决定是不可更改的；

b. 与环保研发小组项目负责人座谈，了解原化工研发小组人员离职原因；

c. 与原化工研发小组人员面谈，调查了解其工作现状及不满意原因，了解是功能性离职还是失能性离职，并做出相应安排；

d. 召开离职人员座谈会，感谢他们为公司所作的贡献，并为他们办理相关手续；

e. 加强工作职位分析，做到人员与职位匹配；
f. 建立吸引和留住员工的长效机制；
g. 建立员工沟通平台和申诉机制；
h. 加强团队建设；
i. 加强沟通，建立与公司战略目标一致的人力资源规划；
j. 绩效考核方案要注意员工的参与，充分发挥激励作用。

(2) 人际关系。

工作中的人际关系对离职的影响非常突出，研究员工工作中人际关系与组织承诺间的关系，结果显示员工对管理者的承诺与组织承诺间有显著的正相关关系，并能引发对管理者的满意度，而员工对于下级的承诺则提升了员工对于人际关系的满意程度。对工作中这种上级、同级、下级间人际关系的满意度，会令员工感到从同事那里得到了支持和认可，从而提高了工作满意度和组织承诺，使离职可能性下降。

(3) 培训。

企业能否提供有利于员工发展的培训学习，也会对员工的离职行为有影响。员工在企业组织中需要不断地学习提高，这既利于企业也利于员工个人发展，而企业所能提供的对员工的培训和学习就显得很重要。当员工体会到自己在组织中会有良好发展时，很少会离开组织。

(4) 工作量过大。

在很多时候，由于管理者的疏忽和失策，比如员工离职，一时未能将空缺填补，造成在岗员工工作量过大，加班过多。

(5) 受到不公平待遇。

雇佣关系和企业管理程序中的公平性问题与离职相关。员工感到雇佣关系不公平时，会表现出愤恨情绪和低组织承诺，从而影响离职行为。企业在程序上和分配上的公正，也会直接和间接地与员工离职相关。这种相关是通过影响到员工的工作态度变量（工作满意度、组织承诺）而形成的。

(6) 没有受到足够重视。

员工不能获得足够的重视表现在：所有的决策过程都没有参与的机会；所提出的建议或点子，上级都当耳边风，根本没有被采纳的机会等。这些行为都会使员工感到不受重视，令员工在一定程度上感觉受到轻视甚至不安，从而导致员工的离职。

(7) 应酬太多。

在一般情况下，除去员工正常的上班时间，管理者不能占用员工的时间，而有一些管理者喜欢要求下属在工余时间做一些午餐、晚餐或例会一类的活动，这些活动严重影响了员工的私人生活。

(8) 对企业文化不适应。

企业是否有好的企业文化，是否有好的文化氛围，在一定程度上反映出该企业是否有影响力。没有影响力的企业很难有号召力，而没有号召力的企业，自然也不会有强的凝聚力。世界名企诸如通用、微软等，每一家都有它独特的企业文化。而国内众多优秀企业也同样如此，比如说海尔文化、万科文化，它们都成为求职者向往的品牌文化。

（9）不适应企业领导的管理风格。

企业领导的管理风格，对员工的工作情绪及工作积极性有较大的影响。如果是少数员工感到不适应企业领导的管理风格，那么员工们还会进行自我调整；但如果是多数，员工就不仅不会进行自我调整，还会认为这不是自己的问题，是领导的问题，时间久了，就会对领导心生反感，也就不会全身心地投入到工作中去，找不到工作的成就感，工作的乐趣也就无从谈起。没有了乐趣的工作，无疑是一种慢性自杀。

（10）企业缺乏发展前景。

一个优秀的或渴望发展的员工，对企业的发展前景十分关注。只有企业发展了，员工才会有发展，企业前景暗淡，员工看不到前进的方向，就会对企业失去信心，而对企业没有信心的员工，选择离职是迟早的事。

（11）对薪酬待遇不满。

不管你承认与否，薪酬水平已经成为影响求职者择业的重要因素之一，企业只有具备了有竞争力的薪酬水平，才可能有效地留住员工。当员工的薪酬低于自己的期望值时，他就会对薪酬不满；而这个期望值只是员工个人的自我定位。一般来说，员工往往过高估计自己在公司中的贡献和价值，自然就会有过高的期望值。员工可能会通过各个渠道了解他的同事获得多少薪酬，并以此为标准来衡量自己所获得的薪酬是否合理，同时，应该也会了解同行业的市场薪酬水平，结果不满意时就会跳槽选择更高的待遇。

3. 企业外部原因

（1）求职高峰期诱使员工离职。每年春节后的前两三个月，即是员工求职的高峰期。一年过去，企业要发展，人员要调整，很多企业都集中在此时大量补充人员，因此，人员需求量较大，求职者在此时也更容易找到合适的工作，大量的求职机会将会诱使员工勇敢地选择跳槽。

（2）企业互挖墙脚唆使员工离职。很多企业，为了使自己在新的一年中有更好的发展，在春节前即开始着手挖同行或其他企业的墙脚，而员工一般在春节前不会离职，因为还有年终分红要拿，"不拿白不拿，拿了不白拿"，春节后，年终奖在手，一旦有更好的企业向他们抛来橄榄枝，他们就会无所顾忌地选择跳槽。

（3）外来压力迫使员工离职。一开始，员工们也许并没有离职的念头，但是，当看到别的员工跳槽成功，拿到较高的薪水、有更好的发展，或者身边亲近的人不断在耳边鼓噪、施加压力时，便会不自觉地两相比较，如果觉得自己比跳槽成功的员工更有能力、更有机会获得更好的发展，便会不由自主地选择跳槽。

三、关注员工离职的时间段

案例分析

万圣公司是南通一家大型股份制建筑工程企业，该公司的国际工程部因为业务类型的特殊性，不仅要求员工有较高的英语水平，而且要懂一定的土木工程专业知识，这类人员招聘在每年的大学校园招聘中难度很大。此外，由于公司薪酬水平较低，即使招聘来人才也很容易流失，过去几年的试用期平均流失率高达74%。为此国际工程部多次召开会议，并初步达成共识：希望公司人力资源部制定中长期的人才规划以吸引并留住优秀人才。

请问：如果你作为该公司的人力资源部经理如何回复国际工程部的经理？

简要分析：新员工离职率居高不下是很多企业面临的一个难题，无效的重复招聘对公司的成本和效率来讲都是很大的损失。高离职率已经是影响企业发展的大问题。每个企业都在讨论新员工离职率问题，要弄明白新员工离职的原因，进而提出降低员工离职率的方案。

可能的原因主要有：针对新人群体重视不够，缺乏有效的管理措施；工资待遇是新进员工离职的很大一部分原因，对于新入职基层员工来说，离职成本小，生存需要是主要的，所以对薪酬的刺激非常敏感；工作比较单一、枯燥、乏味，新员工入职后如果发现干的事情不能学到新的东西，工作就会变得枯燥乏味，只好通过离职来保证自己能获得水平方向上的职业发展；管理、沟通不畅。

一方面要做好调查研究工作，分析离职原因；一方面要从招聘、薪酬等人力资源职能方面综合着手，以期找到综合的解决方案。建议的解决方案为：

（1）派员去国际工程部对人员流失问题进行调查，并分析原因；
（2）派员做一份同行业薪金水平调查，对比分析国际工程部薪金水平情况；
（3）派员与流失人员面谈，了解流失原因；
（4）指定人员到国际工程部听取意见，草拟适合公司特点的中长期人才规划；
（5）修改完善员工培训管理规划，重点突出英语培训；
（6）派员与财务等部门沟通，了解公司工资承受能力，决定国际工程部人员薪金提升幅度的可能性；
（7）建立吸引员工、留住人才的机制；
（8）关于国际工程部从在校学生中招聘难的问题，可适当扩大招聘范围和招聘方式，制定新的招聘制度。

员工离职的时间往往和离职原因有紧密关系。从在职时间长短来讲，员工进公司2周离职，与HR的入职沟通有关；3个月内离职，与不能适应工作和工作内容本身有关；6个月内离职，与直接上级有关；2年左右离职，与企业文化有关；3~5年离职，与晋升空间受限有关；5年以上离职，与厌倦和进步速度不平衡有关。

其实，每个时间段的里面仍然包罗万象，前面两种情况，点到为止，作为HR应该都知道怎么做。

1. 入职2周离职

入职2周离职，说明新员工看到的实际状况（包括公司环境、入职培训、接待、待遇、制度等方方面面的第一感受）与预期产生了较大差距。

我们要做的是，首先，在入职面谈时把实际情况尽可能讲清楚，不隐瞒也不渲染，让新员工能够客观地认识他的新东家，这样员工就不会有巨大的心理落差，公司也不用担心即将到手的新人不来了,该走的总是留不住。

其次,把入职的各个环节工作进行系统梳理,包括从招聘到通知入职、报道、入职培训、与用人部门交接等环节,充分考虑到新人的感受和内心需求,进行系统规划和介绍,让新人感受到被尊重、被重视,让他了解他想了解的内容。

2. 入职 3 个月离职

入职 3 个月离职,主要与工作本身有关。有被动离职,这里只讲主动离职,说明我们的岗位设置、工作职责、任职资格、面试标准方面存在某些问题,需要认真审查是哪方面的原因,以便及时补救,减少在招聘环节的无效劳动。

3. 入职 6 个月离职

入职 6 个月离职,多半与直接上级领导有关,即经理效应——他能不能取得卓越成绩的最大影响因素来自于他的直接上司。人力资源部门要想办法让公司的管理者们接受领导力培训,了解并掌握基本的领导力应具备的素质。管理者要了解下级的优势,并让他的优势与岗位职责匹配,为公司发挥最大效用,同时也让员工体现出他的价值。

一个优秀的管理者就是一个教练,他有义务和责任发掘下属的潜能和优势,并培养下属,成为下属成功的重要推动力。同一个部门换一个领导结果可能完全不一样,同样一批员工的表现可能也截然相反,一个可能团队战斗力十足、激情四射,另一个可能会导致抱怨漫天、团队涣散、离职频发。

直接上级应该是最先了解下属的各种动向和倾向的,他的一句话可能解决问题也可能造成矛盾,如果没有处理好,队伍士气下降、战斗力下滑,就会进入不良循环。因此在 1 年期内离职员工较多的团队,要注意他的直接上级可能出问题了。

4. 入职 2 年左右离职

入职 2 年左右离职,与企业文化有关系。此时员工一般对企业已经完全了解,包括各种处事方式、人际关系、人文环境、授权、职业发展等了解得都很全面,甚至包括公司战略、老板的爱好。

企业文化好的公司,在招聘环节对应聘者的价值观方面会有全面考察,希望新员工能融入公司文化中,为文化的持续优化添砖加瓦。而企业文化不太好的公司,对应聘者的价值观要求不是太高,往往只是片面考察,希望他们进来能净化和改良文化氛围,但往往事与愿违:

第一,他们自身的价值观取向可能就有问题或有缺陷;

第二,即使他们价值观取向都是正向的,但一个人的力量无法与长久形成的氛围相匹敌;

第三,新员工入职,都在努力融入团队,尽量表现得不那么离群,因此更容易被同化;

当公司文化与新员工的价值观冲突到一定程度,甚至达到临界或突破原则,就会导致关系破裂,员工离职就在所难免。作为企业,要每日三省吾身,察觉到公司内的不良因素。公司不在大小,都需要良好的工作氛围让员工愉悦地工作。

5. 入职 3~5 年离职

入职 3~5 年离职，与职业发展有关。学习不到新知识和技能，薪酬提升空间不大，没有更多高级职位提供，此时员工最好的解决办法就是跳槽。但对企业来讲，这个阶段的员工应该价值最大，离职损失较大。

因此要根据不同类型员工的需求结构不同，设计合理的职业发展通道；了解员工的心理动态，倾听他们的心声；调研职业市场供求关系，主动调整薪酬、职位设计。我们的目的是留住员工，其他的政策都可以根据情况灵活调整。

6. 入职 5 年以上离职

入职 5 年以上的员工，忍耐力增强。此时离职一方面是职业厌倦导致，我们需要给予他们新的职责，多一些创新类工作，来激发他们的积极性。另一方面是个人发展与企业发展速度不统一导致，谁发展得慢就成了被淘汰的对象，员工疏于学习、停滞不前，必然被企业逐渐疏远和冷落；企业发展太慢，员工的上升空间打不开，事业心重的员工看不到新的希望，必然会另谋高就了。

【能力测验】

一、单选题

1. 哪些行为不属于可能的离职前兆？（　　）
A. 申请年休假　　　　　　　B. 在网络更新简历
C. 不愿意接受长期任务　　　D. 抱怨明显增加

2. 哪种说法是错误的？（　　）
A. 员工个体的离职原因一般也不是单一的
B. 除非员工申请，否者没必要主动调薪
C. 企业合并有可能增加离职的概率
D. 人际关系会影响离职率

3. 以下哪些情形与离职率上升关系不明显？（　　）
A. 企业部门重组　　　　　　B. 绩效改革
C. 行业失业率上升　　　　　D. 领导更迭

4. 员工入职两个星期就提出离职，原因更可能是（　　）。
A. 上升空间小　　　　　　　B. 人际矛盾
C. 现实与预期差异大　　　　D. 与企业价值观出现冲突

5. 离职的高峰期通常在几月份？（　　）
A. 一月　　　B. 三月　　　C. 六月　　　D. 十二月

二、案例分析

1. 一份辞职报告

某制药公司负责生产和运作的张副总经理拥有化学专业的博士学位，但在公司就职

15年的时间里,他从来没有亲自参与过研究和开发新产品的工作,仅在工作时间内完成分内的管理工作。

销售部李经理忽然于2017年10月向宋总经理递交了辞职报告,没过几天就到了竞争对手的公司任职。糟糕的是,李经理离开公司的同时把客户关系也带走了,这样导致该公司的销售额明显下降。

李经理在辞职报告里写道:"公司管理太缺乏弹性,我根据市场变化设计的销售方案多次被推翻。尽管我和下属都非常努力工作,但成绩并没有得到认可。另外,股权分配不公,职业发展受限,公司氛围不好,钩心斗角的现象很严重,要得到其他部门的配合很难。"看到这份辞职报告,宋总经理陷入了沉思。

(1)运用马斯洛需求层次理论、激励-保健双因素理论、弗鲁姆期望理论解释这个案例。

(2)如果要激发张副总经理的工作积极性,避免李经理离职现象的再发生,宋总应该采取哪些切实有效的措施?

2. 以下是金工车间主任写给该公司人力资源部经理的一封电子邮件,请以人力资源部经理的身份给出详尽的处理意见。

陈经理:

你好!

我是金工车间张超,鉴于我车间工作性质的特点及业务规模的扩大,迫切需要一批既有一定专业知识,也能进行实际操作的具有专业化初级水平的人才。去年8月虽然新招进一批高职院校的应届毕业生,但由于我公司薪酬水平较低,已有一半流失。为此,我们希望人力资源部尽快安排,今年至少要招聘20名操作工,以解燃眉之急。

张超

工作任务二　员工离职手续办理

【学习目标】

探究知识:离职申请、离职证明、业务与办公用品交接、离职费用结算。

获得能力:能够处理离职申请,办理离职证明,开展业务与办公用品交接,进行离职费用结算,处理各种相关争议。

员工确定要离开组织时,离职工作程序一般包括填写离职申请单、离职前面谈、核准离职申请、业务交接、办公用品移交、监督交接、人员退保、离职面谈、离职生效、资料存档、整合离职原因等。

一、填写离职申请单

准备离职的员工可以口头向部门主管或人力资源部提出离职意愿,也可以填写好离职申请单向部门主管或人力资源部提出离职意愿。一般情况下,离职意愿向部门直接主管提出,若不便或不愿向直接主管提出,也可以向间接上级或人力资源部提出。正规的离职申请,必须以书面的形式提出,公司人力资源部一般有设计好的员工离职申请单,主要内容包括员工基本信息、离职原因和审批栏。

要及时、慎重处理不辞而别的员工。员工不辞而别,是指拟离职员工未依据合同约定和法律规定履行提前通知义务而擅自离开工作岗位的行为。根据《劳动合同法》规定,劳动者提前三十日以书面形式通知用人单位,可以解除劳动合同;劳动者在试用期内提前三日通知用人单位,可以解除劳动合同。因此,劳动者辞职的,应履行提前通知用人单位的义务,而不辞而别的行为恰恰违反了法律规定,属于劳动者违法解除劳动合同的行为。根据《劳动合同法》第九十条规定,劳动者违反本法解除劳动合同,或者违反劳动合同约定的保密义务或者竞业限制,给用人单位造成损失的,应当承担赔偿责任。故对不辞而别的员工,用人单位有权追究其法律责任。在实务中,用人单位往往嫌麻烦,很少真正地去追究不辞而别员工的法律责任。

案例分析

小王是某公司的职员,双方签订了为期3年的劳动合同。2018年春节后,公司主管向人事部汇报,春节假期后,不见小王回来上班,已经有3天了,也不见小王打电话回来请假,打他的手机也关机,请人事部处理。人事部的同事说再等两日看看,两天后,依旧没有小王任何消息,公司也联系不上,问过与小王相熟的同事,均表示未见过小王。公司于是张贴公告,小王几天没有回来上班,已构成旷工,视为自动离职。

两个月后,小王突然出现在公司人事部,向公司人事部要求报销医疗费,并要求公司根据国家规定给予自己非因工受伤的待遇。原来小王在春节后,回到公司所在地后,想跳槽,谁知道一次上街被汽车撞倒,住院治疗1个月,并花费了2万多元的医疗费。公司认为,小王是旷工自动离职的,双方劳动关系已经在3月份解除,公司没有任何义务报销小王的医疗费。小王则认为,自己从来没有收到公司解除劳动合同的通知,且劳动合同尚未到期,双方并没有办理解除劳动合同的手续,双方劳动关系仍然存在,公司应该承担自己的医疗费。公司不同意,小王遂提起仲裁。

问:小王的请求能否得到支持?用人单位遇到劳动者不辞而别,该如何处理?

简要分析:劳动仲裁委员会认为,根据《最高人民法院关于审理劳动争议案件适用法律若干问题的解释》第十三条规定,因用人单位作出的开除、除名、辞退、解除劳动合同、减少劳动报酬、计算劳动者工作年限等决定而发生的劳动争议,用人单位负举证责任。本案中,公司应当就什么时间与小王解除劳动合同承担举证责任。又参照《最高人民法院关于审理劳动争议案件适用法律若干问题的解释(二)》的规定,因解除或终止劳动关系产生的争议,用人单位不能证明劳动者收到解除或终止书面通知时间的,劳动者主张权利之日为劳动争议发生之日。本案公司未能举证证明其已将解除劳动合同的通知有效送达小王，依法认定双方劳动关系未解除，公司应按规定报销小王的医疗费。劳动纠纷中，90%的举证责任在用人单位，劳动者不辞而别，用人单位必须要有证据证明，否则将出现更多的小王。

实践中，对于此类不辞而别的员工，用人单位需要如何应对才能避免不必要的法律风险，建议如下：

（1）尽量与劳动者取得联系，如能电话沟通，可以录音，告知由于其连续旷工，已严重违反规章制度，公司按规定解除其劳动合同，并要求其在一定时间内回公司办理工作交接等。

（2）如无法联系劳动者，如何处理？这里要求用人单位在劳动者入职之时就做好相应的准备，入职的时候，可以要求劳动者在"入职登记表""应聘登记表"等书面的材料上登记"有效联系地址""有效通信地址"及"紧急联系地址"等，并约定如单位的相关通知文书等无法当面送达劳动者的，按上述地址邮寄即视为有效送达劳动者，劳动合同中亦可以约定。这样，当无法联系劳动者时，就可以按上述方法将"解除劳动合同通知书"邮寄到劳动者登记的地址，即视为有效送达。

（3）如上述两种方法均无法送达，那么用人单位可能就要采用公告的方式，在当地有一定影响力的媒体报纸上公告。当然，这种方法比较麻烦，成本亦相对较大，用人单位应该自行考虑。

二、核准离职申请，开具离职证明

对于提出离职意愿的员工，部门主管、主管副总或人力资源部都不能够想办法挽留住，或者单位根本就不想挽留的，可以按照单位人事管理权限和员工离职管理的相关规定进入审批的程序。

离职证明是为了证明员工与原用人单位终止劳动关系，在其第二次就业的时候，供新用人单位审查。

1. 离职证明的法律属性

离职证明的立法本意是用人单位解除或终止劳动合同的一项附随义务。附随义务的典型特征是不属于合同内容，但法律规定合同当事人必须履行。这一属性，决定了用人单位必须依法履行，无论是协商解除还是单方解除，或是劳动合同终止均需要依法出具。

2. 未出具离职证明的法律责任

根据《劳动合同法》第五十条、八十九条规定，用人单位未依法出具离职证明的，需承担两种责任：一是行政责任，即由劳动行政部门责令改正；二是赔偿责任，即给劳动者造成损害的，需承担赔偿责任。

3. 离职证明的作用和价值

第一，解除、终止劳动合同，并办理完离职手续的证明。用人单位出具离职证明，是对用人单位和劳动者之间终结劳动关系的明确证据，也是对其他用人单位和社会的公示。

第二，劳动者转移社保和申领失业保险金的证明和必要材料。大部分与离职证明有关的争议，都是因用人单位未依法出具离职证明而导致劳动者无法领取失业保险金，进而要求单位赔偿的争议。

第三，离职证明还有一个附带功能就是工作经验的证明。离职证明一定程度上能佐证劳动者在该用人单位的工龄、岗位及相关工作经历，这点众所周知；也是下家单位HR判断员工劳动关系、工作情况的依据之一。

4. 离职证明的写法

根据《劳动合同法实施条例》第二十四条规定，用人单位出具的解除、终止劳动合同的证明，应当写明劳动合同期限、解除或者终止劳动合同的日期、工作岗位、在本单位的工作年限这四项内容。不过，以下问题值得关注：

第一，必备项，即上述四大项内容的写法。

离职证明出具的对象是其他用人单位或社保部门，故不必写收信人的姓名和地址，但需要写开具证明的具体日期，并加盖公司公章。

第二，工作年限或在职时间不能随意填写。

有时候劳动者基于增加工作经验或其他原因的考虑，要求单位多写在职时间或工作年限，此后却因各种原因导致争议，从而对单位不利。

第三，关于离职原因是否要写以及如何填写的问题。

立法规定不需要写离职原因。所以，离职原因是可备项，可写可不写，但千万不能按照劳动者的意愿随意填写，否则，有法律风险。同样，用人单位也不能随意填写劳动者的离职原因，特别是劳动者严重违规，且违规行为是有违道德标准的"不光彩"行为（实践中，通常称为"污点材料"）时，即使是事实也不能填写。

案例分析

小胡在某公司工作，两年前主动向公司提交了辞职申请，同时要求公司出具一份证明，内容为公司因部分生产线停产，而与小胡解除了劳动合同，已支付了相应的补偿金。小胡的理由是，自己可以拿着这份证明向有关部门申领一笔补助。该公司高层及HR认为小胡是公司的老职工，其主动辞职，应尽量给予帮助，于是便按其要求出具了一份证明，做一个顺水人情。可公司高层和HR没有想到，没过多久，公司便被小胡反咬一口，小胡以公司实际上并未支付过经济补偿金为由，向劳动部门提起仲裁，要求公司支付经济补偿金。公司无奈出具了小胡的辞职信，证明那份证明所记载的内容并不符合实际情况。相关部门经调查，确认小胡辞职在先，公司无须支付经济补偿金；同时，对该公司出具不实证明，主动帮小胡虚构离职原因，以领取政府部门补助的行为予以严厉批评。

简要分析：在现实生活中，一些企业会千方百计地帮助员工争取利益，其出发点是不错的，但在具体的操作中却破绽百出，甚至违反了法律规定。一个真正规范的企业，对员工的关心应以不违法为基本前提，绝不能无原则地顺应员工的要求随便开具证明，否则，很可能弄巧成拙，适得其反，不但得不到员工的感恩，甚至可能被倒打一耙，对此必须保持足够的警惕。

第一，员工作为企业的一员，依约履行劳动义务，同样也有权利要求企业为自身需要出具相关证明材料。因此，企业绝不能为了避免自己陷入官司，而一味拒绝来自员工的正当的证明开具要求，这属于矫枉过正，会降低员工在公司的归属感。

第二，当员工有正当的理由要求企业开具证明时，企业不仅应当认真对待，还应当积极配合。但是，为了避免不必要的麻烦，建议企业在开具证明时：一定要确保证明内容符合客观事实，不可弄虚作假；尽量写明证明的真实用途；对于加盖了公章出具的证明最好做好登记备案。只有这样，才能更好地维系社会的诚信体系，并不使公司陷入不必要的法律纷争。开具证明非小事，企业还是要依据客观事实，做好备案。

三、业务与办公用品交接

1. 业务交接

离职交接管理，是从员工正式提出离职申请到解除劳动合同关系，办理离职交接手续完毕的整个过程。员工核准离职后，应该根据双方的协商或单位的相关规定，尽可能迅速和稳妥地进行业务交接工作。从员工的角度而言，应配合公司做好工作的交接，并办理离职手续。正式员工应提前一个月申请，获批准后，按公司的要求进行离职交接。从公司的角度而言，要做好人员的招聘和交接工作，确保人员到位以及工作和文件的交接。如员工确实无意在公司工作，应该安排交接手续，并签字确认交接的工作和事项。如果已经安排好了接替人员，则离职员工与接替人员进行业务交接；如果还没有安排好接替人员，则离职员工与直接主管进行业务交接。业务交接的具体内容取决于离职员工的工作岗位、工作性质和工作状态，一般来说，应该将最近已经办好的事、正在办理的事和将要办的事交代清楚，将手头的资料、文件、账册、印章等交接好。

2. 办公用品移交

离职员工在完成业务交接工作后，进行办公用品和生活用品的移交工作。这项工作往往需要单位多个部门配合执行，所以各个部门在员工移交用品时都要尽职尽责地做好监督与服务工作。如果在员工正式离职后，发现财务、资料、用品等未交接或移交错误，应由相关部门负责追索或赔偿。

案例分析

刘小姐在深圳某高新技术企业工作，任职销售副总助理，主要负责管理公司各大区域销售分公司的季度业绩报告，催收相关数据、整理报告、提交报表、存档等工作。2018年3月，刘小姐和销售副总对年度考核评价不一致，发生激烈争执，于是刘小姐提出离职申请。刘小姐离职后，销售副总发现本年度的《区域销售经理年度任务书》文件没有交接，这样导致销售经理人员的考核目标无法分解，考核就没有依据。公司人力资源部与刘小姐沟通，刘小姐表示文件已经提交给销售副总。此事影响了公司的季度绩效考核工作。2018年4月中旬，公司要求刘小姐承担赔偿责任，扣发刘小姐的3月份工资和2017年年终奖金。

简要分析：本案例中，员工离职工作交接没完成，公司不可以不支付工资。公司不能因为怀疑刘小姐有不提交销售经理的年度任务书的嫌疑而扣发其2017年年终奖和3月份工资。但是，如果能证明刘小姐存在不交接工作文件的行为，并且确实给公司造成损失，那么公司有权索赔相应的经济损失。根据《劳动合同法》的相关规定，解除劳动关系之后，劳动者和单位应按照双方约定办理工作交接手续；拒不交接相关手续，造成损失的，过错方应当承担赔偿责任。所以，为了确保劳动者能够按时交接工作，可以与其约定工资等在工作交接完毕后予以正常支付。按照《劳动合同法》规定，公司应该按照约定每月给员工发放月度工资，因此公司以员工离职工作没有交接完成为由不支付工资是违法的。

《劳动合同法》第五十条第二款规定，劳动者应当按照双方约定，办理工作交接。用人单位依照本法有关规定向劳动者支付经济补偿的，在办结工作交接时支付。

四、工资及其他费用结算、人员社保转移、档案转移

离职员工在业务交接和办公生活用品移交完成之后，可以到财务或会计部门结算与工资待遇相关的各种费用。同时，还要将个人社保的退保或保险转移工作做好，这项工作的具体事务可以在离开单位后办理。

1. 关于离职费用结算时间

首先要看双方有没有约定，若有约定的，员工离职按照公司规定的离职交接程序办理完离职交接手续的，公司将在下个发薪日支付离职费用；公司有明确的离职交接程序，那么按照约定支付离职费用是没有法律风险的。若该员工不辞而别，那么其离职费用公司就可以不支付，直到其来公司办理完离职手续。若双方没有约定的，按照《劳动合同法》的规定，在办结工作交接手续时，就应当支付离职费用，否则构成拖欠。

而在实践中，很多单位虽然和员工有约定，但是公司没有规定明确的离职程序，这种前提下以员工没有办理离职交接为理由不支付离职费用，同样属于延期支付。还有的企业曾经出现这样一个问题，即因为员工给公司造成损失，或者是员工负责的款项没有追回，因此直接从其离职款项中予以扣除，这种直接扣除员工离职费用的行为都将构成克扣员工工资的行为。可以从离职款项中扣除的前提应当是双方签字协商或者是劳动合同里予以约定，即约定用离职款项充抵赔偿费用。

2. 离职后员工档案转案流程

（1）由县级劳动行政管理部门接收企业移交来的被裁员工的档案，在30日内将该档案转入被裁员工（失业人员）户口所在地档案管理部门。

（2）由县级（含县）以上中国共产党党委组织部门和政府人事行政部门所属的职业

介绍服务所（中心）或者人才市场的从事代理机构负责接收转移或者保管本辖区内的流动人员，包括企业被裁员工的人事档案。企业档案管理部门可以根据政策规定让被裁员工自己选择档案到底移到哪里。但是，绝不允许个人保管自己和他人的人事档案，其他任何单位都不得擅自管理被裁员工的人事档案。

案例分析

李某原是一公司的业务经理，2018年7月2日李某向原单位提交了辞职申请，获批后，李某于2018年7月28日离开了公司。在岗期间，依据公司的政策，公司应当给李某一笔提成。离职后，公司认为李某在进行相关业务、财务及公司清理和交接时，存在明显谎报业务往来报销交通费用和拆分报销、规避财务制度的问题。公司以该问题为由一直拒绝向李某支付7月份的工资以及奖金。请问：公司这样的做法合法吗？

简要分析：工资支付和财务违纪是两回事，不应混为一谈，况且本身员工对公司认定其违反财务纪律有异议。该案件中，公司一直辩解的一个理由是该员工负责的业务发票没有归还给公司，以及其在工作的过程中有虚报发票或不符合财务报票程序的行为，属于违反财务纪律，因此无须支付工资以及奖金。而笔者在劳动争议仲裁的实践中也经常碰到部分企业解除员工的劳动合同时，不支付或延期支付员工的离职费用，其主要依据也是没有进行离职交接。因此，员工没有进行离职交接，成了部分用人单位延期支付或不支付离职费用的主要理由。本案中公司与该员工关于财务报销的问题，与该员工与公司之间奖金与工资支付的问题属于不同的法律关系。如果公司认为员工财务报销有问题，可以通过法律的方式来维护自身的权益，但是不能以此为由来抗辩工资以及奖金的支付。

案例分析

某员工1月15日提出辞职，2月15日正式离职，而该企业是每月15日发上月工资。就是说，2月15日发的是1月份的工资和2月份那15天的工资，那么2月份的社保公司还应该帮该员工缴纳吗？

简要分析：应该缴纳，按照国家的规定在哪里上班领取的当月的劳动报酬就应该相应地缴纳社保，没有说什么发工资的周期问题。可以看一下劳动合同解除或终止日期是什么时候，如果是2月15日那么就应该缴纳保险。有工资就该有保险。

目前的确有一些公司自己的制度规定，比如上半月离职，就不给上保险之类的，但这个是不符合法律规定的，只要这个月员工在单位上班了，单位就有义务为员工缴纳保险。若企业违反规定，员工可以直接去社保中心或者稽查大队举报，要求公司补上保险，也可以仲裁要求公司补上保险，都会被支持的。但个人部分还是需要自己承担。员工离职当月，原单位应当按照正常情况为其参保缴费，并自次月起暂停缴费。

【能力测验】

一、单选题

1. 企业拒绝开具离职证明的责任有（　　）。
   A. 被责令整改　　　　　　　　B. 对给劳动者造成的损失承担赔偿责任
   C. 以上都是　　　　　　　　　D. 不承担责任
2. 离职证明中不是必须包含的内容有（　　）。
   A. 终止劳动合同的日期　　　　B. 离职原因
   C. 岗位　　　　　　　　　　　D. 工作年限
3. 下列做法正确的是（　　）。
   A. 员工离职时，之前行为给企业造成的损失可以在结清工资时扣发
   B. 员工不辞而别，可暂缓办理离职手续
   C. 员工不辞而别，可暂缓办理离职费用
   D. 员工不配合交接工作，可暂缓办理离职费用
4. 业务交接时，离职人员与（　　）对接不合理。
   A. 接替人选　　　　　　　　　B. 本部门指定若干人
   C. HR　　　　　　　　　　　　D. 直接主管
5. 离职人员拒绝交接公司财物，公司可以（　　）。
   A. 拒付经济补偿金　　　　　　B. 拒绝付清工资
   C. 扣留档案　　　　　　　　　D. 不办理社会保险的转移

二、案例分析

1. 王某系广州某金融客户服务公司员工，2016年8月公司就部门业务搬迁事宜征询王某意愿，王某不同意搬迁，并签署员工意愿确认函。公司决定自2018年2月4日起将王某从IDD部门调至IRTT部门，职位为高级金融服务专员，工资福利待遇不变，王某不同意公司调职安排，未前往新部门工作。公司于2018年2月26日、2018年3月3日分别向王某发出《限期返岗通知书》，告知王某恢复其原工作岗位，要求王某返回原工作岗位继续工作。王某在2018年3月3日的《限期返岗通知书》落款处签署"本人王某不考虑返岗安排"。2018年4月23日、2018年4月30日公司以王某拒绝合理工作安排为由，向王某发出两份书面警告。2018年6月5日公司送达《解除劳动合同通知书》，通知与王某于2018年6月5日解除劳动关系。公司向王某出具的"离职证明"中载明双方解除劳动关系的原因为王某严重违反公司制度。王某认为公司属违法解雇，要求公司支付赔偿金，并不同意"离职证明"中写明离职原因，要求公司重新出具"离职证明"。
    分析：王某的要求是否合理？

2. 张某是某公司的销售代表，于2015年1月入职，因工作需要公司给其配备了苹果笔记本电脑。2018年1月份张某与公司通过协商不再续约，双方也对经济补偿金达成一致。在办理财物交接的时候，HR要求张某将载有大量公司保密信息的苹果笔记本电

脑交回公司，张某以使用多年早已报废并遗弃为由，拒绝交还。人力资源部经讨论决定做出以下处理：拒绝支付经济补偿金，暂缓出具离职证明，暂缓办理档案和社保转移手续，暂缓支付未结费用。

（1）人力资源部的决定是否合法？为什么？

（2）人力资源部应该怎样合理处理这个事件？

工作任务三　开展离职面谈

【学习目标】

探究知识：离职面谈的目的、时机，离职面谈的技巧，离职面谈的统计分析。

获得能力：能够根据实际情况确定离职面谈、开展离职面谈、运用离职面谈的各种技巧，能对离职面谈的结果进行统计分析。

让员工放下防御的心理，了解员工离职最真实和最重要的原因，离职面谈这个环节尤为重要，顺利的话能为公司挽留一名人才，即使员工去意已决，如果能坦诚相待，我们也能从谈话中了解到员工对主管或者对公司的一些真实想法，从而促进公司的不断改善。"重视人才"是任何一个管理者的必修课，但重视人才应该是全方位、全过程的，不应只体现在入职和在职过程中，也应该体现在离职程序中。因此，充分进行离职沟通、及时挽回优秀员工，或者通过沟通了解企业管理存在的问题和弊端，是对企业的基本负责，HR应该充分重视并学习离职面谈的技巧和方法。

一、确定离职面谈的目的

通过离职面谈，更多地了解员工离职的内在、真实原因，对于核心员工的挽留、避免人才的流失起着重要的作用。离职面谈是人力资源管理事后控制的一项基本职能，无论是对用人单位来说还是对离职员工以及在职员工来说，其重要性都是毋庸置疑的，具体可以从以下几个方面来说明。

1. 挽留员工

通过面谈，不仅可以融洽公司与离职员工的关系，还可起到挽留核心员工的作用。离职面谈给予了离职员工一次机会，以确定自己是否作了一个仓促的决定。离职面谈作为一种管理者与员工直接沟通的有效方式，利于融洽企业、离职员工之间的关系，使离职变得不那么恐惧和令人沮丧。如果企业对员工的流失恋恋不舍的话，可通过离职面谈予以挽救，彼此开诚布公，阐明价值追求与工作要求，寻求再度融合。

2. 预防不利行为

案例分析

意大利特雷维索市警方接到威尼达计算机数据软件公司报案，称该公司的数据库频繁遭黑客入侵，公司的大量数据库资料和软件商品被恶意删除。

据悉，该公司自创建以来，曾多次发生黑客入侵事件，随后该公司通过加密手段和硬件防火墙拦截，已经基本阻断了黑客入侵的可能性。此次公司数据库再次遭到入侵，且很多数据和正在编程中的软件商品被删除，公司高层初步怀疑很有可能是内鬼作案，于是向警方报案，并提供了公司技术人员资料。

意大利网络警察通过技术分析和调查，很快锁定了犯罪嫌疑人是该公司一名离职不久的45岁计算机工程师、软件程序员。警方在对其进行网络监控和调查取证后，抓捕了犯罪嫌疑人。

警方审讯时，涉案嫌疑人对自己的犯罪事实供认不讳。他表示，由于遭到解雇对公司产生了不满情绪，便利用在职时所掌握的服务器权限和网络漏洞，开始登录公司数据库。疑犯否认盗取公司数据资料，称删除数据和软件商品，主要是想对公司进行报复。

简要分析：

对于企业不想留用的员工，也可以通过离职面谈降低双方的敌对意识，体现出企业对员工的尊重与关怀，展示企业的大家风范。由于离职者的心态多半是对公司不满，一旦离开后可能会有诋毁公司形象的情形发生，对于企业形象会有很大的影响，因此做好离职面谈可以预防很多不利于公司的行为发生，至少可以舒缓员工对公司的抱怨或敌对心态。

（资料来源：人民网）

3. 获得真实心声

案例分析

2019年2月13日，华为公司在其公司的员工论坛——华为心声社区论坛公开发布了任正非先生所签发的文件——《作为公司创新主体的2012实验室及研发体系的博士员工群体为什么流失》。文件展现了华为公司对2018年82名离职博士员工、115名在职博士员工进行的一对一的深度访谈调研和数据分析。以下节选于该文件，是对华为离职或在职博士员工的访谈。

"原先说是硬件岗位，来了却安排做算法。"

"我研究的专业方向是图像及深度学习，入职后从事偏硬件和落地的岗位。"

"学图像的博士转去做知识图谱，完全要从头学起。"

在访谈中离职博士员工也坦诚地说，其实他们还是非常希望能在公司内找到能学有所用、发挥一技之长的岗位的，但是内部转岗过程政策的不透明、种种的过程潜规则、部分主管人才的"私有化管理"……让他们心有余而力不足，一走了之成了无奈之举。

"在华为,申请转部门不是一件容易的事,一提就会给领导留下不好的印象,后面会影响绩效。"

很多离职博士谈到,当前随着技术种类的增多、技术变化的加快,部分主管自身技术能力"南郭化",不能很好地理解与指明技术发展的方向,严重束缚了团队与自身技术能力的发挥。

比如:"项目组空降了一个主管是做软件的,不懂算法,只是 push 进度,从赛马里找 bug,跟踪是否符合规范,也把握不住重点,不懂业务,对我们的工作指导都是副作用。"

"基层 LM/PM 能力参差不齐,没法对博士的能力做出客观的评价,包括技术方向的判断,但高层领导水平还是挺高的。"

"在 H 公司,我的技术想法能快速实现到产品上。但在华为,比如中软是预研,做的东西看不到要多久才能落到产品。"

简要分析:

上文大量展现了华为离职博士员工的心声及对平庸中层主管的胜任问题讨论,总结出博士群体大量流失的原因,对企业非常有借鉴意义,发现了企业内部如下问题:岗位与个人技能不匹配、主管技术能力弱导致自身发挥受限、自身特有优势无法发挥等。尤其是入职 2 年内的博士员工,满怀激情而来,而在一次次学无所用的心灰意冷中离去。

(资料来源:华为心声社区论坛网)

通过面谈可以得到离职员工的意见回馈,一般情况下,在坦诚沟通时,一个即将离开的员工是有可能把对公司的看法,包括在职时不敢讲的负面看法讲出来的。人之将走,其言也真,这些临别之际的心声吐露和针砭之言,是直接、难得的访谈资料,往往都是公司的不足甚至阴暗面的曝光,有利于公司日后的改进和提高。

(1)离职面谈不仅能使双方提及分歧所在,发现更深层次的问题,而且能够帮助分析存在的分歧,给用人单位改进的机会。用人单位可通过内部政策和管理制度上的改进,调动积极因素以留住现有员工。

(2)离职面谈能使公司集中精力研究人才流动市场趋势、技术发展趋势及竞争对手优势,从而制定相应的人力资源战略。

(3)离职面谈是验证留人措施有效与否的途径,通过寻求员工离职的真正原因,可以完善用人单位的留人机制。

4. 提升公司形象

案例分析

麦肯锡公司将员工离职视为毕业离校,离职员工就是遍布各处的校友,公司建立了一个被称为"麦肯锡校友录"的"前雇员关系数据库",数据库包含离职员工的个人基本情况,新的联系方式以及职业变动等。麦肯锡用于培育其遍布各行业的"毕业生网络"的投资,为公司带来了巨大回报。

惠普公司在员工离职时会举办一个离职欢送会。欢送会一般由员工的直接上司召集,邀请与该员工同级别的人参加，以增进感情交流并倾听离职者的真实感受。公司对待跳槽员工的态度是不指责、不强留、痛快放人、握手话别。

Bain 公司设立旧雇员关系管理主管，负责跟踪离职员工的职业生涯变化情况，建立前雇员关系数据库，内容包括前雇员职业生涯的变化信息，甚至还包括结婚生子之类的细节。公司于1985年创立"校友网络"，"校友"经常收到最新的校友录，被邀请参加公司的各种活动，而且每年收到两次关于公司长期发展、专业成就和校友们的个人业绩的通信。同时 Bain 公司还尽可能帮助这些"校友"，让他们能够在职业生涯中获得更大成就。

简要分析：离职面谈是企业人力资源管理的继续，它体现了企业人性化的一面，能为企业赢得更高的职业声誉。选择员工离职面谈是国际上比较流行的一种做法，是管理人本主义的一种体现，也是企业人力资源管理部门的一项重要职责。我们常挂在口头上的"以人为本"，既要在日常管理活动、员工关系的细枝末节中体现出"人"的根本，又要在员工个人发展中体现出企业的关心，在员工离职时的恰当表现就是进行有效的员工离职面谈。

通过面谈能传达出企业重视员工意见的信息，无论对企业内部还是外部而言，都是给企业的正面加分，而且还能将企业重视人才、尊重人才的精神通过离职员工带到别的企业，树立企业以人为本的形象，此举对于增强企业的人才吸引力大有益处。进行员工离职面谈，既是对离职员工的抚慰或挽留，又是对在职员工的心理安慰，毕竟谁也不愿意员工的离职给在职员工带来心理波动；同时作为企业人力资源管理的继续（绝不应该把员工离职面谈看作包袱、例行公事，应该纳入员工管理体系之内），会体现出企业人性化的一面，为企业赢得更高的职业声望。

5. 放眼未来合作

案例分析

PM 公司会邀请离职员工参加公司的年终庆典，向员工介绍公司一年的发展和成就以及接下来的规划等；定期安排与离职员工关系较好的同事相互问候。离职员工也会把离职后的一些信息及时反馈，针对一些区域分公司，工作居住在当地的离职员工还会帮助其开拓区域市场。

摩托罗拉公司有一套科学完备的"回聘"制度。为了鼓励"核心人才"回槽，公司制定相应的服务年限计算办法：假如前雇员在6个月之内被重新聘用，他以前的服务年限将累计计算；如果超过6个月，仅按照他以前的服务年限提供奖励；如果6个月之内被重新聘用，且在辞职前已经是正式员工，可以免除试用期。

简要分析：员工离职了，并不表示和原来的公司就从此"一刀两断"，互不相见。通过面谈，可以向离职员工发出友善信号，使其认识到他仍然是公司的"朋友"。很多时候，与离职员工保持良好关系，还可能为公司带来很多长远的利益，比如新的客户和市场机会、人才推荐机会，甚至优秀离职员工重新回到公司继续效力等。

离职面谈既是对离职员工既往职业生涯的总结、评价，也是对其顺利适应新生活进行的必要的职业指导。作为"以人为本"的企业来讲，员工离职意味着他的一个职业生涯告一段落，一个新的职业生涯即将开始，此时，企业如果能够出面对既往生涯总结、评价又对其顺利适应新生活进行必要的职业指导，对员工来说会感谢企业的关心，因为有时他所做的离职选择甚至自己都搞不清楚是否恰当，职业发展可能是模糊的，企业完全可以通过自身的经验予以辅导、帮助，让员工在未来的职业道路上发展顺利，这也许已超越了企业管理的范畴，但却是对员工个人发展的一种负责任的理性行为。

案例分析

三国时期，刘备创业前期的首席谋士徐庶因为老母亲被曹操扣留，不得不向刘备提交辞呈，刘备百般挽留无果，只得进行最后的离职面谈。面谈气氛恳切感人，刘备不仅放声大哭，还亲自为徐庶牵马，送了一程又一程，不忍分别，徐庶感动得热泪盈眶，挥手道别走了好几里后，忽然想起一件至关重要的事，急忙打马回转特意向刘备推荐接替自己的最佳人选，也就是更胜自己一筹的诸葛亮。这就是"徐庶走马荐诸葛"的美谈，也是刘备所创造的经典离职面谈案例，送走一个员工，但却得到了一个更为优秀的继任者。

二、人力资源部该如何选择面谈时机

恰当的时间做恰当的事情，把握好面谈时机才能收到预期效果。进行离职面谈要利用两个时间点与员工交流：第一个是得到员工离职信息时，第二个是员工去意已决办理完离职手续后。

案例分析

李小姐是一家IT公司的业务骨干，觉得自己一直表现突出，应该加薪，可是在公司调薪时间过去后才发现自己的工资单一如既往，于是她马上去找经理理论，经理告知其工资一直高于其他同事，所以这次调薪没有考虑。李小姐觉得这个道理说不过去，一气之下和经理争论起来，并提出辞职。经理在李小姐提出辞职后感觉事态严重，马上向分管副总汇报，该副总找到李小姐，指出经理的说法不全面，并向她解释了本次调薪的具体标准和比例，然后委婉指出李小姐虽然工作很努力，但最近两个季度的考核结果都是B，所以没能列入调薪员工行列，之后又对她提出了一些改进工作思路的建议。听了分管副总在情在理的说明，李小姐先前的火气早已消了一大半，也认识到以前的自我认识过于主观，还要通过加倍努力来证明自己，也就打消了辞职念头。

简要分析：得到员工离职信息时，这个时候许多员工的离职意愿还不是非常明确、坚定，有时可能仅因某件事情的刺激而萌生去意，此时如能及时沟通，化解其一时之冲动，往往能使员工收回辞职决定，不至于闹僵以致没有回旋余地。

1. 离职前面谈

对于主动提出辞职的员工，员工直接上级或同事得到信息后应立即向其部门负责人和人力资源部反映（人力资源部应落实专人负责员工关系管理），拟辞职员工部门负责人应立即与员工进行离职面谈，了解离职原因，对于欲挽留员工应尽量说服挽留，对于把握不准是否挽留的应先反馈到人力资源部以便共同研究或汇报，再采取相应措施。

2. 离职后面谈

员工去意已决办理完离职手续后，此时离职员工再无任何顾忌，容易讲真话。此次离职面谈应由人力资源部主导。主管级以下员工可由员工关系主管或人力资源部副经理进行面谈，主管级以上员工（含主管级）由人力资源部经理或以上级别的负责人进行面谈，原则上企业谈话人应比离职者的职级略高，至少应对等。此次面谈应技巧性地让离职员工自愿留下联系方式，以便跟踪管理，创造合作机会。

三、离职面谈中的技巧应用

案例分析

Z君，公司研发部门优秀工程师和骨干，来公司近两年，已经独立承担产品开发任务并且开始辅导新人，上司和部门领导对其颇为器重，本次调薪给了非常高的比例，是公司最高的，并且今年准备培养其成为项目经理。

2月21日，周五下午快要下班时，Z君上司G经理匆忙来找我，说Z君已经提出口头离职申请，原因是有竞争对手要挖他，年薪是我们的1.5倍，问我怎么办？我想了一下说，下周一来开会研究一下对策吧。

2月24日上午10点，我召集研发中心负责人、Z君上司G经理等人开会，商量对策。方案之一是增加薪水和竞争对手一样，明显不可行，因为这样负面作用太大，会引起其他人攀比和不满，而且我们刚刚给他进行了大比例的调薪。会上，有人讲，人才流失是正常的，对方给的薪水确实很高，很难挽留，就让他走吧！会上，我还请G经理和Z君先沟通一下，了解具体情况，对其表示公司希望他留下来，然后我再和Z君沟通。

2月24日下午，G经理来邮件说，竞争对手给的条件确实很优惠，待遇高了50%，而且研发的经费比我们充足，设备也比我们好，Z君去那里的意愿非常强烈，但是还没有最后下定决心。

请问如果是你，你会通过怎样的离职沟通留下Z君？

简要分析：沟通目的不是劝说他留下来，而是站在他的角度，帮助他做出正确的职业发展决策。

(1) 给他介绍竞争对手XX电子的情况，分析XX电子的优点和缺点。得出的结论是这个企业个性鲜明，优点和缺点都很明显，和我们公司比各有千秋，总体上在同一个层次，规模和效益稍微好些；如果是华为、中兴要他去，肯定不会有什么问题，但是如果是XX电子要他，除了工资高一点，其他优势并不明显。

(2) 公司对他是非常认可的，这次加薪，他的比例在全公司（不仅仅是研发中心）是最高的。

(3) 研发工程师的职业发展道路是非常清楚的,要么走技术线,成为技术专家,要么走管理线,成为研发经理。(针对他讲的似乎发展空间有限)

(4) 一份工作好不好,应不应该跳槽,光看薪水不行,特别是年轻人,人生就是一场比赛,不是短跑比赛,而是马拉松长跑,刚开始起步快,不一定最终能赢。公司目前研发人员起步阶段的待遇确实比不上竞争对手,但是资深研发人员加上股权不一定比竞争对手的低。

(5) 一般来说,一年多的时间就跳槽,太短了,表明稳定性和耐心不强,对将来的发展并不利。未来的雇主是很看重求职者在一个单位的稳定性的。在一个单位3年左右的时间是比较合理的,多数招聘人员能接受。

1. 面谈的主要负责人

原则上讲,公司可以授权任何人去主持离职谈话,前提条件是这个人必须是离职员工能够公开、坦诚对待的人,是员工认为公正不偏的客观的人。直接主管不宜出面,试想,一个满腹牢骚的离职员工和一个自身解决不了问题或本身就有问题的主管交谈,离职者又如何能知无不言?一般来讲,大多数离职员工能和组织中的较高级别的人开诚布公地交谈,并详细地说出离职的真正原因。最好是人力资源部门或高层管理者出面,特别是对于中小企业来说,高层人物可直接代表企业与之交谈,正好适应了他们的发泄需要,而对于企业来说是做了次免费的管理咨询。如果没有比直接主管更高级别的人了,那么可以寻找一个外部代表或咨询者,他必须是一个能辨是非的客观人士。另外,也可以和另外一个公司安排相互协定,这样,你可以为他们主持离职谈话,他们也可以为你主持这种谈话。

2. 面谈地点

应选择轻松、明亮的空间。如果主持者拥有一个私人工作间,这种地方没有第三者的干扰,使离职者觉得轻松、自然,也就没有太大压力与过多的顾虑,那么就能在谈话中获得有价值的信息。

3. 面谈时间

以20分钟至40分钟较为妥当。时间过短得到的信息不会全面,时间过长离职者会产生厌烦情绪。

4. 面谈前的准备

在面谈之前,准备好离职者的个人基本资料和档案、离职申请书、以往绩效考核记录等,以便正确掌握离职原因,也可让离职者感受到面谈者对于其离职的重视程度而非对其敷衍了事。

5. 面谈的氛围

离职面谈时,营造一种轻松、自然的气氛,使离职者在心理上对于管理者的防御心理与行为趋于放松,再加上离职者与企业的关联减少,在主持者的善意鼓励下会很自然地发表对企业管理的看法——以第三者的立场针对他在工作中感到不满或令他失望的现象发表评论。

6. 面谈的主题

交流的主题应尽量与离职员工利益直接相关,体现出企业对他的尊重与关怀,可以按照其心理适应状况逐步展开交流,如该员工在企业中的工作感受、对企业不满的方面及原因、导致离职的主要原因、发展的打算及企业能否提供帮助、企业在哪些方面值得努力等。有时为了进一步核实面谈记录结果,在谈话结束后还可让员工填一份离职原因调查表,有些面谈(比如离职一段时期以后进行的面谈)不能通过面对面进行,那只有通过填表的形式完成。

7. 面谈的原则

案例分析

某民营企业员工的流动性很大,为此厂长要求人力资源部经理对离职员工进行离职面谈,找出员工离职的主要原因,并制定相关方案。离职面谈在一个会议室里进行,人力资源部经理提问,助理记录,所有离职员工按顺序一个个进来,每个人面谈5分钟。第一个人进来,人力资源部经理就问:你是在哪一个部门的?职位是什么?你来公司多久?你为什么要离职?你对公司有些什么看法?问完就让他出去。第二个人又进来,人力资源部经理又问:你是哪个部门?什么职位?你为什么要离职?你对公司有些什么看法?记录下来。第三个人,第四个……就这样,十几个人的离职面谈两个小时就结束了,人力资源部经理根据记录总结出企业员工离职的三大原因:工资太低,个人原因,没有发展前景。可是该企业刚进行的薪酬调查却显示,他们的薪资在同行业内偏高。这下人力资源部经理疑惑了:员工为什么不愿讲心里话?

简要分析:如果员工觉得你只是在应付,例行公事,如果员工认为你在揭其疮疤、挑其刺,你都不会得到积极的、有价值的回馈。不要让员工觉得你要他为公司贴金,否则面谈将变成对双方都无益的礼节性交谈;面谈不应该草草结束,沦为形式化、表面文章;面谈时也不要只是按事先列出的问题逐项惯例式地发问,而应该让员工依照个人经验回答,不加过多限制。交流过程中,管理者要注意:多听,做他的倾听者;少说,及时作良性或补救性沟通,必要时给予指导、帮助。了解员工即将上任的新公司职务,看看到底是什么因素吸引着他,企业在同一方面为什么会让他失望,同时最好能听听他对企业的建议,留下他的电话以便以后与他保持联系,多一个朋友在比你优秀的企业里总是一件好事。

那么,作为公司的人力资源负责部门,如何才能做好离职面谈呢?该遵循什么基本的原则呢?

(1)实效性原则。这是面谈的首要原则。面谈的目的主要是了解员工为什么要离职,企业在哪些方面存在不足,然后针对这些原因改进,防止流失更多的员工。

(2)真诚性原则。让员工感受到你的真诚,感受到公司对他的尊重与关怀。

（3）开放性原则。面谈应以开放问题为主，设计的面谈问题要留有较宽的思考空间。

（4）畅所欲言原则。提供足够时间供员工畅所欲言，主持者适时保持沉默，让离职员工有时间思考；积极倾听，若有不清楚的地方，要仔细询问。地点应设在有隐私性、保证谈话不被打断、易于沟通的地方，这样才能让员工无拘无束地谈论。

四、分析、运用面谈结果

从离职谈话中得到的信息不一定就是员工离职动机的真实表达，因此，你应该将该信息与其他信息对照以证明其效力。可以把员工在面谈中所说的与其直接主管的说法进行对比，也可以用其个人基本资料、培训记录及考核记录进行求证，比如，根据考核的记录你注意到该员工没有某项技能，那么他离职的根本原因就是缺乏培训，而不是他所说的薪水待遇偏低。还可以通过同其他在职员工谈话来验证，比如，面谈中的离职原因是工作条件，那你有必要和仍在该岗位上工作的员工交谈以核实真伪。

人力资源部门应将所有在离职谈话中获取的信息在每季度、半年或一年的基础上列成一个离职原因分析统计表，通过汇总，使企业能全面了解整体的人事变动情况及其原因以便采取相应对策。进行离职面谈的根本目的是探究员工离职的真实原因，而最终还是为了减少人事变动和员工离职成本。因此，有必要针对所获得的离职信息进行企业政策、制度的改进和完善，否则，离职面谈就毫无意义了。

案例分析

某企业离职面谈统计汇总表

原因	2017年		2018年	
	人数	占比	人数	占比
个人职业发展	31	29.81%	21	39.62%
家庭原因	24	23.08%	15	28.30%
对岗位不满意	24	23.08%	7	13.21%
薪酬福利不满意	11	10.58%	1	1.89%
工作压力大	4	3.85%	1	1.89%
不认同企业文化	4	3.85%	2	3.77%
身体原因	2	1.92%	3	5.66%
学习深造	2	1.92%	1	1.89%
回家乡发展	2	1.92%	2	3.77%
小计	104	100.00%	53	100.00%

注：此处为主动辞职员工离职分析，不含公司辞退、集团内调及退休导致的离职情况。

简要分析：

第一，结果分析。员工离职原因提到最多的是个人职业发展，说明员工更多地关注自身工作能力的提高和发展，通过跳槽可以有职务或薪酬的提升。员工离职原因排名第二的是家庭原因，公司长期出差员工较多，工作时间紧，背负考核任务重，导致缺乏时间照顾家人。薪酬福利不满意原因反馈较少，离职员工通常会避免说出离职的真正原因，导致数据未能反映真实情况。对现岗位不满意指现岗位职责不明确、无人进行岗位指导、工作安排随意、分配不合理、与上级领导沟通不畅以及岗位影响个人职业发展等。

第二，管理建议。注重员工的个人职业发展：为员工提供比较完善的职业发展规划，提供专业技能培训，给员工更多挑战新工作的机会，在横向及纵向上拓宽员工的职业发展空间。优化薪酬、晋升体系：优化现有薪酬、晋升体系，给优秀的人才更多的涨薪、晋升的机会，减少核心人才的流失。

附：离职面谈常见问题清单

(1) 你是如何做出离职的决定的？离职的主要原因是什么？还有其他原因吗？
(2) 你在离职时最在意什么？
(3) 公司采取什么措施可以打消你的离职想法？
(4) 如何避免类似的情况发生，你对公司有什么建议？
(5) 你对公司的工作氛围、工作流程、管理方式有什么意见或想法？
(6) 你在公司有什么愉快、开心、满意的经历吗？
(7) 你在公司有沮丧或困难的经历吗？
(8) 如果公司提供机会，你可以在哪些方面做得更好或更多？
(9) 你觉得自己缺少哪些方面的培训？这造成了什么样的影响？
(10) 你觉得什么样的培训和发展计划对你最有帮助？
(11) 你觉得公司或部门内沟通和关系如何，应该如何改进？
(12) 你对公司的企业文化有何感想？
(13) 你对公司绩效考核系统有什么看法？
(14) 你对公司的激励机制有什么看法？认为该如何改进？
(15) 你觉得公司有什么特别不可理喻的政策、制度、流程？
(16) 你觉得公司或管理者有没有在什么方面给你造成工作麻烦、降低你的工作效率？
(17) 是什么使你起初决定与公司共同发展事业的？
(18) 对公司留人方面，有什么好的建议？
(19) 你是否愿意谈谈你将来的去向？
(20) 是什么样的条件吸引你加入新的公司？
(21) 在选择下一个工作的时候，重点会考虑哪些条件，是我们公司缺少的？
(22) 你在正式离职前，打算什么时候、以什么方式将你的工作进行交接？

【能力测验】

一、单选题

1. 对于离职前面谈来说，主要目的是（   ）。
   A. 挽留员工   B. 防止员工对企业不利
   C. 获得其对企业的建议   D. 着眼于未来的合作

2. 关于离职前面谈说法错误的是（   ）。
   A. 应该尽早   B. 注意保密
   C. 要提前分析原因   D. 一般由其直接上司负责

3. 离职面谈前要准备（   ）。
   A. 员工个人信息   B. 离职申请书
   C. 考核记录   D. 以上都是

4. 离职后面谈的主题应该是（   ）。
   A. 与离职员工利益相关的事情 B. 离职原因
   C. 对企业的建议   D. 职业生涯的总结

5. 离职面谈的首要原则是（   ）。
   A. 实效性   B. 真诚性
   C. 开放性   D. 畅所欲言

二、案例分析

1. 我们是一家设计公司，企业氛围较轻松，员工相处都很融洽，即使离职了也不会断了联系。最近同行 HR 通过一些以前离职的同事拿到了我们在职员工的联系方式，开始高薪挖人，一些优秀员工都收到了同行的高薪邀请，现在有五位设计师提出离职的想法，根据之前的了解大体情况如下。

   A：早就有换工作的想法，但一直都没遇到合适的工作机会，对现在的工作也是敷衍了事，很难全身心地投入。

   B：对公司有感情，做事也用心，确实因为房贷、车贷经济压力特别大，入不敷出，目前的工作工资低于同行的水平。

   C：想找自己玩得来的朋友在一起，对方公司有自己以前特别熟悉的同事，给的薪水虽然和现在差不多，但是碍于朋友情面选择离职。

   D：对方给出来的薪酬水平、福利条件比目前的工作高出很多，禁不住诱惑，选择离职。

   E：对方公司是一家新成立的公司，招聘的岗位众多，晋升空间大，平台够宽广，选择离职。

   请问：作为人力资源部经理该怎样确定离职面谈的策略？

2. 某企业离职面谈 2017～2018 年数据汇总表如下：

工龄	2017 年		2018 年	
	人数	占比	人数	占比
不满两周	5	3.07%	2	2.04%
3 个月以下	17	10.43%	8	8.16%
3 个月～1 年	45	27.61%	14	14.29%
1～3 年	60	36.81%	49	50.00%
3～5 年	25	15.34%	16	16.33%
5 年以上	11	6.75%	9	9.18%
小计	163	100.00%	98	100.00%

（1）请分析数据变化的原因。
（2）请提出相应的管理建议。

工作项目七 特殊用工管理

工作任务 劳务派遣与非全日制用工管理

【学习目标】

探究知识:劳务派遣关系中用人单位、用工单位与劳动者之间的权利与义务,非全日制用工合同订立、履行与终止的法律规则。

获得能力:能够依法进行劳务派遣和非全日制用工管理,劳动者能够依法维权。

一、劳务派遣

1. 概念

劳务派遣,是指通过劳务派遣单位与实际用工单位订立劳务派遣协议,劳务派遣单位作为用人单位与劳动者订立劳动合同、把劳动者派向实际用工单位的一种用工形式。

从行业分布看,绝大部分行业都使用劳务派遣工,其中电信、金融、石油、电力、铁路等系统最多。劳务派遣用工形式在国内外都存在,但不是主要的用工方式。

用人单位不得设立劳务派遣单位向本单位或者所属单位派遣劳动者。

用工单位不得将被派遣劳动者再派遣到其他用人单位。

2. 劳务派遣的用工优势

以"不求所有、但求所用"为特征的劳务派遣,特别适合于那些非公有制企业、国企改制企业和那些经营发展变化比较快、不同发展阶段对人才需求又不尽相同的单位。用工单位用人,派遣单位管人,这种用工模式对用工单位来说省了很多事,减少了相关的管理成本,包括工资薪酬的发放,社会保险的代收代缴,劳动合同的签订、续订和解除,劳动争议的处理等。

3. 三方的权利义务

(1)劳务派遣单位对被派遣劳动者的义务。

劳务派遣单位应当与被派遣劳动者订立二年以上的固定期限劳动合同,按月支付劳动报酬;被派遣劳动者在无工作期间,劳务派遣单位应当按照所在地人民政府规定的最低工资标准向其按月支付报酬。

劳务派遣单位应当为被派遣劳动者缴纳社会保险费。

劳务派遣单位应当将劳务派遣协议的内容告知被派遣劳动者。劳务派遣单位跨地区派遣劳动者的，被派遣劳动者享有的劳动报酬和劳动条件，按照用工单位所在地的标准执行。

案例解读

案情概述：常某是某劳务派遣公司派遣至某食品公司的员工，在2018年1月下班途中遭遇车祸，经工伤部门鉴定，其所受伤害已经达到了工伤八级。常某要求劳务派遣公司、食品公司向其支付工伤待遇。劳务派遣公司以社会保险费应由食品公司缴纳为由拒绝了常某的要求；食品公司则认为常某是劳务派遣员工，与劳务派遣公司存在劳动关系，也拒绝了常某的要求。常某于是申请劳动仲裁。

处理结果：仲裁委经审理后裁决，工伤待遇损失应由劳务派遣公司承担，食品公司承担工伤保险待遇的连带赔偿责任。

解读意见：劳务派遣公司是用人单位，而食品公司是用工单位。常某的社会保险本应由用人单位为其缴纳，因未缴纳社会保险造成的工伤待遇损失应由劳务派遣公司承担。《劳动合同法》第九十二条规定，用工单位给被派遣劳动者造成损害的，劳务派遣单位与用工单位承担连带赔偿责任。所谓连带赔偿责任就是指将来如果劳务派遣公司不按照裁决书的裁决结果向常某支付相关的工伤保险待遇，常某可以向人民法院申请强制执行，在申请强制执行时他既可以把劳务派遣公司作为被执行人，也可以把食品公司作为被执行人。

（2）劳务派遣单位与用工单位订立劳务派遣协议。

劳务派遣协议应当约定派遣岗位和人员数量、派遣期限、劳动报酬和社会保险费的数额与支付方式以及违反协议的责任。用工单位按照劳务派遣协议向派遣单位支付服务费。

（3）用工单位应当履行下列义务。

①执行国家劳动标准，提供相应的劳动条件和劳动保护；

②告知被派遣劳动者的工作要求和劳动报酬；

③支付加班费、绩效奖金，提供与工作岗位相关的福利待遇；

④对在岗被派遣劳动者进行工作岗位所必需的培训；

⑤连续用工的，实行正常的工资调整机制。

（4）同工同酬。

被派遣劳动者享有与用工单位的劳动者同工同酬的权利。用工单位无同类岗位劳动者的，参照用工单位所在地相同或者相近岗位劳动者的劳动报酬确定。

同工同酬是有条件的，是指相同岗位等量劳动取得同等业绩的劳动者应该获得相同的劳动报酬，并不是简单的岗位相同就拿同样的工资。虽然被派遣劳动者享有与用工单位的劳动者同工同酬的权利，但同工同酬不包括福利和社会保险。

（5）被派遣劳动者有权在劳务派遣单位或者用工单位依法参加或者组织工会，维护自身的合法权益。

案例分析

李某与一家劳务派遣公司签订了劳动合同,约定在合同期内,李某被派遣至某保洁公司当保洁员,工资为每月2200元。上班后,李某被安排早、中、晚各打扫卫生一次,每次3小时。3个月后,李某发现其他保洁员都有加班工资,唯独她没有,于是与保洁公司交涉,但该公司认为李某与公司没有劳动关系,所以不予支付加班费。该公司是否应支付李某加班费?

简要分析:保洁公司应当向李某支付加班费。《劳动合同法》第六十二条规定,(使用劳动派遣工的)用工单位应当履行下列义务:执行国家劳动标准,提供相应的劳动条件和劳动保护;告知被派遣劳动者的工作要求和劳动报酬;支付加班费、绩效奖金,提供与工作岗位相关的福利待遇;对在岗被派遣劳动者进行工作岗位所必需的培训;连续用工的,实行正常的工资调整机制。

(6)依法解除劳动合同。

被派遣劳动者可以依照《劳动合同法》第三十六条、第三十八条的规定与劳务派遣单位解除劳动合同。

被派遣劳动者有《劳动合同法》第三十九条和第四十条第一项、第二项规定情形的,用工单位可以将劳动者退回劳务派遣单位,劳务派遣单位可以与劳动者解除劳动合同。

案例解读

案情概述:2014年10月16日,张某与某市政公司签订劳动合同书,约定劳动合同期限为2014年10月1日至2016年9月30日,张某被派遣至某街道办事处从事协管员工作。2015年12月21日,街道办事处制发《关于张某等退回劳务派遣公司的函》,以张某违反管理制度为由,将张某退回市政公司。2015年12月27日,市政公司将退工函件送达张某,同日,市政公司复函街道办事处,称收到函件。2016年1月1日至2016年9月30日期间张某未为市政公司以及街道办事处提供劳动。后张某申请仲裁,之后提起诉讼,要求市政公司支付2016年1月1日至2016年9月30日期间的工资。

处理结果:法院裁判该市政公司应当按照2016年度最低工资1500元/月的标准向张某支付该段期间的报酬,金额为13 500元。

解读意见:《劳动合同法》第五十八条第二款规定,劳务派遣单位应当按月向被派遣劳动者支付劳动报酬,被派遣劳动者在无工作期间,劳务派遣单位应当按照所在地人民政府规定的最低工资标准,向被派遣劳动者按月支付报酬。

在2016年1月1日至2016年9月30日期间,张某与该市政公司存在劳动关系,但张某无工作。某街道办事处将张某退回市政公司后,市政公司与张某都未向对方作出解除劳动合同的意思表示,故张某与市政公司之间的劳动关系因劳动合同期满于2016年9月30日终止。

(资料来源:重庆高院网)

案例解读

案情概述：2009年6月，新疆某人才公司与孙某签订派遣员工劳动合同，约定公司将孙某派遣到新疆某单位工作，工资由人才公司支付，奖金由用工单位发放。在2016年1月，人才公司与孙某的用工单位签订派遣服务协议，约定被派遣员工不再继续使用的，由人才公司与被派遣员工办理解除劳动关系手续，用工单位承担因劳动关系解除应当向被派遣员工支付的经济补偿金。2016年6月，用工单位因孙某的派遣合同到期，不再续签，将孙某退回人才公司。2016年7月，人才公司给孙某出具《解除或终止劳动合同（关系）证明书》，终止劳动关系的原因是劳动合同到期。

合同解除了，经济补偿金谁来支付？孙某几番沟通都未得到解决。2019年6月，孙某向乌鲁木齐市劳动争议仲裁委员会申请仲裁，仲裁委裁决人才公司支付孙某解除劳动关系经济补偿金9.4万余元。人才公司不服，诉至乌鲁木齐市水磨沟区人民法院，请求法院判令用工单位支付孙某经济补偿金。

处理结果：法院驳回人才公司的起诉。

解读意见：《劳动合同法》第五十八条规定："劳务派遣单位是本法所称用人单位，应当履行用人单位对劳动者的义务。"因劳动合同期满终止劳动合同，人才公司作为孙某的用人单位，应当向孙某支付经济补偿金。虽然，人才公司与用工单位签订的派遣服务协议约定由用工单位支付经济补偿金，但是，人才公司无法举证孙某知道并且同意该约定，该约定对孙某并没有约束力。

（资料来源：法制网）

案例解读

案情概述：马万寿于1995年11月到通州食盐配送中心工作。2006年1月，单位将他的劳动关系转到了北京市崇正劳务服务中心，由该中心为他缴纳各项社会保险。2007年12月1日崇正劳务与他签订了书面劳动合同，合同期限为2007年12月1日至2008年12月31日，马万寿担任食盐配送中心操作工，之后又两次续订劳动合同，签订时间分别是2009年1月1日和2010年1月1日，续订合同的终止期限分别是2009年12月31日和2011年12月31日。在2011年12月31日合同到期前，崇正劳务和食盐配送中心找他协商续签劳动合同时，马万寿提出签无固定期限合同，双方协商不成。2012年3月20日，两个单位的领导最后通知他如果拒签固定期限劳动合同，将依法予以辞退。当天，食盐配送中心给了他一份通知，把他退回崇正劳务。崇正劳务也通知他，劳动关系即行终止。

马万寿将崇正劳务和食盐配送中心诉至仲裁庭，要求两家单位依据《劳动合同法》第八十二条第二款的规定，向他支付2012年1月1日至同年3月20日期间不订立无固定期限劳动合同二倍工资差额以及违法解除劳动合同赔偿金。

2012年12月28日，北京市东城区仲裁委作出仲裁裁决，认定马万寿不适用无固定期限劳动合同条款，驳回了他的诉求，仅要求崇正劳务向马万寿支付终止劳动关系经济补偿12 537元。

马万寿不服裁决，提起诉讼。2013 年 7 月 24 日，北京市东城区人民法院作出判决，判令崇正劳务向马万寿支付 2012 年 1 月 1 日至 3 月 20 日期间不订立无固定期限劳动合同二倍工资差额、违法解除劳动合同赔偿金共计 3 万元，食盐配送中心承担连带赔偿责任。

马万寿不服，提起上诉，理由是："虽然法院判决我可以签订无固定期限合同，但计算赔偿金时没有计算我被派遣前在食盐配送中心的工龄。"

2013 年 12 月 19 日，北京市第二中级人民法院撤销原判发回重审。

处理结果：2014 年 12 月 17 日，北京市东城区人民法院重审后作出判决，认定马万寿要求续订无固定期限劳动合同于法有据，马万寿在食盐配送中心的工作年限应当合并计算，判令崇正劳务向马万寿支付 2012 年 1 月 1 日至 3 月 20 日期间不订立无固定期限劳动合同二倍工资差额 4724 元，违法解除劳动合同赔偿金 66 864 元，食盐配送中心承担连带赔偿责任。

解读意见：只要派遣工符合《劳动合同法》第十四条订立无固定期限劳动合同的法定条件，就可以签订无固定期限劳动合同。

（资料来源：杨召奎. 派遣工要求签无固定期限合同获法院支持.《工人日报》2015-05-19）

4. 劳务派遣的工作岗位与用工数量

《劳务派遣暂行规定》第三条规定，用工单位只能在临时性、辅助性或者替代性的工作岗位上使用被派遣劳动者。

临时性工作岗位是指存续时间不超过 6 个月的岗位；辅助性工作岗位是指为主营业务岗位提供服务的非主营业务岗位；替代性工作岗位是指用工单位的劳动者因脱产学习、休假等原因无法工作的一定期间内，可以由其他劳动者替代工作的岗位。用工单位决定使用被派遣劳动者的辅助性岗位，应当经职工代表大会或者全体职工讨论，提出方案和意见，与工会或者职工代表平等协商确定，并在用工单位内公示。

用工单位应当严格控制劳务派遣用工数量，使用的被派遣劳动者数量不得超过其用工总量的 10%。

5. 违反劳务派遣规定的法律责任

劳务派遣单位未经许可，擅自经营劳务派遣业务的，由劳动行政部门责令停止违法行为，没收违法所得，并处违法所得一倍以上五倍以下的罚款；没有违法所得的，可以处五万元以下的罚款。劳务派遣单位、用工单位违反《劳动合同法》有关劳务派遣规定的，由劳动行政部门责令限期改正；逾期不改正的，以每人五千元以上一万元以下的标准处以罚款，对劳务派遣单位，吊销其劳务派遣业务经营许可证。用工单位给被派遣劳动者造成损害的，劳务派遣单位与用工单位承担连带赔偿责任。

二、非全日制用工

1. 概念

非全日制用工,是指以小时计酬为主,劳动者在同一用人单位一般平均每日工作时间不超过四小时,每周工作时间累计不超过二十四小时的用工形式。

非全日制用工较为便捷,既有利于用人单位灵活用工,也有利于创造更多的就业机会,促进劳动者就业。

非全日制用工,仅指劳动者在用人单位工作的情形,劳动者直接向其他家庭或个人提供非全日制劳动的,不是法定意义上的"非全日制用工",不受《劳动法》调整,当事人双方发生的争议不适用劳动争议处理规定。

2. 非全日制用工合同的订立、履行与终止

非全日制用工双方当事人可以订立口头协议。

从事非全日制用工的劳动者可以与一个或者一个以上用人单位订立劳动合同;但是,后订立的劳动合同不得影响先订立的劳动合同的履行。

非全日制用工双方当事人不得约定试用期。

依据《社会保险法》和《实施〈中华人民共和国社会保险法〉若干规定》,作为非全日制用工,用人单位必须为其缴纳工伤保险,其余的社保可以不用缴纳。

非全日制用工小时计酬标准不得低于用人单位所在地人民政府规定的最低小时工资标准。

非全日制用工劳动报酬结算支付周期最长不得超过十五日。

非全日制用工双方当事人任何一方都可以随时通知对方终止用工。

终止用工,用人单位不向劳动者支付经济补偿。

案例解读

案情概述:某橡塑制品公司是一家只有十几名员工的小企业,为了解决员工午饭问题,公司于2014年3月通过职介所招用了曹某。曹某的工作就是每天为员工准备一顿午餐,职介所告诉曹某每小时工资20元,每天4小时的工资为80元,但是曹某来到公司却向公司提出希望每月能固定支付其2600元。公司考虑到现在招工不容易,也希望曹某能服务得好些,因此同意了她的要求。之后,曹某原本烧好员工午饭就可以下班,但是她又和公司商量,因为下午要到另外一家企业干活,希望能在公司吃好午饭后下班,这样可以直接去第二家,公司也同意了她的请求。2015年4月,曹某又要求公司为她缴纳社保,公司认为曹某是小时工,拒绝了她的要求。2015年7月1日,曹某以未缴纳社会保险费为由向公司发出解除劳动关系的通知书。随后,曹某向劳动争议仲裁委提出劳动争议申请,要求公司支付未签劳动合同双倍工资以及解除劳动合同经济补偿金等2.6万余元。

在庭审时，公司认为双方建立的是非全日制用工，根据规定，非全日制用工可以不签订书面劳动合同，公司支付给曹某的工资中已经包含了她个人应缴纳的社保费用，并且月工资折算成小时工资标准也没有低于本市规定的最低小时工资标准。

曹某则坚持认为，《劳动合同法》规定"非全日制用工劳动报酬结算支付周期最长不得超过十五日"，但公司却是每月支付一次报酬。其次，她每天吃完午饭离开公司，根据考勤卡的记录，每天也已经超过4小时的工作时间了。所以公司与她建立的是全日制用工关系。

曹某与橡塑制品公司之间建立的是全日制用工还是非全日制用工关系？

处理结果：最后法院一审、二审均认定橡塑制品公司与曹某之间为非全日制用工关系，驳回了曹某的请求。

解读意见：认定非全日制用工的标准是，劳动者在同一用人单位一般平均每日工作时间不超过四小时，每周工作时间累计不超过二十四小时的用工形式。

就本案而言，曹某提供的考勤卡虽然显示她每天上下班的时间跨度超过四小时，但扣除用午餐时间，曹某日均工作时间都在4小时左右，且每周工作时间累计也未超过24小时。曹某在公司吃过午饭后下班是为了方便直接去第二家单位，因此其吃午饭的时间理应扣除。

《劳动合同法》规定，非全日制用工的劳动报酬结算周期最长不得超过十五日。虽然该公司采取了月工资的支付形式，但这并不能否定非全日制用工这一事实。当然，用人单位还是应当调整劳动报酬的支付周期，保持与法律规定一致。

（资料来源：何永强．工作时间是判断非全日制用工的必要条件．《劳动报》2016-07-19）

劳动行政部门应当依法加强对劳务派遣的监管，规范非全日制用工行为，推进劳动用工信息申报备案制度建设，加强对企业劳动用工的动态管理。

【能力测验】

一、单选题

1. 非全日制用工劳动报酬结算支付周期最长不得超过（　　）日。
A. 三　　　　　　　　　　B. 七
C. 十　　　　　　　　　　D. 十五

2. 非全日制用工终止时，用人单位（　　）向劳动者支付经济补偿。
A. 无义务
B. 以劳动者每工作满一年支付一个月工资的标准
C. 以劳动者每工作满一年支付半个月工资的标准
D. 以与全日制用工相同的标准

3. 从事非全日制用工的劳动者可以与一个或者一个以上用人单位订立劳动合同；但是，后订立的劳动合同（　　）先订立的劳动合同的履行。
A. 不得影响　　　　　　　B. 优先于

C. 可以代替 D. 依赖于

4. 非全日制用工双方当事人（　　）约定试用期。
A. 可以 B. 不得
C. 自愿 D. 必须

5. 劳务派遣协议应当约定派遣岗位和人员数量、派遣期限、（　　）和社会保险费的数额与支付方式以及违反协议的责任。
A. 试用期 B. 劳动报酬
C. 培训 D. 保守秘密

6. 劳务派遣单位跨地区派遣劳动者的，被派遣劳动者享有的劳动报酬和劳动条件，按照（　　）的标准执行。
A. 用工单位所在地 B. 劳务派遣单位所在地
C. 被派遣劳动者户籍所在地 D. 工资发放地

7. 劳务派遣一般在（　　）、辅助性、替代性的工作岗位上实施。
A. 长期性 B. 固定性
C. 流动性 D. 临时性

8. 劳务派遣单位违反《劳动合同法》规定，给被派遣劳动者造成损害的，劳务派遣单位与用工单位承担（　　）赔偿责任。
A. 共同 B. 连带
C. 按份 D. 违约

9. 非全日制用工双方当事人（　　）。
A. 可以订立口头协议 B. 不得订立口头协议
C. 必须订立书面协议 D. 不得订立书面协议

10. 劳务派遣单位派遣劳动者应当与接受以劳务派遣形式用工的单位订立（　　）。
A. 劳动合同 B. 集体合同
C. 用工协议 D. 劳务派遣协议

11. 劳务派遣单位应当与被派遣劳动者订立（　　）年以上的固定期限劳动合同，按月支付劳动报酬。
A. 半 B. 一
C. 二 D. 三

12. 被派遣劳动者在无工作期间，劳务派遣单位应当按照所在地人民政府规定的（　　），向其按月支付报酬。
A. 最低工资标准 B. 最低生活保障标准
C. 行业工资指导线 D. 失业保险金领取标准

二、案例分析

1. 一家有五六十人的小型企业，为扩大公司业务，近期打算招聘30名职工。因社保费标准较高，有人提议可使用劳务派遣工，请问能这样做吗？

2. 2015年8月，林某与上海某人才服务有限公司签订了为期三年的劳动合同，合同期限至2018年7月，合同约定钱某被派遣至某零售有限公司担任门店店员。2018年5月，林某因零售公司迟迟未支付其2018年1月至4月期间的加班工资，向零售公司提出交涉，但零售公司未予理睬。2018年6月，林某向零售公司提出书面辞职，并于同月将上述两个单位作为共同被申请人向区劳动争议仲裁委员会申请劳动仲裁，要求两个被申请人支付：（1）2018年1月至4月期间的超时加班工资；（2）解除劳动合同的经济补偿金。

问：用人单位与用工单位的责任如何分配？

3. 小丽于2017年3月起在某中学担任代课老师，每天上课不超过4小时，课酬每小时60元，双方未签订劳动合同。2018年5月，小丽离职。小丽想知道，现在她能不能向学校要求未签订劳动合同的双倍工资补偿？

4. 张某应聘到某银行当钟点工，负责办公室保洁，每天早、晚各工作2小时，一周24小时，每小时20元。银行要求试用期20天，试用期工资按每小时15元算。张某有过在银行做保洁的经验，就向银行提出不要安排试用期，得到的回复是，银行工作环境对保洁要求较高，必须经过试用期才行。两个月以后，张某又找了一份保洁的活，每天下午工作2个小时，银行知道后怕影响工作质量，警告张某如果不改正将予以辞退。该银行的用工做法对吗？

5. 2017年5月28日，甲公司出资设立乙劳务派遣公司，赵某与乙公司签订劳务派遣劳动合同，约定乙公司将赵某派遣至甲公司工作，甲公司为其缴纳工伤保险。2018年4月28日，赵某在甲公司工作中受伤，被认定为工伤。后三方关于工伤损失赔偿及责任承担比例的问题协调未果，赵某诉至法院要求甲、乙公司对其工伤保险待遇损失及停工留薪期工资承担连带责任。赵某的诉求有法律依据吗？

6. 2016年9月，王某入职某纺织公司，双方签订了一份为期6个月的非全日制劳动合同，约定王某每天工作4小时，每周上班六天，每小时工资为25元。王某工作3个月后，公司以生产线更新需优化调整人员为由提前解除了双方的劳动合同，王某以公司违法解雇为由申请仲裁，要求公司支付赔偿金2600元。王某的请求有法律依据吗？

工作项目八　劳动争议处理

工作任务一　劳动争议的处理方式

【学习目标】

探究知识：劳动争议的类型、维权路径、维权时限、管辖规则、终局裁决。
获得能力：熟悉劳动争议的处理方式，能够在法定的时限内选择适当的维权路径。

一、劳动争议的类型

(1) 因确认劳动关系发生的争议，主要是因当事人之间是否存在劳动关系存在争议，与之相关的包括调动、借调、帮工以及因企业自主进行改制引发的劳动争议。

(2) 因订立、履行、变更、解除和终止劳动合同发生的争议，也包括录用、服务期、竞业限制等方面的争议。

(3) 因除名、辞退和辞职、离职发生的争议，主要是劳动合同制度实行之前的劳动争议形式。实行劳动合同制度后，企业已经很少有这种争议，但在事业单位和行政机关中这种争议相对较多。

(4) 因工作时间、休息休假、社会保险、福利、培训以及劳动保护发生的争议。劳动者以用人单位未为其办理社会保险手续，且社会保险经办机构不能补办导致其无法享受社会保险待遇为由，要求用人单位赔偿损失而发生的争议也属于劳动争议。

(5) 因劳动报酬、工伤医疗费、经济补偿或者赔偿金等发生的争议，主要是因支付、拖欠、标准、金额多少等发生的争议。

(6) 法律、法规规定的其他劳动争议。

二、劳动者的维权路径

1. 与用人单位协商

发生劳动争议，劳动者可以与用人单位协商，也可以请工会或者第三方共同与用人单位协商，达成和解协议。

2. 向群众性调解组织申请调解

(1) 人民调解委员会。

人民调解委员会是依法设立的调解民间纠纷的群众性组织。

村民委员会、居民委员会设立人民调解委员会。企业事业单位及社会团体根据需要设立人民调解委员会。

(2) 企业劳动争议调解委员会。

企业劳动争议调解委员会由职工代表和企业代表组成。职工代表由企业工会成员担任或者由全体职工推举产生，企业代表由企业负责人指定。企业劳动争议调解委员会主任由工会成员或者双方推举的人员担任。

《企业劳动争议协商调解规定》规定，大中型企业应当依法设立调解委员会，并配备专职或者兼职工作人员。

(3) 乡镇、街道劳动就业和社会保障服务中心。

乡镇街道建立本级权益维护工作机构，成立劳动人事争议调解中心。辖区内企业较集中的社区或工业园区设立劳动人事争议调解工作站。调解中心（工作站）负责本辖区内一般劳资纠纷的调解处理工作。

(4) 用人单位所在地的总工会。

维护职工合法权益是工会的基本职责。《最高人民法院关于审理劳动争议案件适用法律若干问题的解释（二）》，明确了在工会主持下达成的具有劳动权利义务内容的调解协议具有劳动合同的约束力。

3. 向劳动行政部门投诉

劳动者认为用人单位侵犯其劳动保障合法权益的，有权向劳动行政部门投诉。

根据《劳动合同法》第八十条，用人单位直接涉及劳动者切身利益的规章制度违反法律、法规规定的，由劳动行政部门责令改正，给予警告；给劳动者造成损害的，应当承担赔偿责任。

根据《劳动合同法》第八十一条，用人单位提供的劳动合同文本未载明法定的劳动合同必备条款或者用人单位未将劳动合同文本交付劳动者的，由劳动行政部门责令改正；给劳动者造成损害的，应当承担赔偿责任。

根据《劳动合同法》第八十三条，用人单位违法与劳动者约定试用期的，由劳动行政部门责令改正；违法约定的试用期已经履行的，由用人单位以劳动者试用期满月工资为标准，按已经履行的超过法定试用期的期间向劳动者支付赔偿金。

根据《劳动合同法》第八十四条，用人单位扣押劳动者居民身份证等证件的，由劳动行政部门责令限期退还劳动者本人，并依照有关法律规定给予处罚。用人单位以担保或者其他名义向劳动者收取财物的，或者劳动者依法解除或者终止劳动合同，用人单位扣押劳动者档案或者其他物品的，由劳动行政部门责令限期退还劳动者本人，并以每人五百元以上二千元以下的标准处以罚款；给劳动者造成损害的，应当承担赔偿责任。

根据《劳动合同法》第八十五条，用人单位有下列情形之一的，即未按时足额支付劳动报酬的，低于当地最低工资标准支付劳动者工资的，安排加班不支付加班费的，未依法向劳动者支付经济补偿的,由劳动行政部门责令限期支付劳动报酬、加班费、经济补偿或者劳动报酬低于当地最低工资标准的差额部分;逾期不支付的,责令用人单位按应付金额百分之五十以上百分之一百以下的标准向劳动者加付赔偿金。

根据《劳动合同法》第八十九条,用人单位不向劳动者出具解除或者终止劳动合同的书面证明的,由劳动行政部门责令改正;给劳动者造成损害的,应当承担赔偿责任。

根据《劳动监察条例》第二十三条,用人单位有下列行为之一的,由劳动行政部门责令改正,按照受侵害的劳动者每人1000元以上5000元以下的标准计算,处以罚款:安排女职工从事矿山井下劳动、国家规定的第四级体力劳动强度的劳动或者其他禁忌从事的劳动的;安排女职工在经期从事高处、低温、冷水作业或者国家规定的第三级体力劳动强度的劳动的;安排女职工在怀孕期间从事国家规定的第三级体力劳动强度的劳动或者孕期禁忌从事的劳动的;安排怀孕7个月以上的女职工夜班劳动或者延长其工作时间的;女职工生育享受产假少于90天的;安排女职工在哺乳未满1周岁的婴儿期间从事国家规定的第三级体力劳动强度的劳动或者哺乳期禁忌从事的其他劳动,以及延长其工作时间或者安排其夜班劳动的;安排未成年工从事矿山井下、有毒有害、国家规定的第四级体力劳动强度的劳动或者其他禁忌从事的劳动的;未对未成年工定期进行健康检查的。

根据《劳动监察条例》第二十五条,用人单位违反劳动保障法律、法规或者规章延长劳动者工作时间的,由劳动行政部门给予警告,责令限期改正,并可以按照受侵害的劳动者每人100元以上500元以下的标准计算,处以罚款。

根据《劳动监察条例》第三十条,用人单位经劳动行政部门责令改正拒不改正,或者拒不履行劳动行政部门的行政处理决定的,由劳动行政部门责令改正,处2000元以上2万元以下的罚款。

劳动行政部门应当建立用人单位劳动保障守法诚信档案。用人单位有重大违反劳动保障法律、法规或者规章的行为的,由有关的劳动行政部门向社会公布。劳动行政部门还应当实现监察执法向主动预防转变,进一步畅通举报投诉渠道,扩大日常巡视检查和书面审查覆盖范围,建立健全违法行为预警防控机制。

4. 向人民法院申请支付令

(1) 向人民法院申请支付令的两种情形。

之一,用人单位拖欠或者未足额支付劳动报酬的,劳动者可以依法向当地人民法院申请支付令,人民法院应当依法发出支付令。

之二,因支付拖欠劳动报酬、工伤医疗费、经济补偿或者赔偿金事项达成调解协议,用人单位在协议约定期限内不履行的,劳动者可以持调解协议书依法向人民法院申请支付令。人民法院应当依法发出支付令。

(2) 申请支付令被人民法院裁定终结督促程序后的两种维权路径。

用人单位拖欠或者未足额支付劳动报酬的,申请支付令被人民法院裁定终结督促程序后,劳动者就劳动争议事项直接向人民法院起诉的,人民法院应当告知其先向劳动争议仲裁委员会申请仲裁。

因支付拖欠劳动报酬、工伤医疗费、经济补偿或者赔偿金事项达成调解协议,用人单位在协议约定期限内不履行的,申请支付令被人民法院裁定终结督促程序后,劳动者依据调解协议可直接向人民法院提起民事诉讼。

5. 直接提起民事诉讼

根据《最高人民法院关于审理劳动争议案件适用法律若干问题的解释(二)》,劳动者以用人单位的工资欠条为证据直接向人民法院起诉,诉讼请求不涉及劳动关系其他争议,视为拖欠劳动报酬争议,按照普通民事纠纷受理。

6. 先申请仲裁后提起民事诉讼

协商、投诉、向群众性调解组织申请调解和申请支付令都不是劳动争议处理的必经之路。对于绝大部分劳动争议来说,申请劳动仲裁是提起民事诉讼的法定前置条件。

劳动争议仲裁委员会受理劳动争议案件。劳动争议仲裁委员会由劳动行政部门代表、工会代表和企业方面代表组成。

先申请仲裁后提起民事诉讼包括这样三种情形:

之一,劳动争议仲裁委员会以当事人申请仲裁的事项不属于劳动争议为由,作出不予受理的书面裁决、决定或者通知,当事人不服,依法向人民法院起诉,属于劳动争议案件的,法院应当受理。

之二,劳动争议仲裁委员会逾期未作出受理决定或者仲裁裁决,当事人可以向法院提起诉讼,但申请仲裁的案件存在下列事由的除外:移送管辖的;正在送达或送达延误的;等待另案诉讼结果、评残结论的;正在等待劳动争议仲裁委员会开庭的;启动鉴定程序或者委托其他部门调查取证的;其他正当事由。

之三,劳动争议仲裁委员会作出仲裁裁决,当事人对仲裁裁决不服的,除终局裁决以外,可以自收到仲裁裁决书之日起十五日内向人民法院提起诉讼。期满不起诉的,裁决书发生法律效力。

至于具体诉讼程序,适用《民事诉讼法》的有关规定。

因履行集体合同发生的争议,当事人协商解决不成的,可以依法向劳动争议仲裁委员会申请仲裁。

关于劳动争议的当事人的界定,《最高人民法院关于审理劳动争议案件适用法律若干问题的解释(三)》第四条规定:"劳动者与未办理营业执照、营业执照被吊销或者营业期限届满仍继续经营的用人单位发生争议的,应当将用人单位或者其出资人列为当事人。"

三、维权时限

1. 向劳动行政部门投诉的时限

违反劳动保障法律、法规或者规章的行为在 2 年内未被劳动保障监察部门发现,也未被举报、投诉的,监察部门将不再查处。期限自违反劳动保障法律、法规或者规章的行为发生之日起计算；行为有连续或者继续状态的，自行为终了之日起计算。

2. 申请劳动争议仲裁的时限

（1）一般仲裁时效。

劳动争议仲裁申请的时效期间为一年。仲裁时效期间从当事人知道或者应当知道其权利被侵害之日起计算；因当事人一方向对方当事人主张权利，或者向有关部门请求权利救济，或者对方当事人同意履行义务而中断，从中断时起，仲裁时效期间重新计算；因不可抗力或者有其他正当理由，当事人不能一年内申请仲裁的，仲裁时效中止；从中止时效的原因消除之日起，仲裁时效期间继续计算。

（2）特别仲裁时效。

劳动关系存续期间因拖欠劳动报酬发生争议的，劳动者申请仲裁不受一年仲裁时效期间的限制，但是，劳动关系终止的，应当自劳动关系终止之日起一年内提出。

案例分析

2012年12月31日，李某到某电子有限公司品质车间工作。2018年4月25日，李某以电子公司未依法足额支付劳动报酬为由，向电子公司送达了解除劳动合同通知书，同时，向当地劳动争议仲裁委员会申请仲裁，要求电子公司支付经济补偿、补发2013年1月至2018年4月期间的工资差额。

仲裁委经审理认为，李某提供的证据足以证明，电子公司在2013年1月至2018年4月期间支付给他的工资在扣除加班工资后低于当地最低工资标准。仲裁裁决由电子公司补发李某2013年1月至2018年4月期间的工资差额8090元，并支付经济补偿31 496元。

简要分析：因李某自2013年1月至2018年4月期间与电子公司间的劳动关系是存续的，所以，李某追索劳动报酬的仲裁请求应适用特别仲裁时效的规定。用人单位未及时足额支付劳动报酬的，劳动者可以此为由与用人单位解除劳动关系，并要求用人单位支付经济补偿。

3. 对劳动争议仲裁裁决不服、提起诉讼的时限

劳动争议仲裁委员会作出仲裁裁决，当事人对仲裁裁决不服的，除终局裁决以外，可以自收到仲裁裁决书之日起十五日内向人民法院提起诉讼。

4. 直接提起民事诉讼的时效

向人民法院请求保护民事权利的诉讼时效期间为三年。法律另有规定的，依照其规定。诉讼时效的期间、计算方法以及中止、中断的事由由法律规定，当事人约定无效。

5. 申请工伤认定的时限

职工发生事故伤害或者按照《职业病防治法》规定被诊断、鉴定为职业病，所在单位应当自事故伤害发生之日或者被诊断、鉴定为职业病之日起30日内，向统筹地区社会保险行政部门提出工伤认定申请。遇有特殊情况，经报社会保险行政部门同意，申请时限可以适当延长。

用人单位未按规定提出工伤认定申请的，工伤职工或者其直系亲属、工会组织在事故伤害发生之日或者被诊断、鉴定为职业病之日起1年内，可以直接向用人单位所在地统筹地区劳动行政部门提出工伤认定申请。

对社会保险行政部门的工伤认定结论不服的，可以申请行政复议或者行政诉讼，具体程序适用《中华人民共和国行政复议法》（简称《行政复议法》）和《中华人民共和国行政诉讼法》（简称《行政诉讼法》）。

四、一般管辖规则

1. 劳动保障监察管辖

对用人单位的劳动保障监察，由用人单位用工所在地的县级或者设区的市级劳动行政部门管辖。

上级劳动行政部门根据工作需要，可以调查处理下级劳动行政部门管辖的案件。劳动行政部门对劳动保障监察管辖发生争议的，报请共同的上一级劳动行政部门指定管辖。

2. 仲裁管辖

劳动争议由劳动合同履行地或者用人单位所在地的劳动争议仲裁委员会管辖。双方当事人分别向劳动合同履行地和用人单位所在地的劳动争议仲裁委员会申请仲裁的，由劳动合同履行地的劳动争议仲裁委员会管辖。

根据《劳动人事争议仲裁办案规则》第十二条，劳动合同履行地为劳动者实际工作场所地，用人单位所在地为用人单位注册、登记地；用人单位未经注册、登记的，其出资人、开办单位或主管部门所在地为用人单位所在地。

3. 民事诉讼管辖

基层人民法院管辖第一审民事案件，《民事诉讼法》另有规定的除外。

一般地域管辖规则是，对公民提起的民事诉讼，由被告住所地人民法院管辖；被告住所地与经常居住地不一致的，由经常居住地人民法院管辖。对法人或者其他组织提起的民事诉讼，由被告住所地人民法院管辖。同一诉讼的几个被告住所地、经常居住地在两个以上人民法院辖区的，各人民法院都有管辖权。

五、终局裁决

1. 终局裁决的范围

《劳动争议调解仲裁法》第四十七条规定，下列劳动争议的仲裁裁决为终局裁决，裁决书自作出之日起发生法律效力：追索劳动报酬、工伤医疗费、经济补偿或者赔偿金，不超过当地月最低工资标准十二个月金额的争议；因执行国家的劳动标准在工作时间、休息休假、社会保险等方面发生的争议。

《最高人民法院关于审理劳动争议案件适用法律若干问题的解释（三）》第十三条进一步明确规定，劳动者追索劳动报酬、工伤医疗费、经济补偿或者赔偿金，如果仲裁裁决涉及数项，每项确定的数额均不超过当地月最低工资标准十二个月金额的，应当按照终局裁决处理。

《劳动人事争议仲裁办案规则》第五十条明确规定："仲裁庭裁决案件时，申请人根据调解仲裁法第四十七条第（一）项规定，追索劳动报酬、工伤医疗费、经济补偿或者赔偿金，如果仲裁裁决涉及数项，对单项裁决数额不超过当地月最低工资标准十二个月金额的事项，应当适用终局裁决。……赔偿金包括劳动合同法规定的未签订书面劳动合同第二倍工资、违法约定试用期的赔偿金、违法解除或者终止劳动合同的赔偿金等。……"

2. 终局裁决并不是一律不可以提起诉讼

（1）劳动者对终局裁决不服的，可以自收到仲裁裁决书之日起十五日内向人民法院提起诉讼。

（2）用人单位有证据证明终局裁决有下列情形之一，可以自收到仲裁裁决书之日起三十日内向劳动争议仲裁委员会所在地的中级人民法院申请撤销裁决：

①适用法律、法规确有错误的；
②劳动争议仲裁委员会无管辖权的；
③违反法定程序的；
④裁决所根据的证据是伪造的；
⑤对方当事人隐瞒了足以影响公正裁决的证据的；
⑥仲裁员在仲裁该案时有索贿受贿、徇私舞弊、枉法裁决行为的。

仲裁裁决被人民法院裁定撤销的，当事人可以自收到裁定书之日起十五日内就该劳动争议事项向人民法院提起诉讼。

案例分析

王某是某电器有限责任公司的员工，在工作时受伤，被行政部门认定为工伤，构成十级伤残。王某申请仲裁后，仲裁裁决该电器有限责任公司向王某支付一次性伤残就业补助金、停工留薪期工资、住院护理费等共计3.5万余元。裁决书载明"本裁决为终局裁决"。

该电器有限责任公司认为仲裁裁决金额已经远超过当地月最低工资标准，不属于终局裁决的范围，遂向法院申请撤销仲裁裁决。法院审理后认为，本案属于《劳动争议调解仲裁法》第四十七条第一款第二项规定的"因执行国家的劳动标准在工作时间、休息休假、社会保险等方面发生的争议"，仲裁裁决为终局裁决，没有支持该电器有限责任公司的申请。

简要分析：工伤保险纠纷属终局裁决范围。工伤保险待遇纠纷属于因执行涉及劳动安全、社会保险方面的国家劳动标准发生的争议，因此该仲裁裁决应为终局裁决。

【能力测验】

一、单选题

1. 劳动者认为用人单位侵犯其劳动保障合法权益的,有权向劳动行政部门(　　)。
   A. 投诉　　　　　　　　　　B. 举报
   C. 控告　　　　　　　　　　D. 起诉

2. 劳动争议仲裁委员会由(　　)、工会代表和企业方面代表组成。
   A. 政府部门代表　　　　　　B. 人大代表
   C. 政协委员　　　　　　　　D. 劳动行政部门代表

3. 发生劳动争议,劳动者可以与用人单位协商,也可以请工会或者(　　)共同与用人单位协商,达成和解协议。
   A. 第三方　　　　　　　　　B. 行政部门
   C. 政府　　　　　　　　　　D. 仲裁委员会

4. 李某因追索工资与所在公司发生争议,遂向律师咨询。该律师提供的下列哪些意见是没有法律依据的?(　　)
   A. 解决该争议既可与公司协商,也可申请调解,还可直接申请仲裁
   B. 应向劳动者住所地的劳动争议仲裁委提出仲裁请求
   C. 如追索工资的金额未超过当地月最低工资标准12个月金额,则仲裁裁决为终局裁决
   D. 即使追索工资的金额未超过当地月最低工资标准12个月金额,只要李某对仲裁裁决不服,仍可向法院起诉

5. 《企业劳动争议协商调解规定》规定,(　　)企业应当依法设立调解委员会。
   A. 大型　　　　　　　　　　B. 中小型
   C. 所有企业　　　　　　　　D. 大中型

6. 对于绝大部分劳动争议来说,(　　)是提起民事诉讼的法定前置条件。
   A. 投诉　　　　　　　　　　B. 向群众性调解组织申请调解
   C. 申请劳动仲裁　　　　　　D. 协商

7. (　　)对终局裁决不服的,可以自收到仲裁裁决书之日起十五日内向人民法院提起诉讼。
   A. 用人单位　　　　　　　　B. 劳动者
   C. 工会　　　　　　　　　　D. 用人单位和劳动者任何一方

8. 违反劳动保障法律、法规或者规章的行为在(　　)年内未被劳动保障监察部门发现,也未被举报、投诉的,监察部门将不再查处。
   A. 2　　　　　　　　　　　 B. 1
   C. 6个月　　　　　　　　　 D. 3

二、案例分析

1. 李某于2007年4月入职某公司，入职后双方曾签订过一份劳动合同，合同期限为2009年1月1日至2009年12月31日，该合同期满后，双方未再续签劳动合同。李某在该公司工作至2012年1月25日。2012年4月16日，李某提出仲裁请求，要求公司支付2007年4月至2012年1月期间各项加班费、2007年4月至2012年1月期间未休年休假工资。李某的请求是否在仲裁的时效期内？

2. 一日，小王和小李两人对二倍工资是否属于终局裁决范围产生了争议。小王认为，二倍工资，从字面理解，显然属于劳动报酬，只要主张的二倍工资不超过当地月最低工资标准十二个月金额的，就属于终局裁决范围。小李认为，二倍工资中的第二倍工资，既不是劳动报酬，也不是经济补偿或赔偿金，不属于终局裁决范围。问：二倍工资是否属于终局裁决范围？

3. 李某毕业后到一家私营企业工作，他刚来上班时老板就告诉她，每月基本工资2200元，试用期3个月，试用期过后若成为正式职工，公司再为他办理基本养老保险。然而，李某在公司工作已超过半年了，公司仍然没有为他办理基本养老保险。为了参加基本养老保险，李某该怎么办？

工作任务二　劳动争议的处理决定

【学习目标】

探究知识：劳动争议的审理时限、举证责任和劳动争议处理决定。

获得能力：提高证据意识，理解调解的优势及调解协议的效力，懂得仲裁与诉讼的衔接规则，知道有哪些可以向人民法院申请执行的劳动争议处理决定。

一、劳动争议处理的有关时限

1. 劳动保障监察行政处理时限

对符合法定条件的举报、投诉，劳动保障监察机构在接到举报、投诉之日起五个工作日内依法受理并于受理之日立案查处。对违反劳动保障法律、法规或规章的行为的调查，从立案之日起六十个工作日内完成；情况复杂的，经批准，可以延长三十个工作日。立案调查完成应在十五个工作日内作出行政处罚（行政处理或者责令改正）或者撤销立案决定。特殊情况，经批准可以延长。

2. 仲裁审理时限

劳动争议仲裁委员会收到仲裁申请之日起五日内，认为符合受理条件的，应当受理，并通知申请人；认为不符合受理条件的，应当书面通知申请人不予受理，并说明理由。

仲裁庭裁决劳动争议案件，应当自劳动争议仲裁委员会受理仲裁申请之日起四十五日内结束。案情复杂需要延期的，经劳动争议仲裁委员会主任批准，可以延期并书面通知当事人，但是延长期限不得超过十五日。仲裁庭裁决劳动争议案件时，其中一部分事实已经清楚，可以就该部分先行裁决。

3. 民事诉讼审理时限

对符合《民事诉讼法》规定的起诉条件的，人民法院应当在七日内立案，并通知当事人；不符合起诉条件的，应当在七日内作出裁定书，不予受理；原告对裁定不服的，可以提起上诉。

人民法院适用普通程序审理的案件，应当在立案之日起六个月内审结。有特殊情况需要延长的，由本院院长批准，可以延长六个月；还需要延长的，报请上级人民法院批准。

人民法院适用简易程序审理的案件，应当在立案之日起三个月内审结。

人民法院审理对判决的上诉案件，应当在第二审立案之日起三个月内审结。有特殊情况需要延长的，由本院院长批准。

人民法院审理对裁定的上诉案件，应当在第二审立案之日起三十日内作出终审裁定。

二、举证

1. 证据种类

当事人的陈述；书证；物证；视听资料；电子数据；证人证言；鉴定意见；勘验笔录。

2. 举证责任划分

当事人有责任就自己的主张提供证据。与争议事项有关的证据属于用人单位掌握管理的，用人单位应当提供；用人单位不提供的，应当承担不利后果。

劳动者主张加班费的，应当就加班事实的存在承担举证责任。但劳动者有证据证明用人单位掌握加班事实存在的证据，用人单位不提供的，由用人单位承担不利后果。

因用人单位作出的开除、除名、辞退、解除劳动合同、减少劳动报酬、计算劳动者工作年限等决定而发生的劳动争议，用人单位负举证责任。

当事人及其诉讼代理人因客观原因不能自行收集的证据，或者人民法院认为审理案件需要的证据，人民法院应当调查收集。

3. 按时提交证据

《民事诉讼法》第六十五条规定，当事人逾期提供证据的，人民法院应当责令其说明理由；拒不说明理由或者理由不成立的，人民法院根据不同情形可以不予采纳该证据，或者采纳该证据但予以训诫、罚款。

案例解读

案情概述：2017年5月，某化妆品销售公司由于经营困难，计划与部分员工解除劳动合同实现减员增效。5月30日上午，公司人力资源部门工作人员与员工杨某面谈，提出基于公司现状，希望与其解除劳动合同，并愿意按照法律规定支付经济补偿金，杨某口头表示同意。双方结束面谈，但并未有杨某签字的笔录或书面协议。公司于5月31日向杨某出具了解除劳动合同证明书，理由是用人单位主动提出，双方协商一致解除。同日，公司财务部门向杨某的工资卡上足额支付了经济补偿金8000元。杨某于7月1日提起仲裁，称公司无故解除劳动合同，要求支付违法解除劳动合同赔偿金不足部分8000元。在庭审中，公司一方辩称已经与杨某达成解除劳动合同的一致意见，并且有参与协商的公司人力资源部门工作人员出庭作证，但无法提供其他证据。杨某则坚称公司系单方面无理由解除劳动合同，并未与其进行协商。

处理结果：仲裁委裁决公司向杨某支付违法解除劳动合同赔偿金差额8000元。

解读意见：由于解除劳动合同行为由公司作出，公司对解除劳动合同的理由负有举证责任。现公司不能提供足以证明双方系协商一致解除劳动合同的证据，应承担举证不能的不利后果。公司方提供的证人与公司有明显利害关系，其证言证明效力较低，而且缺乏其他有效证据佐证，故仲裁委对于公司一方的抗辩意见不能采信。

（资料来源：宁波市人力资源和社会保障局网）

案例解读

案情概述：2015年3月，张某进入A公司工作，双方签订了三年期的劳动合同，约定月工资为3000元。2017年1月，公司人事以张某严重违纪为由口头提出解除劳动合同，张某随即离开公司。A公司未向张某出具解除劳动合同的书面凭证，张某也没有向公司提出此项要求。张某自认并不存在严重违纪行为，为了维护自己的合法权益，向劳动争议仲裁委员会申请仲裁，要求A公司向其支付违法解除劳动合同的赔偿金12 000元。A公司在答辩中否认其向张某提出过解除劳动合同。

处理结果：仲裁委裁决驳回了张某的仲裁请求。

简要分析：张某主张是用人单位单方面以严重违纪为由解除劳动合同，在A公司否认解除行为存在的情况下，根据"谁主张，谁举证"的原则，应由张某承担举证责任。而张某未能提供证据，故张某的仲裁请求被仲裁委驳回。

为了维护自身利益，不论是劳动者还是用人单位，在对方口头提出解除合同的情况下，都应该要求对方出具提出解除的书面凭证。

（资料来源：宁波市人力资源和社会保障局网）

三、调解的主要优势

当事人除了向群众组织申请调解，还可以在行政处理、仲裁和诉讼阶段接受调解。调解可以灵活地处理劳动争议、节省时间和精力、节约司法资源。

案例分析

何某于2016年1月进入某餐饮服务有限公司，工作岗位为服务员，约定每月工资3000元。何某称，虽然其与公司约定的是每月工资3000元，但是实发只有2500元，她多次与公司交涉，但公司均以生意不好为由，未为她补发每月少发的500元。何某申请仲裁，要求公司补齐2016年1月至4月份未足额发放的工资。

劳动仲裁庭在庭审调查中发现，何某提交公司发放工资的银行对账单并不是她本人的对账单。何某解释说刚入职时因为手边没有自己的银行卡，只有表姐的卡，到发工资的时候只好先让公司把工资打到表姐的卡上，后来也一直未更改成自己的银行卡。公司在质证该份证据时称该份证据与本案无关，因为不是何某本人的银行对账单，不能证明公司每月少发工资。

最终本案在仲裁委员会的调解下，公司支付了何某少发的工资。

简要分析：只要当事人自愿接受调解、达成协议，不违反法律的强制性规定，就可以灵活处理好劳动争议，从而化解矛盾。

案例分析

2018年4月，被告杨某到原告处从事电线压线工作，双方虽未签订书面合同，但约定了每月的劳动报酬和上下班的考勤制度，杨某接受了原告的管理模式。4月28日，上班没几天的杨某在仓库工作时不慎摔伤，随即被送往医院住院治疗。事故发生后，原告承担了杨某的医疗费用，并按月支付了其4~8月的工资。因双方就工伤补偿事宜未达成一致，杨某于10月21日向黄梅县劳动争议仲裁委员会提出劳动仲裁，该仲裁委员会作出劳动关系认定书，认定杨某与湖北某光电公司存在劳动关系。原告（湖北某光电公司）不服该认定书，遂于2019年1月11日向黄梅法院提起诉讼，要求判决确认原、被告之间不存在劳动关系。

2019年1月28日，黄梅法院对该案进行了开庭审理，通过庭审，法官刘刚了解到原告的起诉意图：明知这场官司会输，但就想以复杂的司法程序，迫使杨某降低赔偿金额。如果仅仅是为了结案，刘刚可以当庭作出判决，认定原、被告之间存在劳动关系，但考虑到在判决生效后，原、被告双方将会继续进行劳动关系二审，工伤认定，不服工伤认定提起行政复议或行政诉讼一、二审，劳动能力鉴定，劳动仲裁，不服仲裁裁决再次提起民事诉讼等一系列程序，可能需耗时二到三年。因此，刘刚耐心地用法理开导双方，劝说他们接受调解结案，并给出一段时间让其自行协商。

2019年2月18日，原、被告来法院接受调解。双方最终以一次性赔偿7万元达成协议。最后，该案以原告撤回起诉，双方另行签订调解协议结案。

在调解协议签约现场，原、被告双方均表示对此案的处理结果非常满意。

简要分析：调解节省了当事人的时间和精力，调解实现了案结事了，调解节约了维权费用和司法资源。

（资料来源：中国法院网）

四、可以向人民法院申请执行的劳动争议处理决定

(一) 特定的调解协议与调解书

1. 经过法院确认有效的人民调解协议

《中华人民共和国人民调解法》第三十三条规定，经人民调解委员会调解达成调解协议后，双方当事人认为有必要的，可以自调解协议生效之日起三十日内共同向人民法院申请司法确认，人民法院应当及时对调解协议进行审查，依法确认调解协议的效力。人民法院依法确认调解协议有效，一方当事人拒绝履行或者未全部履行的，对方当事人可以向人民法院申请强制执行。

2. 仲裁调解书

仲裁庭在作出裁决前应当先行调解。仲裁调解达成协议的，仲裁庭应当制作调解书。调解书由仲裁员签名，加盖劳动争议仲裁委员会印章，送达双方当事人。调解书经双方当事人签收后，发生法律效力。当事人对发生法律效力的调解书应当依照规定的期限履行。一方当事人逾期不履行的，另一方当事人可以依照《民事诉讼法》的有关规定向人民法院申请执行。受理申请的人民法院应当依法执行。

根据《企业劳动争议协商调解规定》，经企业调解委员会调解达成调解协议后，双方当事人可以自调解协议生效之日起15日内共同向仲裁委员会提出仲裁审查申请。仲裁委员会受理后，对合法有效的调解协议，应当出具调解书。

3. 诉讼调解书

人民法院根据当事人自愿的原则，在事实清楚的基础上，分清是非，进行调解。

调解达成协议，人民法院应当制作调解书。调解书经双方当事人签收后，即具有法律效力。当事人必须履行调解书，一方拒绝履行的，对方当事人可以向人民法院申请执行。

(二) 劳动监察行政处理决定

劳动行政部门对违反劳动保障法律、法规或者规章的行为，根据调查、检查的结果，作出以下处理：对依法应当受到行政处罚的，依法作出行政处罚决定；对应当改正未改正的，依法责令改正或者作出相应的行政处理决定；对情节轻微且已改正的，撤销立案。发现违法案件不属于劳动保障监察事项的，应当及时移送有关部门处理；涉嫌犯罪的，应当依法移送司法机关。

根据《行政复议法》和《行政诉讼法》，用人单位不服劳动监察行政处理决定的，可在接到行政处理决定书之日起六十日内申请行政复议，或者自收到行政处理决定书之日起六个月内向人民法院提起行政诉讼。行政复议和行政诉讼期间，不影响劳动监察行

政处理决定的执行。如用人单位在法定期限内不申请行政复议或者提起行政诉讼,又不履行行政处理决定,劳动行政部门将根据《中华人民共和国行政强制法》(简称《行政强制法》)的规定申请人民法院强制执行。

案例分析

北京建勋辉煌教育科技有限公司拖欠李某某等84名劳动者2017年11月至2018年9月的工资697 087.04元。2019年1月23日,北京市人力资源和社会保障局向该单位送达了《责令(限期)改正通知书》,责令其于2019年1月31日前支付李某某等84名劳动者工资697 087.04元,并以书面形式报告改正情况。该单位在规定的期限内只支付了周某某部分工资29 273.52元,仍拖欠周某某工资44 563.98元,其余83名劳动者工资未支付。2019年2月21日,北京市人力资源和社会保障局向该单位送达了《行政处理决定书》,责令其于2019年2月26日前支付李某某等84名劳动者工资667 813.52元,同时加付赔偿金333 906.76元,合计1 001 720.28元。该单位在规定的期限内未按要求履行支付义务。北京市人力资源和社会保障局于2019年2月26日对该单位作出罚款20 000元的行政处罚决定,并且告知该单位,如不服本行政处罚决定,可以在收到行政处罚决定书之日起六十日内向北京市人民政府或人力资源和社会保障部申请行政复议,也可以在六个月内直接向北京市西城区人民法院起诉。申请行政复议或者提起行政诉讼,行政处罚不停止执行。

简要分析:北京市人力资源和社会保障局针对北京建勋辉煌教育科技有限公司的违法行为依法先后作出了责令改正、责令改正与加付赔偿金、责令履行支付义务与罚款的行政处理决定。如果该单位在法定期限内不申请行政复议或者提起行政诉讼,又不履行行政处理决定,北京市人力资源和社会保障局将根据《行政强制法》的规定申请人民法院强制执行。

(资料来源:北京市人力资源和社会保障局网)

(三)发生法律效力的仲裁裁决书和民事判决、裁定

(1)发生法律效力的仲裁裁决书。

当事人对发生法律效力的仲裁裁决书,应当依照规定的期限履行。一方当事人逾期不履行的,另一方当事人可以依照《民事诉讼法》的有关规定向人民法院申请执行。受理申请的人民法院应当依法执行。

经过企业调解委员会调解达成调解协议后,双方当事人未提出仲裁审查申请,一方当事人在约定的期限内不履行调解协议的,另一方当事人可以依法申请仲裁。仲裁委员会受理仲裁申请后,在没有新证据出现的情况下,可以依据调解协议作出仲裁裁决。

(2)发生法律效力的民事判决、裁定,当事人必须履行。一方拒绝履行的,对方当事人可以向人民法院申请执行,也可以由审判员移送执行员执行。

案例分析

颜某与中国电信某分公司、某民生公司劳动争议一案,法院依法判决某民生公司七日内支付原告颜某赔偿金五万余元。判决书生效后该公司拒不履行法律义务,颜某遂向法院申请强制执行。

江西省萍乡市安源区法院受理此案后,执行法官立即到涉案公司上门入户查找线索,并向该公司送达了执行通知书、报告财产令等文书,但该公司仍置之不理。后经财产查询发现该公司银行账户可足额支付,法院当即对其财产进行冻结。该公司得知财产被冻结后,迅速将拖欠款项转至颜某账户,该案执行完毕。

简要分析:在一方当事人不自觉履行法定义务的情况下,另一方当事人通过向法院申请强制执行才能维权成功。

(资料来源:中国法院网)

五、费用

人民调解委员会调解民间纠纷,不收取费用。

劳动行政部门处理劳动争议不收取费用。

劳动争议仲裁不收取费用。

劳动争议在诉讼阶段,如果按照普通程序审理的话需要 10 元的诉讼费,而如果适用简易程序,则诉讼费减半收取,即只需要 5 元诉讼费。

【能力测验】

一、单选题

1. 根据《劳动人事争议仲裁办案规则》,仲裁调解达成协议的,仲裁庭应当制作( )。
   A. 调解书   B. 判决书
   C. 决定书   D. 裁决书

2. 当事人对自己提出的主张有责任提供证据。与争议事项有关的证据属于( )的,用人单位应当提供;用人单位不提供的,应当承担不利后果。
   A. 书证   B. 税务票据
   C. 直接证据   D. 用人单位掌握管理

3. 下列有关提起劳动争议仲裁的说法,正确的是( )。
   A. 提起劳动仲裁必须经过双方的同意
   B. 当事人应该在劳动争议发生之日起 60 日内提起仲裁申请
   C. 仲裁庭在作出裁决前,应当先行调解
   D. 单位向仲裁委员会提出申请,应该先向工会说明情况

4. 对符合法定条件的投诉,劳动保障监察机构在接到投诉之日起( )个工作日

内依法受理并于受理之日立案查处。

A. 15
B. 10
C. 5
D. 30

5. 用人单位不服劳动监察行政处理决定的，以下说法正确的是（   ）。

A. 可在接到行政处理决定书之日起六个月内申请行政复议
B. 自收到行政处理决定书之日起六十日内向人民法院提起行政诉讼
C. 复议和行政诉讼期间，劳动监察行政处理决定暂不执行
D. 如用人单位在法定期限内不申请行政复议或者提起行政诉讼，又不履行行政处理决定，劳动行政部门将根据《行政强制法》的规定申请人民法院强制执行

二、案例分析

1. 2008年10月14日，王某到某印刷公司工作，印刷公司一直未为王某缴纳社会保险费。2017年7月29日，王某在上班途中发生交通事故，此后一直未上班。后王某被认定为工伤。2018年2月28日，王某与印刷公司签订了一份工伤事故赔偿协议，内容为：双方终止劳动关系，印刷公司一次性赔偿王某误工费、伤残补助金、后续治疗费、陪护费等一切费用6万元；此事故一次性了结，永不再议。2018年4月，王某向区劳动争议仲裁委员会提出申请，要求公司支付拖欠的2017年5月至7月的工资8930.99元。仲裁委裁决后，王某不服，向区法院提起诉讼。公司辩称，王某的各项请求已经在2018年2月28日双方达成的协议中处理完毕，王某再次要求工资，不应得到支持。王某与该公司对于工资争议谁应当承担举证责任？

2. 一年多前，刘某到一家礼品公司当送货员，公司和刘某口头约定每月工资2000元及另加提成，但一直没签订书面劳动合同，也未缴纳过社会保险。春节放假前，领导说生意不好，让刘某4月再上班。4月1日刘某去公司，发现招聘刘某的经理已离职，新领导说不知道有刘某这么个职工，无法安排工作。刘某想申请劳动仲裁，要求单位支付未签订书面劳动合同的两倍工资、补缴社保费，但手里没证据。刘某上班时，公司通过现金支付工资，从没给过刘某工资条。2013年12月、2014年1月这两个月，公司是通过银行转账给刘某发的工资。这能确认刘某与公司存在劳动关系吗？

3. 2017年7月17日，小方入职某公司。入职时小方与公司签订了期限二年多的劳动合同，约定试用期为2个月。然而，小方入职仅1个多月，就于2017年8月30日接到公司向其发出的《解除劳动关系通知书》。公司以小方不符合试用期录用条件为由，将小方辞退。事后，小方通过仲裁及诉讼程序，要求公司支付违法解除劳动合同赔偿金。小方认为，公司从未告知其录用条件，在职期间公司也从未对其作出过相关考核，自己一直兢兢业业地工作。公司则在庭审时表示，公司曾经明确向小方告知了录用条件，后经考核认定小方试用期期间不符合录用条件，所以公司与小方解除劳动关系的行为合法，无须向小方支付违法解除劳动合同赔偿金。

本案的举证责任由谁承担？

4. 试绘出劳动争议仲裁办案流程图。

参考答案

工作项目一　界定劳动关系

工作任务　区分劳动关系与劳务关系

一、单选题
1. A　2. C　3. C　4. B　5. C　6. A

二、案例分析

1. 小李的伤残不能按工伤待遇处理。没有劳动合同，也可以有劳动关系；但有劳动合同，如果没有发生实际用工，也并不存在劳动关系。构成工伤的前提条件是存在劳动关系。如果未建立劳动关系，就不可能构成工伤，不能按照工伤保险待遇要求赔偿。

2. 钱某与某服装厂之间构成特殊的劳动关系。单位与其招用的已达到或超过法定退休年龄但未享受基本养老保险待遇或领取退休金的人员发生用工争议，双方用工符合劳动关系特征的，应按劳动关系特殊情形处理。

3. （1）王某与李某之间构成承揽关系。承揽法律关系是承揽人按照定作人的要求完成一定的工作，交付工作成果，定作人接受工作成果并给付报酬而在双方当事人之间形成的法律关系。

　　李某不具备用人单位资格。李某雇张某到王某建房的模板安装、拆卸工程从事劳务，李某与张某之间构成劳务关系。

（2）李某雇张某从事搬运模子板工作，应当为张某从事劳务提供合理的劳动条件和安全保障，由于事发楼面未设置任何安全防护设施，致使张某在完成劳务工作中人身受到损害，应对张某的损害承担主要责任。

　　张某具有完全民事行为能力，从事简单的模子板搬运工作，未充分注意自身安全，未尽到谨慎注意义务，亦应承担相应责任。

　　王某将建设房屋交给无资质的李某承建，亦应承担一定的责任。

工作项目二　订立劳动合同

工作任务一　遵守劳动标准

一、单选题

1. C　2. B　3. A　4. D　5. C　6. B　7. B　8. D　9. D　10. A　11. D　12. D
13. B　14. C

二、案例分析

1.《企业职工带薪年休假实施办法》第十二条规定，用人单位与职工解除或者终止劳动合同时，当年度未安排职工休满应休年休假的，应当按照职工当年已工作时间折算应休未休年休假天数并支付未休年休假工资报酬，但折算后不足1整天的部分不支付未休年休假工资报酬。前款规定的折算方法为：（当年度在本单位已过日历天数÷365天）×职工本人全年应当享受的年休假天数－当年度已安排年休假天数。用人单位当年已安排职工年休假的，多于折算应休年休假的天数不再扣回。

本案中，王某与公司解除劳动关系时，虽然根据折算其当年应休的年休假天数只有5天，但公司已经在王某在职期间同意其休完当年度所有的年休假，根据上述规定，王某多于折算应休年休假的天数，公司无权扣回。

2.《企业职工带薪年休假实施办法》第六条规定，职工依法享受的探亲假、婚丧假、产假等国家规定的假期，以及因工伤停工留薪期间不计入年休假假期。由此来看，产假与带薪年休假是两种不同的休假，依据我国目前的法律规定，它们是不能互相抵消的。这就是说，虽然已经休了产假，但上班后仍有继续享受带薪年休假的权利。

3. 实行综合计算工时制不执行年休假制度这种说法，没有法律依据。《职工带薪年休假条例》第二条规定，机关、团体、企业、事业单位、民办非企业单位、有雇工的个体工商户等单位的职工连续工作1年以上的，享受带薪年休假（以下简称年休假）。单位应当保证职工享受年休假。职工在年休假期间享受与正常工作期间相同的工资收入。

4. 依据《女职工劳动保护特别规定》，女职工依法享有产前检查的权利，怀孕女职工如在劳动时间内进行产前检查，所需时间应计入劳动时间，按出勤对待，不能按病假、事假、旷工处理，故公司应支付王女士产检期间被克扣的工资。由于公司没有为王女士缴纳生育保险，因此王女士的产假期间工资应由公司按照王女士产假前的工资标准支付。公司在王女士产假期间以每月基本工资1900元的工资标准向她支付产假工资，不符合《女职工劳动保护特别规定》，公司应补足王女士产假期间的工资差额。

工作任务二　依法招聘

一、单选题
1. D　2. D
二、案例分析
《中华人民共和国就业促进法》第二十七条规定，国家保障妇女享有与男子平等的劳动权利。用人单位招用人员，除国家规定的不适合妇女的工种或者岗位外，不得以性别为由拒绝录用妇女或者提高对妇女的录用标准。用人单位录用女职工，不得在劳动合同中规定限制女职工结婚、生育的内容。

用人单位不得将员工隐瞒婚姻情况、隐瞒怀孕情况认定为员工欺诈，从而解除劳动合同。婚姻状况并不影响劳动者的市场开拓工作能力或工作效果，也不是公司运营管理的合理需要，更不是小李能否胜任市场开拓工作的决定性因素。也就是说，婚姻状况不是与市场开拓工作直接相关的情况。尽管小李的隐婚行为有违诚信，但该行为并不构成欺诈，用人单位不能据此解除劳动合同。

职场隐婚，究其原因在于用人单位对女性怀孕、休产假待遇不满，拒绝招录已婚未育女性，迫使一部分女性为获得工作机会而隐瞒已婚事实。

工作任务三　订立劳动合同与集体协商

一、单选题
1. A　2. D　3. B　4. C　5. B　6. C　7. A　8. B　9. A　10. C　11. B　12. D　13. D
14. A　15. D　16. B　17. A　18. D　19. C　20. B　21. C　22. B　23. A　24. A
二、案例分析
1. 打"暑期工"的大学生，不属于劳动法律法规所调整的对象。《关于贯彻执行〈劳动法〉若干问题的意见》第十二条规定："在校生利用业余时间勤工助学，不视为就业，未建立劳动关系，可以不签订劳动合同。"

2. 科技公司应依法与张某签订劳动合同。张某具有双重身份。一方面，张某是科技公司的股东之一，张某可依据其股东身份，参与公司的经营、管理、决策。另一方面，张某也是公司的劳动者，张某需要服从公司的用工管理，需要向公司提供劳动，以获取劳动报酬。

3. 根据《劳动合同法实施条例》第七条，用人单位支付双倍工资的时间范围仅限于十一个月，而不是从用人单位用工之日起到订立劳动合同前的全部时间。

4. 只签试用劳动合同不合法。根据《劳动合同法》，试用期应当包含在劳动合同期限内。劳动合同仅约定试用期的，试用期不成立，该期限为劳动合同期限。

5. 公司应当承担赔偿责任。
国务院《关于工人退休、退职暂行办法》第一条第二项规定，"从事井下、高空、高温、特别繁重体力劳动或者其他有害身体健康的工作，男年满55周岁，女年满45周岁，连续工龄满 10 年的"应该退休。《关于下达机械工业从事高温、高空、有害、特别繁重劳动提前退休工种的范围通知》的《提前退休工种范围表》中明确规定，"容器内电焊工、氢弧焊切割工"属提前退休的有毒有害工种。作为女工，已经满 45 周岁，在电焊工的岗位上工作达 11 年之久，属应当退休之列。

《职业病防治法》第二十一条则明确规定，用人单位应当建立、健全职业卫生档案和劳动者健康监护档案，即公司具有依法、如实、完整记载员工工作期间劳动档案的法定义务。

6. 此证书应当由小周持有。尽管小周获得证书的培训费用由公司支付，但是，证书是小周经过自身努力而取得的智力成果，证明小周具有相应的从业资格。证书具有人身依附性。

7. 该公司应当向赵某支付第十三个月的工资。依法签订的集体合同对企业和企业全体职工具有约束力。职工个人与企业订立的劳动合同中约定的劳动条件和劳动报酬等标准不得低于集体合同的规定。

工作项目三　履行劳动合同

工作任务一　劳动合同的履行与变更

一、单选题
1. B　2. C　3. A　4. D　5. A　6. A　7. B　8. D　9. A　10. B　11. D　12. C　13. D　14. D　15. C　16. A

二、案例分析

1. 不对。公司扣发工资没有法律依据，违反了《工资支付暂行规定》。如果公司有损失也是由某建筑材料厂违约造成的，与业务员于某无关。

2. 不对。"工资等工程款下来后一次付清"的条款是无效的。工程完工，建设发包单位未及时给付工程款，施工单位不应将风险责任转嫁给劳动者。《劳动法》第五十条规定："工资应当以货币形式按月支付给劳动者本人。不得克扣或者无故拖欠劳动者的工资。"

3. 不能。李某并非从事高温作业。对实行不定时工作制劳动者不执行加班工资的规定。

4. 不对。《劳动合同法》第三十三条规定，用人单位变更名称、法定代表人、主要负责人或者投资人等事项，不影响劳动合同的履行。

5. 无效。规章制度的内容分别违反《社会保险法》《劳动法》《劳动合同法》《婚姻法》。用人单位在制定规章制度时不得损害劳动者权益。

6. 用人单位可以不支付小王加班工资。用人单位经合法程序制定与国家法律不相抵触的规章制度，并告知劳动者的，双方应当予以遵守。小王已知悉公司规章制度中关于加班需经公司主管部门审批的规定，但其并未履行审批程序。

7. B公司应支付陈某一天的未休年休假工资。

《企业职工带薪年休假实施办法》第三条规定，只要职工连续工作满12个月就符合享受带薪年休假的条件，并不要求必须在同一用人单位连续工作。B公司的规章制度自行将该条件改成了"在本单位工作满一年"。当用人单位规章制度的内容违反法律法规的规定时，该规章制度的内容当然失去法律效力。陈某依照《企业职工带薪年休假实施办法》第三条和第五条的规定，应享受一天的带薪年休假，B公司未安排其休年休假，应支付未休年休假工资。

工作任务二　薪酬沟通

一、单选题

1. C　2. A　3. C　4. A　5. A

二、案例分析

1. （1）出现这种情况的症结在于公司福利物品与员工需求的脱节。公司没有注意到员工需求的多样性、层次性，忽视了员工的直接需要，力图以一种物品去适应众多员工的需要，这是这项福利失败的原因所在。可见，老总认为的美味未必适合员工的口味。

（2）企业应在福利项目实施前做一定范围的福利调查，同时在员工充分参与的基础上，建立每个员工不同薪酬福利组合系统，并定期根据员工的兴趣爱好和需要的变化，作出相应的调整；建立一种具有自助式风格的薪酬福利体系，每个员工可以按照工作和个人生活的协调比率，决定自己的薪酬福利组合。

2. （1）考虑到企业现有的薪酬结构与薪酬策略，目标薪酬不宜过高，基本工资略高于其上一份薪酬即可，许以较高的长期激励计划（虚拟股权计划），这样更符合公司的薪酬体系。

（2）考虑到岗位补充的急迫性，以及该应聘者比较匹配所需要的岗位，以吸引为主；在谈判中，需要抓住对方最关注的点来说服。要从对方离职的原因进行分析，抓住其在原公司未能满足的部分来寻找需求。尽可能把对方的求职动机和我公司的发展空间、晋升机会、行业地位结合起来。从资料中可以看出该应聘者关注长期发展，这恰是我方的优势，多引导对方从长期视角思考问题。

工作项目四　社会保险待遇

工作任务一　城镇企业职工养老保险

一、单选题

1. C　2. A　3. A　4. B　5. B　6. B　7. B　8. D　9. C　10. C

二、案例分析

1.《劳动合同法》第四十四条规定，劳动者开始依法享受基本养老保险待遇的，劳动合同终止。同时，《最高人民法院关于审理劳动争议案件适用法律若干问题的解释（三）》第七条明确规定，用人单位与其招用的已经依法享受养老保险待遇或领取退休金的人员发生用工争议，向人民法院提起诉讼的，人民法院应当按劳务关系处理。在返聘期间，老王仅能与用人单位建立劳务关系，而老王主张的加班费及带薪年休假均是劳动者基于《劳动法》《劳动合同法》所享有的权益，因此，老王的主张未能得到仲裁机构及法院的支持。

2. "中人"退休的基本养老金＝ 基础养老金＋个人账户养老金＋过渡性养老金＋其他。

（1）基础养老金月标准＝（3500＋3500×0.8）÷2×35×1％＝1102.5元。

（2）个人账户养老金月标准＝ 39 000÷139=280.58元。

（3）过渡性养老金＝按视同缴费年限计算的月过渡性养老金＋按实际缴费年限计算的月过渡性养老金＝（3500×1×27×1％）＋（3500×0.8×5.75×1％）＝1106元。计发年数不足一年的，按实际的月数除以整年的结果计算。

（4）"中人"退休的基本养老金＝1102.5＋280.5＋1106＋100=2589.08元。

3. 本案中李军属于跨省流动就业的参保人员，如达到待遇领取条件，可根据《城镇企业职工基本养老保险关系转移接续暂行办法》第六条确定其养老待遇领取地：

（1）如李军基本养老保险关系在老家信阳，由户籍所在地信阳负责办理待遇领取手续，享受基本养老保险待遇。

（2）如李军基本养老保险关系不在户籍所在地信阳，而其在上海累计缴费年限满10年，可在上海办理待遇领取手续，享受当地基本养老保险待遇。

李军的养老金待遇也根据《城镇企业职工基本养老保险关系转移接续暂行办法》计算，参保人员跨省流动就业转移基本养老保险关系时，按下列方法计算转移资金：

（1）个人账户储存额：1998年1月1日之前按个人缴费累计本息计算转移，1998年1月1日后按计入个人账户的全部储存额计算转移。

(2) 统筹基金（单位缴费）：以本人 1998 年 1 月 1 日后各年度实际缴费工资为基数，按 12% 的总和转移，参保缴费不足 1 年的，按实际缴费月数计算转移。

工作任务二 基本医疗保险与生育保险待遇

一、单选题
1. B　2. C　3. C　4. A　5. A　6. B　7. B　8. B　9. A　10. D
二、案例分析
1. 可以。作为用人单位，有义务依法为劳动者缴纳社会保险，该项义务为法律赋予用人单位的强制性义务，不得因任何协议或承诺而免除，如被告违反该项强制性义务，则由此导致员工无法享有有关社保待遇的损失应由用人单位承担。但也不是所有的医疗费用都应由用人单位承担，只能承担符合医保报销的部分。

本案中单位没有为李某缴纳社会保险，属于违法行为，造成的损失，从公平合理的角度考虑，用人单位应当按照当地医疗保险待遇标准，赔偿李某的损失。

2. 阿丽因患重症肌无力不能继续工作，进行治疗后至今未愈，在此期间劳动合同期限届满，故正确确定其医疗期是解决双方纠纷的关键。阿丽与阳光公司签订的劳动合同是双方真实意思表示，且不违反法律规定，应当受到法律保护。阿丽实际工龄不满 10 年，在阳光公司工作不满 5 年，根据《企业职工患病或非因工负伤医疗期规定》应当享受 3 个月的医疗期。阿丽 2012 年 5 月 7 日患病停止工作，至 2012 年 11 月 29 日劳动合同到期时，已经超过法定医疗期。阿丽主张其医疗期为 24 个月，没有法律依据；阿丽要求阳光公司支付劳动合同终止后的病假工资和报销医疗费的诉讼请求，没有法律依据。

法律依据是：《劳动合同法》第四十五条规定，劳动合同期满，如果劳动者在规定的医疗期内，劳动合同应当续延至相应的情形消失时终止。《企业职工患病或非因工负伤医疗期规定》第三条第（一）项规定，企业职工因患病需要停止工作医疗时，实际工作年限 10 年以下的，在本单位工作年限 5 年以下的，医疗期为 3 个月。劳动部关于贯彻《企业职工患病或非因工负伤医疗期规定》的通知第二条规定："根据目前的实际情况，对某些患特殊疾病（如癌症、精神病、瘫痪等）的职工，在 24 个月内尚不能痊愈的，经企业和劳动主管部门批准，可以适当延长医疗期。"

3.《女职工劳动保护特别规定》第八条规定，女职工产假期间的生育津贴，对已经参加生育保险的，按照用人单位上年度职工月平均工资的标准由生育保险基金支付；对未参加生育保险的，按照女职工产假前工资的标准由用人单位支付。

为职工办理社会保险（含生育保险）是用人单位的法定义务，但本案中的饮料公司从 2017 年 4 月起才开始为王女士缴费，使她在 2017 年 11 月生育时因未达到北京市享受生育保险待遇，产前连续缴纳 9 个月或产后连续缴纳 12 个月的规定，而无法正常享受生育津贴。所以，仲裁委裁决王女士的生育津贴费用由饮料公司支付。

4.（1）根据《女职工劳动保护特别规定》："女职工产假期间的生育津贴，对已经参加生育保险的，按照用人单位上年度职工月平均工资的标准由生育保险基金支付；对未参加生育保险的，按照女职工产假前工资的标准由用人单位支付。"

（2）2016年4月29日上海市人力资源和社会保障局发出《关于申领本市生育保险待遇有关问题的通知》，对申领本市生育保险待遇的有关问题提出以下意见：参加本市城镇生育保险的女职工生育或者流产的，其生育生活津贴按照女职工所在用人单位上年度职工月平均工资除以30天再乘以应享受的产假天数计发，所需资金由本市城镇生育保险基金支付。生育妇女符合计划生育规定生育或者流产的，按照以下规定享受产假天数及对应的生育生活津贴期限：女职工生育享受98天产假，其中产前可以休假15天；难产的，增加产假15天；生育多胞胎的，每多生育1个婴儿，增加产假15天；符合计划生育晚育条件的，增加晚育假30天。

从业妇女生产或流产当月缴纳城镇养老保险费累计满1年的，月生育生活津贴标准为本人生产或者流产当月所在用人单位上年度职工月平均工资。从业妇女生产或者流产时所在用人单位的上年度职工月平均工资高于本市上年度全市职工月平均工资300%的，按300%计发；低于本市上年度全市职工月平均工资60%的，按60%计发；但低于人力资源和社会保障局规定的生育生活津贴最低标准的，按最低标准计发。2009年起生产或流产的生育妇女的月生育生活津贴最低标准按2892元计发。

从业妇女生产或流产当月缴纳城镇养老保险费累计不满1年的，或者虽然满1年但所在单位上年度职工月平均工资低于市人力资源和社会保障局规定的最低标准的，其生育生活津贴按最低标准计发。

以上案例中任某所在公司申报的上年度企业职工月平均工资为5500元，社保支付给任某的生育生活津贴基数为5500元并无不妥，社保支付的生育生活津贴=基数÷30×产假和晚育假天数，她的生育生活津贴总额=5500÷30×128=23 467元。由于任某的生育津贴为每月5500元，低于本人生育前12个月平均工资性收入20 000元，每月差额部分为14 500元，应由用人单位补足，单位应补给她生育津贴总额为14 500÷30×128=61 866.67元。

工作任务三　工伤保险待遇

一、单选题

1. A　2. D　3. B　4. B　5. A　6. D　7. A　8. C　9. B　10. A

二、案例分析

1. 根据《工伤保险条例》规定，吴先生是在工作时间工作场所因为工作原因受伤的，完全符合《工伤保险条例》规定的认定为工伤的条件，且没有规定的不得认定为工伤的情形。吴先生违反公司安全规定穿着拖鞋的行为虽说违反了劳动纪律，但不影响工伤的认定，所以所受伤害应认定为工伤。

2. 杨某的死亡应认定为工伤。《工伤保险条例》第十四条规定，在上下班途中，受到非本人主要责任的交通事故或者城市轨道交通、客运轮渡、火车事故伤害的，应当认定为工伤。"上下班途中"是指职工以上下班为目的，在合理时间内往返于工作单位和居住地的合理路线内。杨某在合理时间内未改变以下班为目的的合理路线，另外，由于杨某加班至晚上9点左右，在公司未提供就餐情况下，他与工友就近就餐具有合理性。其就餐性质不同于私人之间的娱乐性就餐，而是因工作加班耽误其正常就餐而就餐。因此，杨某就餐后回家应认定为"下班途中"。

3. 根据《工伤保险条例》第十四条第（一）项之规定，徐某在工作时间和工作场所内，因工作原因受到事故伤害，属于工伤。

徐某还应当及时申请劳动能力鉴定。劳动能力鉴定结果有十个等级，伤残等级不同则工伤保险待遇不同。

《社会保险法》第四十一条规定，职工所在用人单位未依法缴纳工伤保险费，发生工伤事故的，由用人单位支付工伤保险待遇。管业公司未依法缴纳工伤保险费，在徐某发生工伤事故后，应按法律规定向徐某支付工伤保险待遇。

工作任务四　失业保险待遇

一、单选题

1. B　2. B　3. C　4. A　5. B　6. C　7. A　8. C　9. A　10. D　11. C　12. B

二、案例分析

1. 李某属于正在领取失业金期间的失业人员，已经由失业保险基金为其缴纳了基本医疗保险费，所以，其在生病住院时有权享受基本医疗保险待遇。此时，李某可以提出申请，由社保部门按其住院治疗费的一定比例发给医疗补助金。《社会保险法》第四十八条规定，"失业人员在领取失业保险金期间，参加职工基本医疗保险，享受基本医疗保险待遇。失业人员应当缴纳的基本医疗保险费从失业保险基金中支付，个人不缴纳基本医疗保险费"。《失业保险条例》第十九条规定，"失业人员在领取失业保险金期间患病就医的，可以按照规定向社会保险经办机构申请领取医疗补助金。医疗补助金的标准由省、自治区、直辖市人民政府规定"。

2. 社保部门应当向王某的遗属支付一次性丧葬补助金和一次性抚恤金。

《社会保险法》第四十九条规定："失业人员在领取失业保险金期间死亡的，参照当地对在职职工死亡的规定，向其遗属发给一次性丧葬补助金和抚恤金。所需资金从失业保险基金中支付。"

《失业保险条例》第二十条规定："失业人员在领取失业保险金期间死亡的，参照当地对在职职工的规定，对其家属一次性发给丧葬补助金和抚恤金。"

上述规定中的"死亡"，既包括自然死亡，如病故、意外伤害死亡等，也包括人民法院宣告死亡。

不过，失业人员在领取失业金期间死亡时，其遗属应当凭失业人员的"就业失业登记证"、死亡证明或公安部门注销户口证明，以及各遗属的身份证明、与死亡失业人员的关系证明等材料，到社保部门办理申领手续。

3. 社会保险经办机构的工作人员的答复是正确的。由于张某是在工作不足五年时失业，后来又再次参加工作、再次失业的，因此，其缴费时间应当重新计算。《社会保险法》第四十六条规定，失业人员失业前用人单位和本人累计缴费满一年不足五年的，领取失业保险金的期限最长为十二个月；累计缴费满五年不足十年的，领取失业保险金的期限最长为十八个月；累计缴费十年以上的，领取失业保险金的期限最长为二十四个月。重新就业后，再次失业的，缴费时间重新计算，领取失业保险金的期限与前次失业应当领取而尚未领取的失业保险金的期限合并计算，最长不超过二十四个月。

4. 由于余某再次失业是出于本人意愿，因此不符合领取失业保险金的条件。但是，这并不影响他申领前次失业剩余12个月的失业保险金。

工作项目五　解除劳动合同

工作任务一　依法解除劳动合同

一、单选题
1. D　2. D　3. B　4. D　5. C　6. D　7. C　8. B　9. D　10. B　11. A　12. C　13. B
二、案例分析
1. 你有权反悔，且无须付出一个月工资的代价。

此种限制性约定违法。理由在于《劳动合同法》第三十七条明确指出："劳动者提前三十日以书面形式通知用人单位，可以解除劳动合同。劳动者在试用期内提前三日通知用人单位，可以解除劳动合同。"《劳动合同法》第二十六条规定："下列劳动合同无效或者部分无效：……（二）用人单位免除自己的法定责任、排除劳动者权利的；（三）违反法律、行政法规强制性规定的。"

你与公司的限制性约定，排除了你的权利，违反了法律的强制性规定，决定了该条款自开始时起便对你没有任何约束力。

2. 该公司应当向李某支付违法解除劳动合同赔偿金。

该公司与李某约定了解除劳动合同条件，但该约定违反《劳动合同法》，公司要求李某离职的行为构成违法解除劳动合同。按照《劳动合同法》第四十条第（二）项的规定，劳动者不能胜任工作，经过培训或者调整工作岗位，仍不能胜任工作的，用人单位提前三十日以书面形式通知劳动者本人或者额外支付劳动者一个月工资后，才可以解除劳动合同。该公司与李某的约定，实际上是在李某不胜任工作时单位可以立即解除劳动合同，且可以不支付解除劳动合同经济补偿金。

3. 物业公司应该向张某支付违法终止劳动合同赔偿金。

根据《劳动合同法》第十四条相关规定，公司与张先生已连续订立两次固定期限劳动合同，应与张先生订立无固定期限劳动合同。因此，公司此举属于违法终止劳动合同，应向张先生支付赔偿金。

4. 服装公司解除劳动合同行为违法，应向陈某支付赔偿金。2018年2月9日该服装公司的解聘行为已成立。用人单位在作出单方解除劳动合同决定时，应当符合《劳动合同法》确定的解除事由,履行法定解除程序。如果对解除行为表示反悔,除非得到劳动者同意,否则用人单位仍需承担相应的法律责任。

5. 公司有权单方将赵某解聘。虽然赵某只是利用国庆长假在外"打短工",但在其与公司仍然存在劳动关系的情况下,该行为同样属于兼职。《劳动合同法》第三十九条规定:"劳动者有下列情形之一的,用人单位可以解除劳动合同:……(四)劳动者同时与其他用人单位建立劳动关系,对完成本单位的工作任务造成严重影响,或者经用人单位提出,拒不改正的……"赵某属于全日制员工,公司已经明确表明赵某务必立即停止,而赵某却置之不理。

工作任务二 经济补偿、赔偿及违约金

一、单选题

1. A 2. B 3. D 4. A 5. D 6. D 7. A 8. B

二、案例分析

1. 不对。公司强行要求员工加班及加班时长都违反了《劳动法》。公司这种单方解除劳动合同的做法违反《劳动合同法》的相关规定。

2. 根据《劳动合同法》第八十九条,用人单位未按规定向劳动者出具解除或者终止劳动合同的书面证明,由劳动行政部门责令改正;给劳动者造成损害的,应当承担赔偿责任。

3. 张某的要求有法律依据。《劳动合同法》第三十八条规定,用人单位未依法为劳动者缴纳社会保险费的,劳动者可以解除劳动合同。根据《劳动合同法》第四十六条,用人单位在此情形下应当向劳动者支付经济补偿。根据《劳动合同法》第四十七条,经济补偿按劳动者在本单位工作的年限,每满一年支付一个月工资的标准向劳动者支付。六个月以上不满一年的,按一年计算;不满六个月的,向劳动者支付半个月工资的经济补偿。

4. 仲裁委应当驳回刘某的仲裁请求。模型公司与刘某解除劳动合同是依法解除,属于订立劳动合同时所依据的客观情况发生重大变化,致使劳动合同无法继续履行,经用人单位与劳动者协商,未能就变更劳动合同内容达成一致的情形。模型公司已经支付刘某解除劳动合同经济补偿金和代通知金,劳动合同已有效解除。

工作项目六　离职管理

工作任务一　识别离职前兆与分析离职原因

一、单选题

1. A　2. B　3. C　4. C　5. B

二、案例分析

1.（1）了解员工的需要是应用需求层次理论对员工进行激励的一个重要前提。在不同组织中，不同时期的员工以及组织中不同的员工的需要充满差异性，而且经常变化。因此，管理者应该经常性地用各种方式进行调研，弄清员工未得到满足的需要是什么，然后有针对性地进行激励。二人低层次的需求基本上已经获得满足，所以表现为激励水平不足。

双因素理论的核心在于——只有激励因素才能够给人们带来满意感，而保健因素只能消除人们的不满，但不会带来满意感。二人的问题在于内在的激励不足。

期望理论提出了目标设置与个人需求相统一。在分析激励雇员的因素时，我们必须考察二人希望从组织中获得什么以及他们如何能够实现自己的愿望。

（2）从这个案例可以看出，该公司明显存在着问题。张副总经理的积极性没有被调动起来，每天仅完成分内的工作。销售部李经理由于各种原因离开了公司，给公司销售带来严重的损失。面对这种情况，宋总经理应该有这样清醒的认识，二人低层次的需求基本上已经获得满足，应该考虑满足其自我实现的需要：对于张副总经理可以拓宽他的管理幅度，把公司的研发和生产部门都交给他分管，充分发挥他在专业上的优势；对于李经理，认可他工作的业绩，并注意奖励的公平，在工作上对他充分放权，高管主动与其沟通，协助他与其他部门的协调工作。

2. 派员去金工车间进行流失人员情况调查，并分析原因；与财务部门沟通公司薪金提升的可能性及幅度，提出招聘经费需求；加强企业文化建设，提高员工忠诚度；派员直接到有关高职院校进行上门招聘；向公司高层汇报，争取高层支持；派员做一份同行业工资水平调查，并与金工车间作对比分析；及时与人力资源市场联系，提供招聘需求信息；对参加校园招聘工作的人员进行培训，提高其业务能力。

工作任务二 员工离职手续办理

一、单选题
1. C 2. B 3. C 4. C 5. A

二、案例分析

1.（1）公司明确恢复其原岗位工作，要求其返岗工作，王某仍表示"不考虑返岗安排"。王某违反劳动者忠实、勤勉的义务，依照公司《员工手册》的相关规定，公司据此解除劳动合同合法，不承担赔偿责任。

（2）离职证明仅限于写明劳动合同期限、解除或终止劳动关系日期、工作岗位、在本单位的工作年限，并未包括解除劳动关系的原因或涉及劳动者能力、品行等情况的描述。公司向王某出具的载明双方劳动关系解除原因的离职证明不符合上述规定，公司应严格按照上述条文的规定向王某重新出具劳动合同解除的证明。

2.（1）第1条合法，第2、3、4条控制"暂缓"时间不要超过法定时限。《劳动合同法》第五十条在规定办理工作交接是员工法定义务的同时，进一步规定"用人单位依照本法有关规定应当向劳动者支付经济补偿的，在办结工作交接时支付"。可见，拒付经济补偿金是《劳动合同法》提供给用人单位仅有的制衡手段。《劳动合同法》第五十条规定，用人单位应当在解除或者终止劳动合同时出具解除或者终止劳动合同的证明，并在十五日内为劳动者办理档案和社会保险关系转移手续。故用人单位在使用此措施时需要谨慎操作，控制法律风险。

（2）首先和张某沟通讲清得失利弊，劝说张某返还财物或商定合理赔偿金额；协商不成可暂停支付经济补偿金；收集证据，视情况可提出索赔。

工作任务三 开展离职面谈

一、单选题
1. A 2. D 3. D 4. A 5. A

二、案例分析

1. 对于A，目前实际工作已经在混日子、打酱油，身在曹营心在汉，对公司已经没有感情，对于这一类人员我们只能选择好走不送，因为即使挽留，过不了多久他也会选择离职。

对于B，家庭经济压力大，金钱需求大，对公司有感情，做事也用心，应与其沟通公司目前的经营状况、未来的定位与年底调薪计划，以及公司对其未来的定位与晋升；多往公司目前的优势上交谈，让其增加重视感与信任感。HR应该私下和总经理沟通，看该员工对公司做出的贡献与价值，能否符合调薪条件，如果达到了，可以把调薪时间提前。

对于C，职场是一个争权夺利的地方，与最好的朋友也会有利益的冲突，举几个实际例子，例如某某同事之前和朋友一起在某个公司上班，后面因为某个调薪的事情不欢而散，没有永远的朋友，只有永远的利益等；强调目前公司组织架构扁平，人员简单，没有钩心斗角，各自履行各自的职责。

对于 D，留住很难，但是不得不聊，因为还是有希望的。从"付出与回报成正比"的角度出发，目前公司的工作压力相对较小，加班的频率也很少，各类福利也齐全；对方公司加班频率很高，而且工资都是包干制，不额外发放加班工资，有些员工晚上 11~12 点下班都是家常便饭。多强调目前公司的工作氛围与优势。

对于 E，从自己在一家初创型企业上班的经验解说：初创型公司前期资金投入量大，工资的发放不会像走上正轨的公司及时，虽然是管理岗位，但也许是光杆司令，一个人分担几个人的工作任务与责任，工作开展难度大；目前公司的发展已经越来越快，市场份额也越来越大，公司一旦扩大，水位上涨，坐在船上的我们工资、职位都会得到明显的提升。

2.（1）两周内离职员工占比逐年降低：员工两周内离职与入职沟通有关。从数据表可看出，员工在两周内离职的占比逐年降低，由此得出人力资源人员加强了对新入职员工的入职沟通，帮助新员工尽快融入新公司；同时，在新员工入职招聘过程中，严格把关，挑选最适合的员工，降低员工流失率。

3 个月内离职员工占比逐年降低：员工 3 个月内离职与不能适应工作内容本身有关。从数据表可看出，员工在 3 个月内离职的占比大幅降低。员工在试用期内，已经适应了工作内容、工作环境，员工的表现也得到了领导的初步认可。

3 个月以上 1 年以下离职员工占比明显降低，2017 年比例为 27.61%，2018 年比例为 14.29%。这个阶段离职率下降通常与领导者管理方式改善、精心辅导有关。

1 年到 3 年之间离职占比最高，且有继续上涨的趋势：此阶段员工离职主要是对现岗位及企业文化不满。岗位职责不清晰、工作划分不均衡、任职资格与自身能力不匹配等，导致员工对现岗位工作内容不满。此外，员工对工作氛围、上下级关系、公司战略不满也会导致离职。

3 年到 5 年之间离职员工占比有大约 1 个百分比的上涨，变化不大，在合理的范畴之内：此阶段员工积累了丰富的工作经验，容易产生职业倦怠感，发展遇到瓶颈，学习不到新知识和技能，薪酬提升空间不大，员工通过跳槽寻求更高的职位和薪酬。此类员工离职给公司造成的损失较大。

5 年以上离职员工数量分别是 11 人和 9 人，变化不大，在合理的范畴之内：此阶段员工积累了丰富的工作经验，有广泛的人脉，忍耐力增强，工作趋于稳定，换工作的机会成本增加，故离职较少。

（2）工龄为 1 年到 3 年的员工——明确岗位职责：各部门需合理划分各岗位员工工作职责，保证工作饱和度均衡；同时，为员工提供定制化的培训，提高其工作技能。工龄为 3 年到 5 年的员工——设计合理的职业发展通道，提供有竞争力的薪酬：根据不同岗位员工需求，设计合理的职业发展通道。

工作项目七 特殊用工管理

工作任务 劳务派遣与非全日制用工管理

一、单选题

1. D 2. A 3. A 4. B 5. B 6. A 7. D 8. B 9. A 10. D
11. C 12. A

二、案例分析

1. 这样做违法。劳务派遣一般在临时性、辅助性或者替代性的工作岗位上实施。而且，《劳务派遣暂行规定》第四条规定，用工单位应当严格控制劳务派遣用工数量，使用的被派遣劳动者数量不得超过其用工总量的10%。前款所称用工总量是指用工单位订立劳动合同人数与使用的被派遣劳动者人数之和。

2. 2018年1月至4月期间的加班工资应由用工单位即某零售公司支付。解除劳动合同的经济补偿金应由用人单位即上海某人才服务有限公司承担。根据《劳动合同法》，用工单位应当履行支付加班费的义务，经济补偿金由用人单位依法支付。

3. 非全日制用工并不在法律规定的支付双倍工资的范围。

小丽在工作期间平均每日工作时间未超过4小时，每周不超过24小时，且该校按小丽上课的课时计发劳动报酬，应属于非全日制用工。《劳动合同法》规定非全日制用工，双方可以订立口头协议，而"双倍工资"的支付前提是全日制用工、用人单位自用工之日起超过1个月不满1年未与劳动者订立书面劳动合同。

4. 该银行用工违反《劳动合同法》。《劳动合同法》第六十九条第二款规定："从事非全日制用工的劳动者可以与一个或一个以上用人单位订立劳动合同；但是后订立的劳动合同，不得影响先订立的劳动合同的履行。"也就是说，只要不影响在银行的保洁工作，就应当允许张某与其他单位签订劳动合同。《劳动合同法》第七十条规定，非全日制用工的用人单位与劳动者不得约定试用期。

5. 甲公司和乙公司对赵某的工伤损失承担连带赔偿责任。甲公司出资设立乙劳务派遣公司，由乙公司与赵某签订劳动合同，并将赵某派至甲公司工作，甲、乙公司的行为违反了《劳动合同法》"用人单位不得设立劳务派遣单位向本单位或者所属单位派遣劳动者"的规定。另外，《劳动合同法》第九十二条第二款规定："劳务派遣单位、用工单位违反本法有关劳务派遣规定的，由劳动行政部门责令限期改正；……用工单位给被派遣劳动者造成损害的，劳务派遣单位与用工单位承担连带赔偿责任。"

6. 王某要求纺织公司支付赔偿金的请求，没有法律依据。《劳动合同法》第七十一条规定，非全日制用工双方当事人任何一方都可以随时通知对方终止用工。

工作项目八　劳动争议处理

工作任务一　劳动争议的处理方式

一、单选题
1. A　2. D　3. A　4. B　5. D　6. C　7. B　8. A
二、案例分析
1. 李某在该公司工作至 2012 年 1 月 25 日，于 2012 年 4 月 26 日申请仲裁。李某关于加班费、未休年休假工资的请求未超过仲裁时效。劳动者可以在劳动关系终止之日起一年内主张劳动关系存续期间拖欠的加班费和未休年休假工资等劳动报酬。

2. 二倍工资属于终局裁决范围。首先，根据《劳动合同法》规定，用人单位未依法与劳动者签订书面劳动合同的，应支付二倍工资。根据上述规定可知，第二倍工资应属惩罚性赔偿金。其次，《劳动人事争议仲裁办案规则》第五十条明确规定："仲裁庭裁决案件时，……如果仲裁裁决涉及数项，对单项裁决数额不超过当地月最低工资标准十二个月金额的事项，应当适用终局裁决。……赔偿金包括劳动合同法规定的未签订书面劳动合同第二倍工资、违法约定试用期的赔偿金、违法解除或者终止劳动合同的赔偿金等。……"

3. 用人单位不为职工办理基本养老保险，属于违法行为。李某首先可以找公司协商，请求其为自己办理基本养老保险。如果公司坚持不肯为其办理养老保险的话，李某可以向劳动行政部门投诉，或者向劳动争议仲裁机构申请劳动仲裁，维护自己的合法权益。《社会保险法》第八十四条规定："用人单位不办理社会保险登记的，由社会保险行政部门责令限期改正；逾期不改正的，对用人单位处应缴社会保险费数额一倍以上三倍以下的罚款，对其直接负责的主管人员和其他直接责任人员处五百元以上三千元以下的罚款。"

工作任务二　劳动争议的处理决定

一、单选题
1. A　2. D　3. C　4. C　5. D
二、案例分析
1. 用人单位掌握管理其职工的工资发放情况，应由其提供工资支付凭证或者记录。

但该公司未提供证据以证明王某的工资发放情况,应承担不利后果。

从工伤事故赔偿协议书的内容看,公司支付王某6万元是仅就王某受伤事宜做出的赔偿数额,并未涉及工资。王某受伤前在印刷公司付出了劳动,王某主张公司支付拖欠的2012年5月至7月的工资,应予以支持。

2. 只有两次银行转账记录,证据的证明力明显不足,不能排除刘某与礼品公司存在劳务关系等其他非劳动关系,而对于劳务关系,礼品公司是可以不缴纳社会保险、不支付未签订书面劳动合同二倍工资赔偿的。所以,刘某要想证明与礼品公司存在事实劳动关系,还必须提供其他有效证据,形成完整的证据链,这样才能维权成功。

3. 劳动者在试用期间被证明不符合录用条件的,用人单位可以解除劳动合同,但用人单位据此与劳动者解除劳动关系时,应举证证明已经向劳动者明确告知了具体的录用条件,并证明劳动者在试用期间不符合录用条件。否则,用人单位应承担举证不能的不利后果,进而向劳动者支付违法解除劳动合同赔偿金。

4.
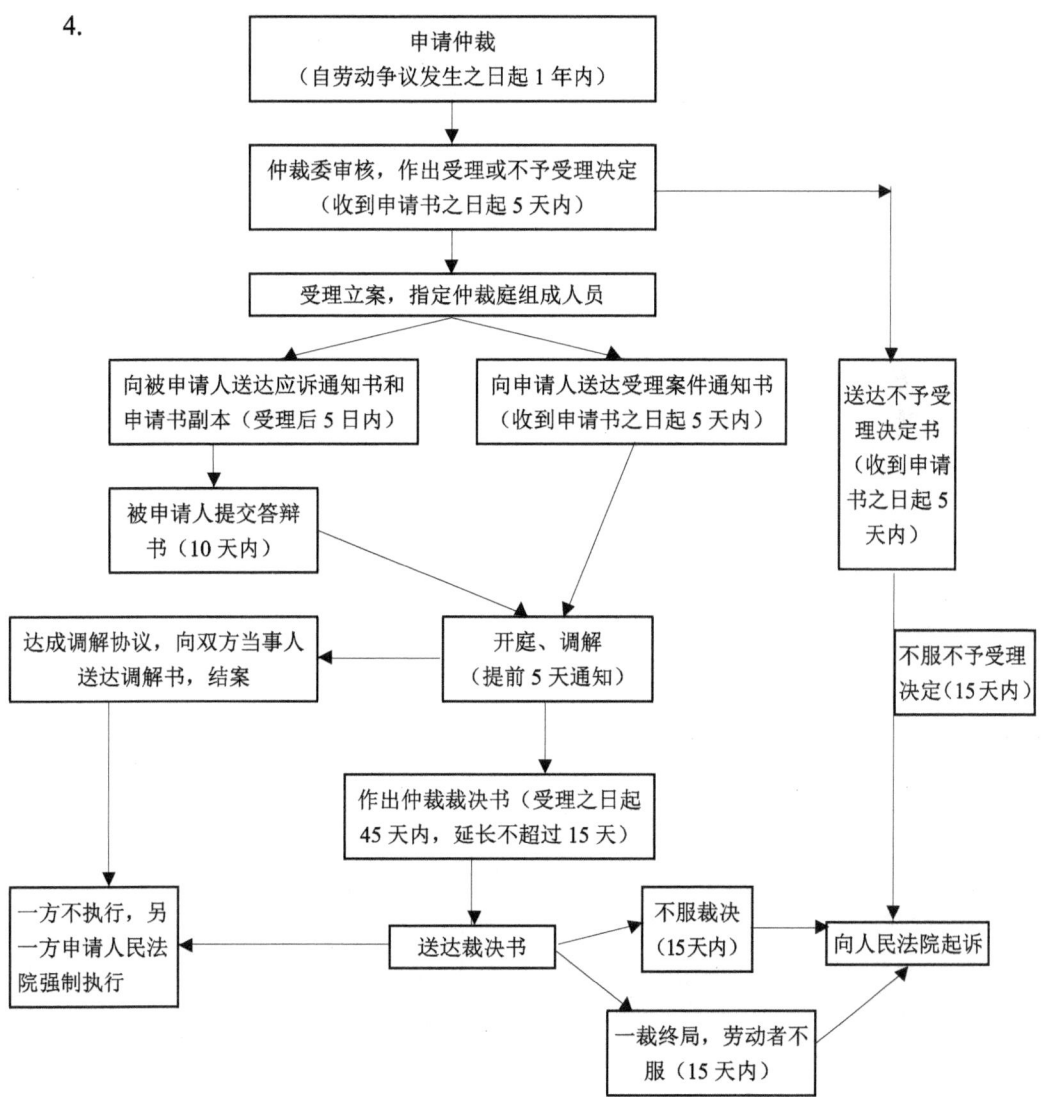